새로운 영아발달

강봉규 저

태영출판사

머리말

유아교육 대상의 하향화 추세에 따라 영아에 적합한 교육과정에 대한 요구가 증대되고 있다. 영아교육에 대한 요구는 취업모의 증가와 함께 더욱 확대되었으며, 최근에는 영아기의 중요성이나 핵가족화에 따른 사회적 상호작용의 필요성 등 여러 가지 요인이 복합적으로 작용하면서 영아교육에 대한 요구도는 더 높아지고 있다. 이러한 필요성에 따라 종일유치원, 국·공립 어린이집, 직장 어린이집, 가정 어린이집, 영아기 및 걸음마기 영아를 위한 프로그램 등을 우리 주변에서 쉽게 찾아볼 수 있게 되었다.

그러나 실제로 영아반을 운영하고 있는 어린이집이나 기관에서는 영아를 데리고 어떻게 해야 그들에게 적절한 교육적 환경을 제공할 수 있는지에 대한 실제적인 지식이나 경험이 제한되어 있다. 또한 영아교육을 담당한 교사의 역할 역시 여태껏 주로 유아를 대상으로 교육을 받아왔기 때문에 영아발달의 특성이나 요구를 고려한 영아들의 보살핌에는 제한이 있을 수 있다.

본서는 위와 같은 현실에 비추어 영아교육 담당교사는 물론 가정에서 영아를 보살피는 엄마들로 하여금 영아기의 신체적 발달, 운동발달, 정서발달, 사회성 발달, 인지발달, 언어발달, 행동장애 및 발달장애 현상에 대한 이해를 높이고 각종 정보를 활용하는데 도움을 주고자 마련된 영아발달에 관한 종합적인 안내서다. 저자는 수십 년간 발달심리학, 인간발달, 아동발달, 청년발달 등 주로 인간의 발달분야에 관한 강의를 해온 경험에 비추어 볼 때 모두 대학이나 대학원에서 영아발달에 관한 강의 비중은 그리 크지 않았다. 그 이유는 E. H. Erikson 이래로 여태까지 인간의 발달을 평생에 걸쳐 파악하려는 시도가 발달심리학의 불문율이 되었기 때문이다. 그러나 근래에 이르러 발달심리학 체계는 아동발달에 관한 연구나 강의 비중이 커지면서 청년발달, 유아발달, 노년기발달 등으로 세분화 · 확대화에 이르고 있었지만 영아기 발달이 독립적인 발달 영역으로 거론되기 시작한 것은 극히 최근에 이르러서 이루어졌다. 즉 인간의 생활주기(life cycle) 전체를 통틀어서 그 심리학적 발달을 연구하기 위한 발달심리학의 접근법이 각 단기별로 세분화 · 심층화를 시도하는 접근법으로 탈바꿈된 것이다.

이 책에는 영아발달의 실용적인 목적을 강조하여 정상아의 행동발달만을 다루지 않고 발달장애나 행동장애 등 이상발달에 관해서도 서술하여 보았다.

그리고 본서는 핵심적인 내용을 선정요약 하는 서술방식을 택함으로써 독자들의 학습능률을 기하는데 도움이 되도록 노력하였다.

끝으로 어려운 여건 하에서 본서의 출판을 기꺼이 수락해 주신 태영출판사의 김현태 사장님과 편집과 교정일을 맡아주신 오세복 상무님께 깊이 감사를 드리는 바다.

2015. 01.

저자 씀

차 례

제1장

영아발달의 요인과 원리

1. 영아발달의 의미
2. 영아발달의 기본적인 원칙과 특징
3. 영아발달의 연구방법
4. 영아발달의 규정요인
5. 영아발달의 원리

1. 영아발달의 의미

1) 영아의 개념과 단계

(1) 영아의 정의

영아에 대한 정의는 학자에 따라 출생에서 18개월 혹은 출생에서 만 3세 미만까지로 달리 일컬어지고 있으나 영아는 일반적으로 출생에서 만 2세까지를 의미한다.

(2) 영아기의 발달단계

영아의 발달단계는 세분하면 신생아기와 영아기로 나눌 수 있다.

첫째, 신생아기(neonatal period)는 출생부터 생후 1개월까지인데, 이 시기는 출생 후 태내 환경과는 다른 외부의 새로운 환경에 적응하면서 하나의 독립된 개체로 성장해 가기 시작하는 시기다.

둘째, 영아기(infancy)는 생후 1개월부터 만 2세까지의 시기로서 발달의 각 영역에서 급속한 성장이 이루어지는 시기다.

2) 발달의 개념

발달의 개념은 어원적으로는 본질(가능성)이 차츰 그 모습을 드러내는 현상을 뜻하는 것이지만 발달에 관한 생각은 학자에 따라 다르다.

(1) Koffka의 정의

K. Koffka는 발달에는 학습(learning)과 성장(growth)의 두 가지 형이 있음을 지적하고, “생활체나 그 기관이 양적으로는 증대하고, 구조적으로는 정밀화되고, 기능적으로는 유능화되는” 현상을 발달이라고 정의하고 있다.

(2) Werner의 정의

독일의 발달심리학자 H. Werner는 발달의 본질을 ‘분화’(Differenzierung)와 ‘중심화’(Zentralisierung)의 진행이라고 보고 있다. 즉, 발달은 전체적 미분화의 상태에서 차차 분화하며 동시에 중심화(계층적 통합)하는 과정이라고 말하고 있다. 그리하여 특히 심성의 발생적 단계를 규정하는 입장에서 ① 복합적-분리적, ② 미분절(일체적)-분절, ③ 불확정-확정, ④ 경화-연화, ⑤ 가변적-고정적이라는 5개의 대비개념을 사용하고 있는 바, 이 대비개념도 미분화에서 분화에로의 방향을 취한다고 진술하고 있다. 이러한 Werner의 발달관은 어떤 의미에선 Koffka의 ‘구조의 변화’의 내용을 다루고 있다고 볼 수도 있다.

(3) Hurlock의 정의

E. B. Hurlock는 그의 저서인 「아동발달」(Child Development, 1964)에서, 발달에 대해서, 크기의 변화(changes in size), 비율의 변화(changes in proportion), 새로운 특징의 획득(acquisition of new features), 낡은 특징의 소실(disappearance of feature) 등으로 나누고 이들이 서로 작용해서 일어나는 과정을 발달이라고 하였다. 발달에는 본질적으로 서로 다른 두 가지의 과정이 있는 바, 이 과정은 모든 연령층에서 항상 동시에 일어난다. 즉, 진화(새로운 특성의 발달)와 퇴화(낡은 특성의 소실)이다. 초기엔 진화가 우세하지만 후기에는 퇴화가 우세하게 된다.

(4) 유사개념의 비교

[1] 성장과 발달

성장(Growth)이라 함은 양(mass)적으로 증가해 나가는 과정을 말하며, 양적으로 측정할 수 있다. 예를 들면, 신장, 체중, 장기의 무게 등이 그 예이다.

E. B. Hurlock에 의하면 성장은 크기의 증대(increase in size)를 의미하고 일정한 시기가 되면 멈추나 발달은 질서정연하고 일관성 있는 형태의 진보적인 변화의 연속으로서 전 생애의 주기를 통해 일어나는 계속적인 변화"라고 하였다.

L. D. Crow는 "성장은 특별한 측면이나 부분적인 측면에 있어서의 변화를 내포하고 발달은 전체적인 측면에 있어서의 변화의 전망(the perspective of changes)을 뜻한다고 하였고 또한 성장이라는 용어는 성숙(maturation)에 사용되며 발달은 환경적 영향 또는 학습에 의해서 일어나는 변화에 사용된다"고 말하였다.

즉, 발달이라 함은 성장에 따르는 기능적인 발전 과정을 말한다. 예를 들면 뇌가 성장(중량의 증가, 신경 세포의 성장)함에 따라 운동기능, 정신기능 발달해 나가는 것이 그 예이다.

그러나 최근에는 성장을 이와 같이 좁은 의미로 한정치 않고 넓은 의미의 발달과 동의어로 사용하기도 한다.

[2] 성숙과 학습

성장, 발달의 일반적 원리는 성숙(maturation)과 학습(learning)이다.

A. Gesell은 내적성장을 성숙으로 보고 "신경계통의 성장은 그 자체의 내적인 pattern에 따라 이루어진다"고 하였다.

성숙이란 비교적 훈련이나 경험과는 관계 없이 계통적, 규칙적으로 진행되어 가는 성장과정이라 할 수 있다. 즉 성숙은 수정난에서부터 시작하여 출생과 더불어 계속되며 성장을 거듭함에 따라 노쇠하여 죽음에 이르게 될 때까지의 변화과정을 의미한다. 이에 비해 학습이란 일반적으로 경험의 결과에 의한 행동 또는

변용을 말한다.

즉, 학습은 연습이나 경험을 통하여 나타나는 행동의 영구적인 변화로 정의하는데 성장과 발달에 의한 기본능력이 외부의 가르침이나 혹은 자기 스스로의 경험에 의해서 추가, 삭제, 보완하면서 변화하는 것을 말한다. 공놀이를 하거나 숟가락과 젓가락을 사용하고 언어를 배우는 과정은 학습의 결과이며, 유아가 일정한 행동을 외부의 도움 없이 스스로 행할 수 있을 때 학습되었다고 한다.

2. 영아발달의 기본적인 원칙과 특징

1) 영아발달의 기본적인 원칙

영아의 성장과 발달에는 일반적인 원칙이 있다.

첫째, 발달은 일련의 순서에 따라 진행된다. 인간의 행동은 분화(differentiation)와 통합(integration)의 과정이 반복되면서 전체적이고 미분화된 동작에서 부분적이고 구체적인 동작으로 계속적인 분화와 통합의 과정을 거치면서 발달한다.

둘째, 발달은 연속적인 과정이기는 하나 발달의 속도는 일정하지 않다. 발달과정은 연속적으로 이루어지나 발달의 속도는 시기와 신체 각 부분에 따라 다르게 나타난다.

셋째, 발달에는 개인차(individual difference)가 있다. 모든 개개인의 발달 특성 및 능력은 성숙과 경험의 상호작용에 의하여 이루어진다.

넷째, 발달에는 결정적 시기(critical period)가 있다. 발달이 쉽게 이루어질 수 있는 최적의 결정기는 태내기와 인생초기에 있는데 태생학 분야에서 최초로 시작된 결정기에 관한 연구 결과, 발달의 정상성의 여부는 한 시기에 좌우됨을 발견했다.

다섯째, 발달의 각 영역은 상호 연관이 되어 서로 밀접한 관계를 갖는다. 한 영역의 발달이 다른 영역의 발달에 직접, 간접으로 영향을 미치게 된다. 유아의 신체능력이 증진됨에 따라 지적 능력이 증가되며, 사회적 행동에도 영향을 미치게 된다.

여섯째, 신체는 머리에서 발끝으로, 중심에서 말초부분으로 발달이 이루어진다.

2) 영아기 발달의 특징

영아기는 생애단계 중 가장 많은 변화를 하는 기간으로서 신체적, 정신적, 사회적 기타 인간발달의 행동이 가장 현저하다. 이 기간 동안에 영아는 인간의 기본적인 특징인 직립보행이 이루어지고 말을 하기 시작한다. 아울러 엄마로부터 젖을 떼면서 개체성을 획득하여 가는 것도 이 시기부터이다. 이 시기의 행동들은 모두가 서툴고 둔하지만 점차 정교화되고 분화되어 의미 있는 행동을 형성해 가는 것으로, 이것은 이 시기의 큰 특징이라 볼 수 있다.

3) 영아기 발달의 중요성

인간의 발달에는 발달이 가장 용이하게 이루어지는 최적의 시기가 있으며, 이 시기를 결정적 시기(critical period)라고 한다. 이러한 시기는 인간발달의 여러 측면에 걸쳐 있는데, 특히 일생의 기초가 형성되는 영아기에 여러 번 존재한다고 보고 있다. 즉 인간의 발달에서 어떤 특정한 발달과업을 성취하는 데는 가장 적절한 시기가 있으며, 이 시기를 놓치면 다음 시기에 보완되기가 어렵다는 것이다. 어린이는 걸을 시기에 걸음마를 배워야 하고, 말을 배워야 할 시기에 배워야 하며, 친구들과 놀아야 할 시기에 친구를 사귀어야 한다는 것을 뜻한다.

이 최적기는 곧 영아기를 의미하며 인간 발달의 기초적인 토대를 쌓는다는 점에서 생애발달에 있어서 가장 중요한 시기라 하겠다.

3. 영아발달의 연구방법

1) 영아발달 연구방법의 유형

영아의 발달을 연구하고자 할 때 직면하게 되는 큰 어려움의 하나는 모든 단계별, 모든 행동양식에 적절한 연구방법이 없다는 것이다. 자기의 생각을 말로서 표현할 수 없는 영아를 연구하는 경우와, 언어가 발달되어 있는 유아를 연구하는 경우는 전혀 다른 방법을 사용할 필요가 있다.

이와 같이 영아발달 연구는 여러 가지 방법(의학, 사회학, 실험심리학 등에서 사용되는 방법까지 포함하여)을 필요로 한다고 하겠다.

(1) 실태 조사적 연구법

이 방법은 문제 영역을 중심으로 영아의 의식, 태도 등 행동현상을 있는 그대로 파악하여 그 생태를 밝혀 보려는 연구법으로서 현상의 기술을 목적으로 하기 때문에 영아행동에 관한 설명이나 예측은 제공해 주지 못한다. 이 방법에서는 관찰에 의한 조사법이 가장 많이 사용되고 있으며, 조사대상자의 표집에 따른 오차문제, 조사 항목의 구성문제, 수집된 자료에 대한 통계치의 심리학적 해석이나 의미부여에 유의하지 않으면 안 된다.

이 방법은 다른 연구법에 비해 가장 많이 사용되고 있다.

(2) 법칙 탐구적 연구법

실태조사로부터 얻어진 실태상이나 심리현상을 구성하고 있는 요인이나 요인 상호간의 관련성을 분석하여 사실간의 일반적 관계, 즉 법칙이나 구조를 발견할 것을 목적으로 하거나, 또는 실태조사에서 도출된 가설의 검증을 행함으로써 현상을 설명하고자 하는 연구법이다.

분석방법의 대부분은, 양적 분석에 따른 요인분석법이나 분산분석법 등이지만 수치의 처리방법에는 그 나름의 문제와 위험성이 따른다. 또한, 실태조사의 경우와 같이 수치가 갖는 의미에 유의하지 않으면 안 된다.

2) 횡단적 연구와 종단적 연구

영아의 행동발달의 설명과 예측에 공헌할 수 있는 연구란, 영아의 행동을 통상적으로 반복 되풀이하여 관찰함으로써 얻어진 연구일 것이다. 이러한 시간적 계속의 방법에는 ① 동일개인을 장기간에 걸쳐서 연구해 나가는 경우(종단적 방법, longitudinal method)와 ② 대상을 달리 바꾸어 가면서 다른 발달 단계별로 횡단적 방법으로 자료수집이 이루어져 왔다. 발달연구의 당면과제는, 개체간의 공통적 일반법칙을 발견한다기보다도 영아의 독자적인 발달과정을 환경조건과의 상호작용의 관점에서 검토하는 일이다. 이를 위해서는 종단적 방법이 가장 효과적인 방법이라 할 수 있다.

(1) 횡단적 연구법

이 방법은 서로 다른 영아군에게 비교 가능한 도구에 의해서 조사 또는 측정을 통해 얻어진 각 연령군의 대표치를 가지고, 발달 현상을 파악하고자 하는 평균적 · 규준적 방법이다.

1 이점

① 단시간 내에 많은 대상자로부터 자료를 수집할 수 있어서 시간 · 경비 · 노력의 부담이 적다.

② 발달규준, 발달의 표준형 또는 일반적 경향을 알아보는 데 유효하다.
③ 예비적 가설의 검토에 도움이 된다.
④ 조사 · 측정방법의 타당성 검토가 쉽다.

2 문제점

① 발달의 문화적, 환경적 요인이나 배경을 제외하거나 고려하지 않는다.
② 이 방법은 발달과정을 정확히 나타내기보다는 개략적으로 나타낼 뿐이다.
③ 각 영아군의 등질성 확보가 어렵다.
④ 발연속성이나 안전성을 구명하기가 어렵다.
⑤ 발달적 변화의 규정 조건을 밝히기가 어렵다.

(2) 종단적 연구법

이 방법은 행동의 시간적 변화과정을 명확히 하기 위해, 동일의 피험자에 대하여, 일정한 시간간격을 두고 반복적 · 계속적으로 조사 · 측정하여 심리현상의 제측면을 추적하고자 하는 방법이다.

1 이점

① 동일개인의 성장과 발달과정 또는 개인차의 모습을 알 수가 있다.
② 발달의 환경변인이나 조건의 분석과 개체(성숙요인)와 환경(경험 요인)과의 상호작용의 구명에 유효하다.
③ 행동특성의 안정성, 변동성을 검토할 수 있다.
④ 질적 자료도 쉽게 얻을 수 있다.

2 문제점

① 시간 · 경비 · 노력의 부담이 크다.
② 피험자를 구하기가 힘들며 구하더라도 협력을 얻기가 어렵다. 또한 표본이

잘못될 수도 있다.

③ 동일조사 · 측정에 따른 반복성의 효과가 일어나기가 쉽다.

④ 피험자의 주거이전 등으로 최초의 표본을 유지하기가 힘들어 계속 연구의 지장을 초래하기 쉽다.

⑤ 연구계획의 변경에 대응하기가 힘들다.

3) 격리법과 쌍생아 통제법

영아를 연구하는 경우에는 결정적인 방법론적 어려움이 있다. 그것은 동물연구에서는 매우 신뢰성이 있으며 효과적인 방법이 된다고 할지라도 영아에게 적용하면 경우에 따라서는 심리적인 손상이 피험자에게서 생기기 때문이다.

동물의 유전적 소질에 관한 연구에서는 동물에게 학습의 기회를 주지 않을 수 있다. 또한 피험동물을 다른 동종의 동물로부터 분리시켜, 종 특유의 활동을 하는 기회를 주지 않기 위해 일정한 사육상자 속에 가두어 둘 수도 있다. 이때 종 특유의 행동특성이 나타나면 이 특성은 유전적 특성이라고 결론짓는다.

격리법은 영아를 피험체로 하는 경우에도 적용될 수 있지만 사용함에 있어서 곤란의 경우에 직면하는 경우가 많다. 그것은 이와 같은 연구에 영아를 동원하기 위한 부모의 동의를 구할 수 없는 실제적인 어려움이 있는가 하면 또한 피험체이었던 영아가 다시 '정상'으로 돌아가기에 앞서서 심리적 손상을 입을 수도 있어서 격리는 아이 자신에게도 바람직하지가 않지만 부모나 다른 사람들이 대체로 크게 반대하기 때문이다.

성숙과 학습의 문제를 연구하는 다른 방법의 하나는 쌍생아 통제법이다. 일란성 쌍생아는 신체적으로나 심리적으로나 유사하다는 가정하에 임상가들은 쌍생아의 한쪽 갑에겐 여러 가지 기능의 학습훈련을 가하고, 쌍생아 을에게는 어떤 훈련도 시키지 않는 방법을 취한다. 일정 시간이 지난 후, 쌍생아 갑의 훈련결과를 쌍생아 을의 성적과 비교한다. 격리법의 경우와 마찬가지로 적당한 수의 일란성 쌍생아를 구하기엔 실제적인 어려움이 따른다.

이와 같은 실험에서는 학습의 기회를 박탈당하는 사실만으로도 영아가 심리적으로 결정적인 손상을 받을 것이 예상된다. 즉, 한쪽의 쌍생아가 다른 쪽보다 우수하다는 느낌을 가짐에 따라 학습경험을 제공받지 못하였던 쌍생아는 상대적으로 심리적 상실을 입을 것으로 생각된다. 따라서 이와 같은 연구에 참가해도 좋다는 부모는 별로 없을 것이다.

격리법이나 쌍생아 통제법에 비해 보다 많이 사용되고 있다는 점에서는 대집단에 의한 발달적 연구 쪽이 더 실제적이라 하겠다. 이 발달적 연구의 기본적 원리는, 집단에 있어서, 가정적 · 사회경제적 · 종교적 · 지적 · 물리적 조건 등을 고려하여 환경적 요인을 통제한다면, 환경적 영향은 제거될 수 있다는 점이다.

따라서 이와 같은 방법을 취하면 집단적으로 찾아볼 수 있는 발달의 형으로 나타나는 유사성은 '자연의 작품'으로 볼 수 있다는 것이다. 여러 가지로 많은 학습기회나 경험을 가졌던 영아가 세부적으로는 다르다고 할지라도 기본적으로는 유사한 행동을 나타낼 때에는 임상가들은 이 행동은 학습만으로 이루어진 것이 아니고, 유전적 특성이 부분적으로 싹튼 것으로 풀이한다.

4. 영아발달의 규정요인

1) 유전적 요인

(1) 염색체

개체가 단세포로부터 수십억 개의 세포로 구성되는 성인으로 발달하는 과정은 대단히 복잡하다. 두 개의 살아있는 생식세포, 즉 정자와 난자의 결합인 임신으로부터 새로운 개체가 발생한다. 남성 및 여성의 생식세포를 배우자(gamete)라 하고 이들이 결합하고 있는 단세포를 접합자(zygote)라 한다. 난자와 정자는 각각 염색체를 갖고 있고 이 염색체에는 유전인자가 있어 유전을 결정하는 것이다.

최근의 유전인자의 작용에 관한 연구에 의하면 각 개의 유전인자는 요약해서 DNA라고 일컫는 핵산으로 구성된 하나의 큰 분자이다. DNA 분자의 원자들은 복잡한 이중의 나선상으로 길게 꿰어 있다. 이와 같이 나선형으로 나열된 원자의 정확한 순서는 복사 또는 단백질 분자의 형성을 지배하는 주요한 기호로써 작용하고 있다. 인간의 수정란은 최근의 연구결과에 의하면 46개의 염색체가 있다고 밝혀졌다.

(2) 성의 결정

수정란은 양친으로부터 염색체를 반씩 받아들이기 때문에 동성의 어버이의 특징을 더 많이 유전받는다고 할 수 없다. 성의 특징은 남성의 생식세포에 의하여 결정된다. 어머니의 성 결정 염색체는 동일한 것으로 X염색체라 하고, 성숙한 남성 생식세포는 X염색체, 혹은 Y염색체를 포함할 수 있다. X염색체를 갖고 있는 정자가 난자에 수정되면 딸이 되고, Y염색체를 갖는 정자가 난자에 수정되면 아들이 된다.

(3) 유전인자

하나의 유기체가 한 특성을 지배하는 두 개의 다른 유전인자를 갖고 있을 때, 이를 이형접합자라 하고, 두 개의 유전인자가 같을 때에는 동형접합자라 한다. 과학자와 농부는 잡종강세, 즉 혼종이 순종보다 더 인내력과 다산성이 있는 경향을 알고 있다. 일반적으로 유기체가 동일한 유전인자를 갖는 것보다 다른 2개의 유전인자를 가져야 좋다고 한다.

우성, 열성의 유전인자는 가족간의 유사성과 차이를 나타내게 하는 유전의 효과를 설명하는 데 도움이 된다. 어린이가 다만 흑발의 유전인자를 받았을 때에

는 양친이 개체에 준 유전인자는 같은 효과를 나타낸다. 예를 들면 검은 머리, 노란 머리와 같이 각각 다른 특징을 결정하는 유전인자를 어린이가 받았을 때, 그 중에서 하나의 유전인자만이 어린이에 나타나서 검은 머리가 되기도 하고, 때에 따라서는 노란 머리가 나오기도 한다. 이를 우성이라 하고, 나타나지 않은 유전인자를 열성이라 한다. 유전인자가 우성일 때는 어떠한 유전인자와 결합하든 그 특성을 나타낸다. 이와 반대로 열성의 유전인자가 나타나자면 그와 똑같은 열성의 유전인자와 결합되어야 한다.

(4) 생득설

유전설을 생득설(nativism) 또는 선천설이라고 부르는데, 발달을 규정하는 원동력은 개체 내에 있다고 보는 입장이다. 즉, 생득설은 유전론을 발달의 본질의 설명에 이용하고 있다. 이 설에 의하면 모든 인간의 심적 특성은 부모로부터 유전되고 있다는 것이다. 이런 입장에서 학자들은 보통 가계연구나 쌍생아 연구를 통해 유전의 힘을 입증하고 있다.

1 Goddard의 Kallikak 가계 연구

H. H. Goddard는 "The Kallikak family"란 연구에서 생득설의 입장을 취하고 있다. Martin Kallikak는 맨 처음 저능한 여자(a feebleminded girl)와 결혼하였고 그 후 정상적 여자와 재혼하였었는데, 정상적인 부인과의 사이에서 태어난 496명의 자손 중 2명을 제외하고 나머지 자손이 모두 정상이었으며 변호사, 의사, 공무원, 교수, 대학총장 등 명사가 많았으나, 저능한 부인과의 사이에서 난 아이들 및 그 자손 488명 중에는 정상적인 자가 겨우 46명, 저능한 자가 143명, 사생아가 36명, 매음여인이 33명, 알코올 중독자가 24명, 간질자가 3명, 횡사자가 82명, 취업을 한 자가 8명, 불명 292명이라는 그야말로 비참한 모습을 보여주었다.

2 Max Juke 가계와 Edwards 가계

R. L. Dugdale의 "The Jukes", A. H. Estabrook의 "The Jukes in 1915"등의 연구보고서에 의하면, Max Juke 가계는 범죄와 비행 또는 질병 내지 악덕한 자손들만으로 이루어져 있어서 미국에 있어서 열등가계의 대표적 예로 손꼽히고 있으며, A. E. Winship의 "Jukes-Edward : a study in education and heredity"란 연구보고서에 의하면 Jonathan Edwards 가계는 교사, 목사, 과학자, 그리고 정치인 등 우수한 자손이 많아 미국에 있어서 우수가계의 표본이 되어 있다.

3 Galton의 우수가계 연구

F. Galton의 "Hereditary Genius"란 연구보고서에 의하면 영국의 저명인사 332가족(부 : 98명, 형제 : 114명, 자 : 129명)을 대상으로 한 연구에서 우연히 성공할 수 있는 기대 수보다 이들은 1200배 이상의 더 많은 성공률이나 우수성을 보여주고 있다는 점에서 저명인사의 가계는 유전되고 있다고 결론짓고 있다.

4 Holzinger의 쌍생아 연구

K. J. Holzinger는 H. H. Newman과 F. N. Freeman의 공동연구인 "Twins : a study of heredity and environment"에서 일란성 쌍생아는 이란성 쌍생아에 비해 심신양면에 있어서 더 유사하다는 점을 밝히고 있다.

그리고 신체적 · 정신적 특질에 대한 K. J. Holzinger 등의 연구결과를 표시하면 〈표 1-1〉과 같다.

표 1-1 쌍생아 형제의 심신의 유사도(상관계수)

심신의 특질	일란성	이란성
신장	.93	.65
체중	.92	.63
두부의 중량	.91	.58
지능연령	.86	.60
지능지수	.88	.63
학력검사	.89	.70
정서검사	.56	.37
운동속도 검사	.69	.38

2) 환경적 요인

(1) 환경의 의미

영아발달을 규정하는 것은 위에서 말한 유전적 요인만이 아니라, 콩을 비옥한 밭에 심을 때와 메마른 땅에 뿌릴 때와를 비교하면 쉽게 알 수 있듯이, 영아의 성장발달에 있어서 우리를 둘러싼 환경의 영향이란 매우 중요함을 알 수가 있는 것이다.

S. R. Ambron은 "유기체에 영향을 미칠 가능성을 지니고 있는 외적 조건과 요인의 총합"이라고 되어 있으며, M. Bloom은 "영아에게 부닥치는 조건, 힘 및 외적 자극"이라고 하며 역시 외적 조건의 전체를 환경이라는 개념 속에 포함시키고 있다.

이와 같은 환경의 정의에서 볼 수 있듯이 환경은 단순히 물리적인 조건만을 의미하지는 않는다. 흔히는 환경이라는 개념 속에 물리적인 조건만을 포함시키는 것이 일반적인 방법이지만, 실상 발달적인 견지에서 생각해 보면 오히려 물리적인 조건 자체보다도 그것이 심리적인 조건으로 작용하는 것이 더욱 중요하다고 할 것이다.

(2) 환경의 유형

1 구조적 환경과 과정환경

환경을 물리적 측면과 심리적 측면으로 양분하는 것이 일반적인 분류 방법이긴 하나 심리적 측면에 해당하는 변인과 물리적 측면의 일부변인을 구조환경(structure environment)으로 개념화할 수 있다. 구조환경이란 개인에게 작용하는 외적 조건과 자극이 일정한 규칙에 의하여 조직되어 체제화되어 있는 구조적 상태를 의미한다. 이와 더불어 순전히 심리적 환경이라고 볼 수 있는 과정환경(process environment)을 생각할 수 있으며, 그것은 외적 자극과 조건 및 조직화된 체제가 개인과의 상호작용 하에서 일어나는 분위기 또는 풍토라고 규정할 수 있다.

2 지리적 환경과 행동적 환경

전자는 영아를 둘러싸고 있는 물리적 공간 및 그 안에 있고 모든 사물이나 사태를 말하는 것이며, 후자는 영아에 있어 의식되고 체험되는 환경을 말한다. 행동적 환경은, 지리적 환경에 의존되어 있기 때문에 지리적 환경은 직접적으로는 영아의 행동을 규정하는 것은 아니지만 간접적인 원인이 되는 것이다.

행동적 환경은 영아의 의식에 관계하고 있으며 영아들을 움직이게 하는 힘을 갖고 있다. 즉, 행동적 환경을 구성하는 사물은 영아들의 요구에 대응하고 있으며, 영아의 마음을 그쪽으로 쏠리게 한다든가, 멀리하게 하는 심리적인 힘을 갖고 있다. K. Lewin은 이러한 환경의 힘을 유인성(valence)이란 개념으로 나타내고 있다.

3 자연적 환경과 인간적 환경

자연적 환경은, 물질적 환경은 물론 동식물 등 영아 이외의 모든 생물을 포함하는 환경으로서 자연과학의 대상이 되는 세계이다.

이에 대한 인간 환경이란, 개인은 물론 개인에 의해 구성되는 집단, 사회, 국가 등을 말한다.

넓은 뜻으로는, 문화적 환경도 일종의 인적 환경이다.

4 가정환경

가정환경에 있어서는 가정의 사회 경제적 지위, 가족구성, 문화적 상태, 가치 지향성, 부모와 자녀의 관계 등이 주요변인으로 생각될 수 있다.

(3) 경험설

경험설(empirism)은 영아의 발달이란 외부에서 주어진 감화영향에 의한다고 주장하는 입장이다. 원래, 이 설은 인식론으로서 J. Locke에 의해 주창되어 발전되어 온 것이지만, 발달론적으로는 환경론을 채용하고 있다. 즉, 생득설이 주장하는 바처럼 발달의 가능성은 개체의 내부에 있다고 하더라도, 환경을 달리하면 많고 적고간에 발달모습이 다르게 나타나는 사실이 존재하기 때문에 영아의 발달은, 여태까지 받은 모든 외적 영향의 결과라고 주장한다. 늑대소녀(1920, Amala와 Kamala의 예)와 Aveyron의 야생아(1795, J. Itard의 연구) 또는 맹모삼천지설은 경험설에 입각한 주장이기도 하다.

이 밖에 B. Bernstein의 사회계층에 따르는 지적 발달의 차이에 관한 연구나, L. Bender의 모성실조가 정신질환의 병인적 요인이 된다는 연구또는 교사의 신경질적인 성격이나 정서적 불안정의 경향이 학생들의 학업성취는 물론 그들의 퍼스낼리티에 부정적인 영향을 미친다는 M. L. Cogan이나 H. B. Leed 등의 연구 등도 경험설에 바탕을 둔 연구라 하겠다.

특히 소련의 새 유전학자 T. D. Lysenko는 환경조건을 변화시킴으로써 품종을 개량하는 연구를 통해 환경만능론을 주창하기에 이르렀으며, K. Lewin의 장설에 입각한 B=f(P · E) 이론 또한 환경론적 요인의 절대성을 강조하는 입장이기도 하다.

3) 유전과 환경의 관계

(1) 폭주설

유전 대 환경의 대립을 극복하려는 시도는 W. Stern에 의하여 이루어졌는데, 그의 폭주설(Die Konvergenztheorie)은 대략 다음과 같다.

"정신적 발달은 단순히 출생하면서부터의 성질이 서서히 나타나는 것만도 아니며, 또 외계로부터의 영향을 받아들여 이에 대한 반응을 함으로써만도 아니다. 즉, 이것은 내적 성질과 외계와의 폭주의 결과로 생기는 것"이다.

(2) Woodworth의 이론

R. S. Woodworth는 「Dynamic Psychology」에서 유전을 사각형의 저변으로 보고, 환경을 그 높이로 보아 한 개인의 발달이란 결국 그 저변과 높이로 이루어지는 사각형의 면적이라고 보았으며, 저변이 없어도 사각형을 이루지 못하며, 높이가 없어도 역시 마찬가지여서, 환경과 유전 중에서 어느 것이 보다 중요하다고 할 성질의 것이 아니라고 말하였다. 이 관계를 도표로 그리면 [그림 1-1]과 같다.

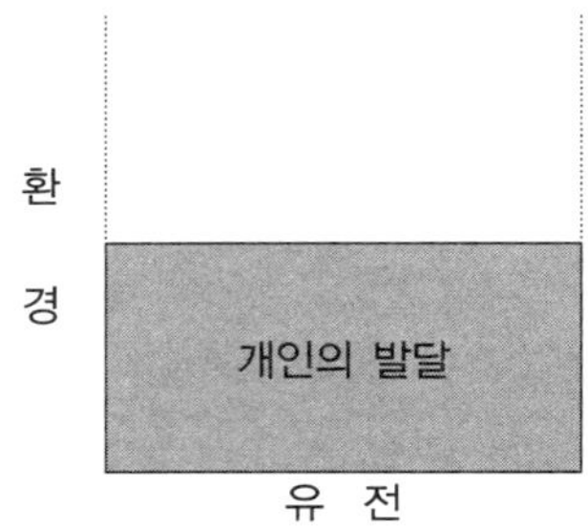

[그림 1-1] 유전과 환경

따라서 일정한 저변(유전)을 가지고 나온 우리는 높이(환경)를 되도록 높게 함으로써 이 사각형(발달하는 개인)의 면적을 크게 할 수 있을 것이다. 유전은 매우 좋으나 환경이 안 좋은 사람의 발달과 유전은 그다지 좋지 못하나 환경이 매우 좋은 사람의 발달과 비교하여 보면 여러 가지 경우가 성립될 수 있는 것이다. 이것을 도표로 그리면 [그림 1-2]와 같다.

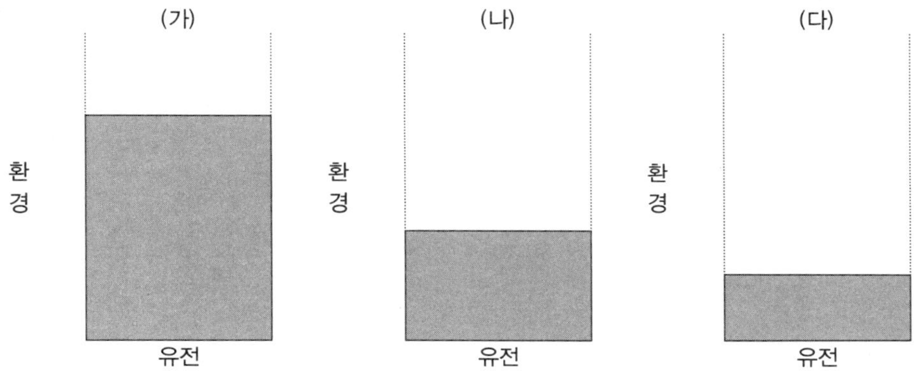

[그림 1-2] 같은 유전에 다른 환경

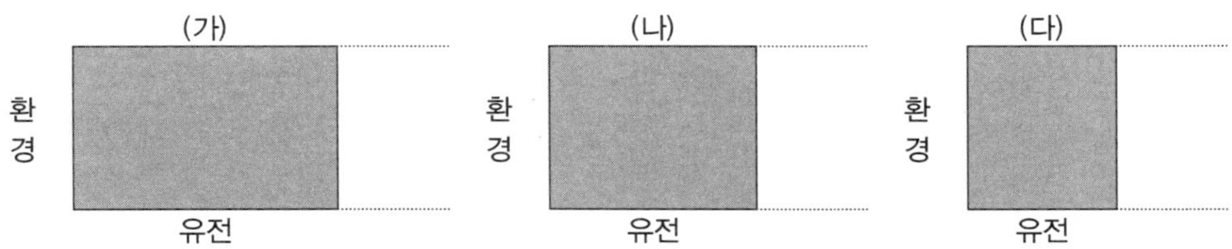

[그림 1-3] 같은 환경에 다른 유전

(3) Jensen의 이론

A. R. Jensen은 그의 저서 「IQ유전과 교육」에서 발달을 규정하는 이론으로써 환경역치설(environmental threshold value theory)을 들고 있다.

[그림 1-4]에서와 같이 그에 의하면 환경은 역치요인으로 작용하는 것이라서 각각의 형질의 현실화를 앞두고, 이에 필요한 환경요인의 질이나 양은 다르며 각각의 형질은 고유한 역치를 일정수준하에 갖고 있다고 말하고 있다. 즉, 영아의 심신의 형질에 따라서 유전에 미치는 환경요인의 영향이 미치는 정도가 다르다는 사실을 밝히고 있다.

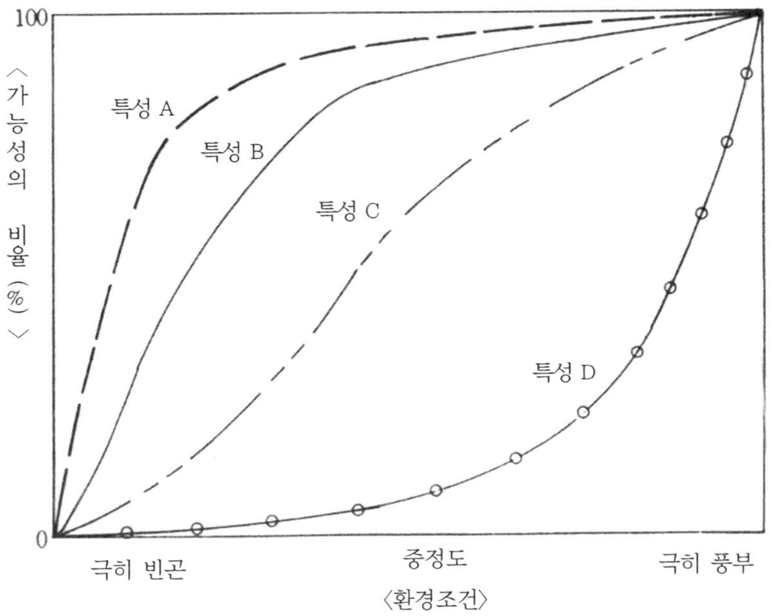

[그림 1-4] 유전적 가능성과 질적 환경조건

(4) Binger의 이론

J. J. Binger(1999)는 어떤 기능의 발달에 있어서 어디까지가 유전의 힘을 입은 것이고, 어디까지가 환경의 영향을 받고 있는가의 양적 관계를 밝히려는 새로운 시도를 하였다. 그에 의하면 성격을, 지적 상층과 내부 감정적 근저층으로 이루어져 있다고 보고, 쌍생아의 연구에서 지적 상층은 환경의 영향을 쉽게 받지만, 기분 · 정서 · 충동 등의 근저층은 유전의 영향을 받기 쉽다고 주장하고 있다.

그는 이란성 쌍생아 형제간의 차의 평균과 일란성 쌍생아 형제간의 차의 평균의 비로서, 그 기능에 있어서의 유전의 힘과 환경의 힘의 비율을 구하였다. 그 결과는 〈표 1-2〉와 같다.

표 1-2

유전대 환경의 비율

영　　역		유전 : 환경
상　　층		2.6 : 1
근저층	감정사고 감정피유발성 충동 근본적 기분	2.0~3.1:1 4.7:1 6.3:1 12.3:1

4) 생리적 · 기관적 요인

(1) 내분비선 기능

내분비선은 발달과정에 영향을 미치는 중요한 생물학적 조직의 하나이다. 내분비선은 분비물을 혈관에 보급하는 관은 없으나, 직접 혈액 속으로 들어가게 되어 있다. 내분비선에서 분비되는 화학물질을 호르몬(hormone)이라고 한다. 이 물질은 신체 발달과 기능에 큰 영향을 미치고 있다.

내분비선은 조정작용을 한다. 이 분비물은 발달뿐 아니라 여러 가지 생리적 작용을 일으키게 하고, 활동을 중지시키기도 하며, 촉진 또는 지연시키는 역할도 하고 있다. 각 개인의 신체적 성숙이 일찍 되느냐, 혹은 늦게 되느냐는 여러 내분비선의 결합에 의하여 결정되는 것이다.

호르몬이 발달에 영향을 주는 또 하나의 측면은 신진대사에 미치는 효과를 통제하는 것이다. 골격, 근육 및 신경조직의 성장은 내분비선에 의하여 통제되는 신진대사 과정에서 비롯되는 것이다. 만일 혈액 내에 당분이 과다하게 공급되면 어떤 내분비선 계통에서는 인슐린(insulin)이라는 호르몬이 분비하여 당분의 신진대사를 도와 혈액을 정상적인 화학상태로 환원시키게 한다. 신체를 일정한 상태로 유지시키려는 이와 같은 경향을 W. B. Cannon은 동질정체(homeostasis)라고 불렀으며, 여기에는 내분비선은 물론 신경계통과 기타의 생리적 기제가 참여하고 있다.

평형상태를 유지하기 위하여 여러 내분비선은 서로 복잡한 조정을 하고 있다. 한 계통의 내분비선의 작용이 지연되면 다른 계통의 내분비선은 기능을 촉진시키기 위하여 호르몬을 분비시키고, 또 과다한 것이 있으면 기능을 지연시키기 위한 호르몬을 분비시키는 것이다. 한 계통의 내분비선을 제거한다든지 여기에 상해가 생기면 전계통에 이상이 오는 것이다.

내분비선 계통을 주로 통제하고 있는 곳은 시상하부라는 대뇌의 하부에 있는 바, 여러 신체적 기능의 통제와 관계된다. 내분비선 계통에서 인간의 성숙과정에 가장 큰 영향을 주는 것으로는 뇌하수체, 갑상선을 들 수 있다.

1 갑상선

갑상선에서 분비되는 티록신(Thyroxine)은 신체의 신진대사 기능을 조정하고 성장과 일반적 활동성을 통제하는 기능을 나타내며, 부갑상선 내분기능의 감퇴는 흥분성과 신경질 경향 및 거부경향(negativism)을 높이며 과잉분비는 권태, 근육이완 및 흥미의 결여현상이 나타난다고 한다.

목의 인후골 양쪽에 위치하고 있는 갑상선은 '티록신'이라는 호르몬을 분비한다. 뇌하수체와 밀접히 관련하여 갑상선은 신진대사에 영향을 주며, 신체적 성장을 조절하고 있다. 갑상선이 과도하게 분비되면 일반 활동성이 높아지고, 적게 분비되면 운동이 완만하게 된다.

갑상선은 신경계통의 구조와 기능, 특히 지능 발달에 커다란 영향을 미치고 있다.

영아기에 갑상선의 결핍이 오면 기형 · 백치라고 하는 병에 걸리게 된다. 이와 같이 지능수준이 떨어지는 것은 뇌의 신경조직의 불완전한 발달에서 오는 것이

다. 대뇌피질의 성장이 빠른 생후 2개월경에 갑상선 결핍증이 오면, 지능수준이 떨어지는 결과를 가져오는데, 이러한 증상은 적절한 호르몬 치료를 하면 정상적인 지능을 되찾게 되는 것이다.

2 뇌하수체

뇌하수체는 대뇌의 하부에 위치하고 있어 신체적 발달에 직접 관련되는 주요한 내분비선이다. 뇌하수체는 성장과 유지에 관련하여 여러 가지 기능을 하는 호르몬을 분비시킨다. 뇌하수체 성장 호르몬은 영아기의 정상적인 신체발달에 절대 필요한 것이다. 이 호르몬은 골격, 근육, 여러 내장기관의 성장을 조종하는 기능을 하고 있다. 이 호르몬을 분비하는 내분비선의 기능에 이상이 있으면 난장이, 거인, 말단거대증과 같은 신체적 기형으로 나타난다.

(2) 신경계 기능

자율신경계의 반응의 회복이 현저하게 늦은 사람은 정서적 불안정이나 신경질 경향이 높아진다고 하며, 자율신경계에 대한 중추신경계의 통제를 절단하면 경우에 따라서는 보다 적응된 행동을 하는 수도 있으나 활동성의 증가나 무관심, 적극성의 결여 같은 퍼스낼리티의 변화를 초래하게 된다. 또 대뇌피질부에 손상이 오면 그 부위에 해당하는 감각이나 지적 기능이 약화되며 운동기능을 비롯한 그 밖의 인성장애를 가져오게 된다. 최근 뇌전두엽 절제술(lobotomy)에 의한 절단술의 발달은 각종 정신질환자의 치료를 위한 수술이 성행하고 있으며 그 결과 불안이 제거되고 마음이 편안해지는 반면 믿음성과 사고성이 약화되는 경향이 나타나고 있다. 이러한 결과로 미루어 대뇌피질부의 전두엽은 자기통제력, 신중성, 활동성과 관계가 깊으며 원시적 충동이나 감정적 반응은 간뇌 특히 시상하부(hypothalamus)와 깊은 관계가 있는 것으로 밝혀지고 있다. 또한 시상하부의 통제를 받는 부교감신경계의 긴장도가 높은 사람은 정서적인 흥분성과 활동성이 약한 반면 인내심이 강하고 쉽게 피로하지 않으나 교감신경계의 긴장도가 높은 사람은 이와 반대되는 체질이 나타난다고 한다.

5. 영아발달의 원리

1) 발달의 형

동물이나 인간을 막론하고 모든 동물은 그 종 특유의 발달의 형에 따라서 발달한다. 태생기에 있어서는 월별로 어떤 특성이 나타나는 발달의 계열이 있다. 이와 같은 질서적인 발달의 형은 출생 후에 있어서도 인정된다. 그러나 태생기보다는 출생 후 쪽이 개인의 발달의 속도에 변동이 많이 일어난다.

일정한 나이에 이른 아동의 발달적인 연구에 의하면, 행동발달까지도 한 개의 형에 따르고 있음을 알 수 있으며, 이 형은 경험에 의한 영향을 거의 받지 않음을 시사하고 있다.

A. Gesell은 이와 같은 연구에서 다음과 같은 결론을 얻고 있다. 전혀 똑같은 두 사람은 존재하지 않지만, 모든 정상적인 아동들은, 자기의 종족이나 문화집단에 독특한 성장의 형이 있다고 하더라도 그것은 기본적인 발달의 형의 변형에 지나지 않는다. 종족에서 찾아볼 수 있는 발달의 계열은 확립된 자연의 질서인 것이다.

출생 전후의 신체적 발달에는 규칙적이며 예견적인 형이 있다는 많은 실증적인 자료를 찾아볼 수 있다. 즉, 신체발달은 머리 부분에서 발달하기 시작하여 다리 부분으로 전개함이나, 중추신경부터 발달하기 시작하여 말초신경 부분으로 전개되는 형을 찾아볼 수 있다.

치아의 발달에도 신체적 발달의 예견적인 형이 있다. 하악치는 상악치보다 먼저 돋아나는 법이며, 보통, 최초로 돋아난 유치가 제일 먼저 영구치와 교대하게

된다.

사춘기의 신체적인 변화에 관한 연구에 의하면, 성기의 발달과 제2차 성징의 발현도 일정의 계열에 따라 생긴다. 지능의 종단적 연구에 의하면, 정신적 발달의 형은 신체적 발달의 형과 같이 예견될 수 있다.

출생부터 3세까지의 영 · 유아에 관한 A. Gesell의 발달적인 연구에 의하면 모든 아동들에게 공통적이고 일반적인 행동상의 형을 찾아볼 수 있었다고 한다. 이 형의 개요는 다음과 같다.

- 4주에서 16주까지에는, 유아는 안구운동의 근육 통제가 가능하다.
- 16주에서 18주까지에는, 물건 쪽으로 손을 뻗칠 수 있다.
- 28주에서 40주까지에는, 앉기도 하고 물건을 잡고 움직일 수 있다.
- 40주에서 52주까지에는, 똑바로 설 수 있고 물건을 끌어당길 수 있다.
- 제2년째에는 걷기 시작하여 소유권의 감각이 싹트며, 장이나 방광의 통제가 가능하다.
- 제3년째에는 말을 사고의 도구로서 사용하게 되며, 자기의 환경에 대한 이해가 시작된다.

이외에 발달의 특수영역도 예견적인 형을 취할 수 있다. 즉 운동발달, 정서적 행동, 언어, 사회적 행동, 학업 등 여러 가지 면에 있어서의 발달의 형을 찾아볼 수 있다.

위에서 언급된 발달의 형에 있어서 '기본적인 발달의 형'만을 일컬어 발달의 원리라고 부르게 된다.

2) 일반적 유사성의 원리

모든 인간은 유사한 발달의 형에 입각해서 다음 단계로 옮겨 간다. 가령, 유아는 걷기에 앞서서, 똑바로 서게 되며, 네모를 그리기 이전에 원을 그리게 된다.

이 순서가 거꾸로 되는 일은 결코 없다. 그리고 일반적인 형은 발달이 속도에 따른 개인차 현상은 나타나지 않는다. 조산아는 1년쯤은 발달이 늦은 것처럼 보이지만, 일단, 만기산아의 기준에 도달한 뒤에는, 만기산아와 똑같은 형에 따라 발달의 속도로 거의 같게 발달된다.

조산아가 출생 전이나 출산 중에 손상을 받은 경우에 한해서 발달의 정상적 계열은 변화되기 쉬우나, 그렇지 않은 경우에는, 지적으로 뛰어난 아이나 열등한 아이라도 보통의 아이들과 같은 발달이 이루어진다. 그러나 지적으로 뛰어난 아이는 지적으로 열등한 아이에 비하여 발달의 속도가 빠르다.

3) 연속성의 원리

발달은 수태의 순간부터 죽을 때까지 연속적인 과정이다. 또, 어떤 때에는 완만하게 어떤 때에는 급속도로 발달이 다른 속도로 이루어지고 있다.

발달이 연속적이기 때문에, 어떤 단계에서 일어난 현상은 다음의 단계에 영향을 줄 수 있다고 말할 수 있게 된다.

가정에 있어서의 정서적인 긴장은, 유아의 인성발달에 영향을 줄 수 있다. 즉, 어떤 종류의 퍼스낼리티 장애로서 작용할 것으로 생각될 수 있다. 이것은 아동의 후기의 가정환경에 스트레스나 긴장이 비교적 사라진 경우에 있어서도 초기의 정서적 긴장의 영향이 남아 있을 수 있음을 시사하는 것이다. 예컨대, 부모가 이혼한 경우에 흔히 찾아볼 수 있다. 또, 조기에 있어서 자기에 대한 또는 타인과의 관계에 대한 불건전한 태도는 완전히 씻어 버릴 수 없는 것이다. 이러한 태도는 중년, 노년이 되어서도 개인의 인생관에 반영되기 마련이다.

4) 분화 통합성의 원리

운동반응의 경우처럼, 정신적인 반응의 경우에도 일반적인 활동이 특수적인 활동에 선행한다. 출산 전에는 태아는 신체 전체를 움직일 수는 있어도 특수한

반응은 할 수가 없다.

출생 후의 초기에 있어서도 마찬가지이다. 유아는 손을 뻗치는 특수한 반응을 할 수 있기 전에 팔을 흔드는 일반적인 운동이 관찰된다.

즉, 미분화된 전신운동(mass action)으로부터 특수한 부분의 특수운동(specific action)으로 분화되어지는 것이다.

이와 같이 미성숙한 구조로부터 특정한 구조와 기능을 가진 새로운 기관이 발생하는 과정으로 발생학(embryology)의 입장에선 분화(differentiation)라고 한다. 행동의 발달에 있어서 처음은 내부적인 분절의 빈약한 전신운동으로부터 보다 명백하고 세련된 행동으로 분화하여 간다.

이 때, 분화란 분열을 의미하는 것이 아니고 전체로서 통합(integration)되는 과정이다. 즉, 분화작용과 통합작용을 하는 가운데 발달이 이루어지며 이와 같이 하여 행동은 체제화 · 구조화된다. 그러므로 발달은 통합적 분화과정에 대한 체제화 · 구조화의 과정이라고 할 수 있다.

독일의 심리학자인 H. Werner도 정신발달의 본질은 정신현상과 기능이 점차로 분화하고 중심적 통합을 하는 것이라고 하였다. 즉, 이 분화와 중심적 통합은 복합적인 것으로부터 단편적인 것으로, 융합적인 것으로부터 분절적인 것으로, 불명료한 것으로부터 명료한 것으로, 불확정한 것으로부터 확정적인 것으로 진행하는 과정이라 보았다.

5) 발달속도차의 원리

발달속도에는 개인차가 있다. 성숙에 달하는 연령 수준에는 개인차가 작용한다. 즉, 다른 아이들에 비해 성숙이 빠른 아이들이 있는가 하면, 한 아이의 경우에도 어떤 특징은 다른 부분보다 더 빨리 성숙하는 경우가 있다. 그뿐 아니라 한 아이의 한 가지 특징도 다른 속도로 성숙하는 경우가 많다.

분만 당시에 얻어지는 합병증만 보더라도 여아보다 남아가 훨씬 많으며, 영 · 유아기에 전염병으로 죽는 비율도 남아가 많고 방사선이나 기타 독물에 의한 성장의 저해도 더 많이 받는다. 애기를 수태할 당시에 남녀의 비는 125 : 100인데 분만 당시의 남녀의 비는 102 : 100, 그리고 일반인에 있어서도 남녀의 비율이 거의 100 : 100이거나 혹은 남자가 적은 경우를 보더라도 남자가 실제적으로 태중이나 분만 당시 혹은 영아기에 많이 도태되는 것을 알 수 있다.

개개의 신체적 · 정신적 특성의 발달속도에 변동이 생기면 많은 적응상의 문제가 생긴다. 지적인 발달이 신체적 · 사회적 · 정서적 발달에 비하여 조숙한, 즉 소위 "지적으로는 뛰어나지만 다른 면에 있어선 미숙한" 아이는, 동일 연령층의 아이들이나 나이 많은 아이들과 원만한 관계를 이룩하기가 곤란한 경우가 많다.

6) 상관성의 원리

어떤 특성이 성숙하는 단계에선, 다른 특성이 성숙하는 단계에 영향을 미친다. A. Gesell은 발달의 상관성의 중요함을 강조하고 있는데, 그에 의하면 "성장의 소산은 직물에 있어서 날올과 씨올의 관계와 같다."

신체적 발달과 정신적 발달간의 상관은 특히 뚜렷하다. 신체의 형태는 취학 레디네스에 관계가 있지만, 이것은 정신적 발달과 신체적 발달 간에 상관이 있기 때문이다.

성적 성숙과 흥미 또는 행동의 형간에도 명확한 관계가 있다. 그 결과, 조숙한 자는 동일 연령층의 미숙자에 비하여 신체적인 면 뿐만 아니라 정신적 발달과 행동적 발달의 면에 있어서도 다른 점이 많다.

천재아를 중년까지 추적 연구한 L. M. Terman의 결론에 의하면, "바람직한 특성은 동시에 생기는 경향이 있다. 지능과 신체의 건강도 또는 정서적 안정성 사이에는 부적(負的) 상관은 없다." 또한 개체는 일정한 환경 속에서 성장하고 발달하는 것이어서 그 발달은 환경의 변화와 불가분의 관계에 있다. 예를 들면 집안에서만 키운 아이는 사회성이 발달하지 못하는 경향이 있다.

7) 방향 · 순서 · 계열성의 원리

발달에는 일정한 순서가 있다. 즉, 모든 어린이는 앉기 시작한 후에 설 수 있으며, 동사를 써서 말하기 전에 명사를 사용하여 말한다. 원을 그리다가 점차 사각형을 그릴 수 있게 된다. 즉, 시간의 흐름과 같이 발달은 거꾸로 될 수 없는 과정인 것이다. 발달이 진행되는 순서 또는 방향에는 세 가지 기본적인 법칙이 있다.

첫째, 머리(頭負)-다리(尾)의 방향(cephalo-caudal direction : head-foot)으로서 예를 들어 태아는 아래부분보다 먼저 머리의 발달이 진행되며 또한 팔이 손보다 먼저 발달한다. 즉, 머리 부분에서 다리 부분으로 발달이 진행되어 감을 말한다.

둘째, 근처-원처의 방향(proxims distal direction) 또는 중주에서 말초의 방향으로 이동하는 것으로 신경계통에 있어서도 예를 들면 대뇌 등이 먼저 발달하고 점차로 말초신경이 늦게 발달하는 것이다.

셋째, 전신운동에서 특수운동(mass-specific direction)의 방향으로서 큰 근육에서부터 작은 근육으로 발달해 가는 것이다. 어린이에게 처음으로 나타나는 반응은 대부분 전신반응이며 신체의 큰 부분을 움직이는 전체적 · 미분화적인 운동인 것이다.

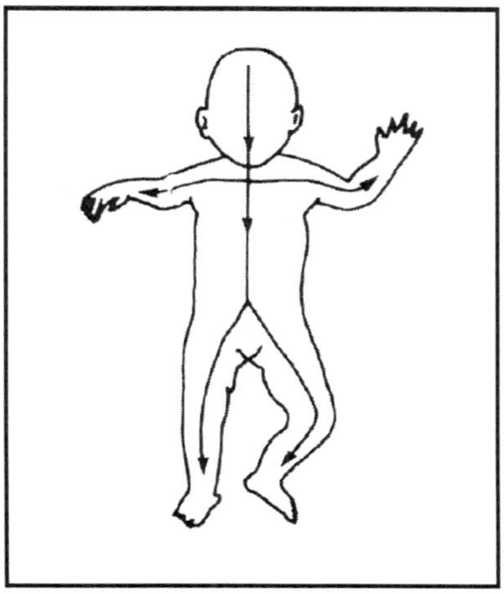

[그림 1-5] 발달방향의 원리

8) 성숙과 학습의 상호작용의 원리

출생 후의 성숙과 학습은 밀접한 관계를 가지고 있다. 한쪽이 다른 쪽에 영향을 주고 있다. 성장과 운동(기술) 사이에는 높은 상관관계가 있음은, 신체의 전체적인 발달에 따라서 성장되어온 신체 각 부분을 원만하게 사용할 수 있는 능력이 생겼음을 시사하는 것이다. 이와 같이 발달은 유전적 소질만으로 이루어지는 것이 아니고 이런 소질과 환경의 사회적 · 문화적인 요인간의 상호작용에 좌우되는 것이다.

즉, 발달단계의 특징은 성숙과 학습이라는 두 가지 요인간의 상호작용의 결과로 형성된다. 여기서, 성숙이란 말은 성장의 결과로 나타나는 변화를 지칭하는 것이며, 학습은 주로 후천적 경험의 결과로 나타나는 변화를 뜻한다.

9) 가소성의 원리

영아는 근본적으로 미완성적 존재로서 풍부한 가소성(plasticity)을 가졌다. 영아는 자연의 모태에서 출생한 대로는 미완성의 존재이고, 문화의 모태 안에서 완성되어 간다.

A. Portmann은 신생아의 생물학적인 초기 양상을 연구하고 "인간은 동물에 비하면 미완성의 존재로서 태어난다"고 하였다.

다른 동물들은 그들이 살아야 할 자연환경에 꼭 맞도록 육체적 기관들과 기능들이 특수하게 전문화 내지 완성되어 나타나기 때문에 환경에 대한 반응으로서의 행동의 도식도 기계적으로 결정되어 있다. 그래서 다른 동물들은 본능에 따라서 기계적으로 결정되어 있다. 그래서 다른 동물들은 본능에 따라서 기계적으로 움직이면서 살아갈 수 있는 반면에 인간은 미약한 본능만을 가졌으며 문화적인 규범에 따라서 능동적으로 선택할 수밖에 없다. 따라서 인간은 스스로의 힘으로 자기의 발달 목표를 설정하고 그 성취를 위해 노력하며 조정할 수 있는 유일한 존재이다.

이렇게 함으로써 각 유기체의 구조와 기능은 최고의 가능성을 향해 성장과 발달을 계속한다.

영아발달은 이 가소성을 어떻게 발휘하는가에 따라서 그 수준과 질이 좌우된다.

제2장

영아발달의 이론적 배경

1. Gesell의 성숙이론
2. Montessori의 민감기이론
3. Lorenz의 각인이론
4. Bowlby의 애착이론
5. Freud의 성격발달이론
6. Erikson의 삶의 8단계설
7. Piaget의 인지발달이론
8. Vygotsky의 사회문화적 인지이론
9. Pavlov의 고전적 조건형성론
10. Skinner의 조작적 조건형성론
11. Watson의 정서의 조건형성론
12. Bandura의 사회학습이론
13. 생태학적 이론
14. 정보처리이론

1. Gesell의 성숙이론

영아발달 연구에 가장 철저하게 발생학적 모델을 적용시킨 사람은 Arnold Gesell이었다.

그는 꾸준한 관찰을 통하여 영아발달을 연구하였다. 그는 신경생리 과정에 대한 지식을 증진시키기 위해서, 이미 박사학위를 받았고 심리학자로서 충실히 활동하고 있었던 30세에 새로이 의과대학에 들어갔다.

그 후 영아발달 연구기관인 Yale Clinic에서 50대의 Gesell과 그의 동료들은 영아의 운동신경발달에 관한 엄청나게 광범위하고도 세부적인 연구를 시작하였다.

이들이 발전시킨 행동규준은 너무나 완벽해서 아직까지도 소아과의 의사와 심리학자들을 위한 기본 정보자료로 사용되고 있다. 또한 Gesell은 영아지능에 대한 초기 검사들 중의 하나를 발전시켜 처음으로 광범위한 필름 관찰을 했던 연구자들 중의 한 사람이다.

Gesell은 영아양육에 대한 글을 쓰면서, 영아중심 접근법을 주장하였으며 1940년대에 가장 알려졌던 소아과 의사였다.

1) 발달의 원리

(1) 성숙의 개념

인간의 성은 하나의 작은 단세포로 시작된다. 이 세포는 스스로 자궁벽에 붙어서 매우 빠르게 분열, 증식한다. 배(胚, embryo)가 점점 분열하면서 세포는 유기체의 상이한 부분을 형성하기 위하여 항상 질서 있게 순서적으로 모이게 된다. 예를 들어, 심장은 항상 첫 번째로 발달하고 기능하는 기관이다. 그리고 나서

곧 세포는 급속히 중추신경계(뇌와 척수)를 형성하기 시작하며, 팔과 다리 같은 부위는 그 후에 발달하기 시작한다. 머리는 얼마 동안은 다른 부분에 비하여 상당히 크다.

수태 후 8주에 이르면 획기적인 일이 발생한다. 즉, 운동신경의 활동이 시작된다. 머리와 몸통이 조금씩 움직이는 이 시점에서의 배를 태아(fetus)라 하며 운동신경계의 활동 역시 정해진 순서대로 나타난다.

태내발달은 주로 각 세포의 핵에 포함되어 있는 화학물질, 즉 유전자에 의해 통제된다. 유전자는 유기체의 형태와 행동유형이 순서적으로 나타나도록 주도하며 그 방향을 정하나, 명확한 역할은 아직도 수수께끼이다. 유전자가 단독으로 작용하지는 않는데, 유전자는 핵외부의 세포질로부터 어떤 단서를 받는 것으로 보인다. 당시에는 알려지지 않은 것들이 많았으나, Gesell은 유전자가 발달과정을 방향짓는 기제(機制)에 대한 일반적인 명칭을 '성숙'이라고 명명하였다.

성숙은 환경의 역할과는 구별된다. 구체적으로 말하면, 태내발달에 있어서 태아가 모체로부터 받는 산소, 체온 같은 내적 환경 측면은 성숙과 구별된다는 것을 의미한다. 이러한 환경적 요인들은 적절한 성장을 유지시켜 주기는 하지만 구조와 행동유형을 순서적으로 전개하는 데에는 직접적인 역할을 하지 못한다. 이러한 일은 성숙기제의 역할이다.

(2) 발달의 기본법칙

출생 후에도, 발달의 방향은 특수한 순서로 진행되도록 성숙에 의해서 지속적으로 지시받는다. 예를 들어, 출생 전의 태아 초기에 머리가 발달하는 것과 마찬가지로 출생 후의 발달 초기에도 머리가 먼저 발달하게 된다. 처음에 아기는 자신의 혀와 입술을 통제하게 되며, 그리고 나서 눈 운동에 대한 통제를 하게 되고, 다음에는 목, 어깨, 팔, 손, 손가락, 몸통, 다리, 발 등의 순서로 통제할 수 있게 된다. 즉, 태내발달과 출생 후 발달 모두가 머리에서 발쪽(cephalocaudal)으로의 발달 경향이 있다.

아기들은 성장함에 따라 특정한 순서로 자신들의 능력을 지속적으로 발달시켜 간다. 예를 들어, 서기 전에 앉으며, 걷기 전에 서게 된다. 이러한 능력들은 신경계의 성장과 함께 발달하는데, 이 신경계의 성장은 유전자에 의해 중재된다.

물론, 영아들은 발달하는 속도에 있어서 차이가 난다. 모두가 같은 연령에 서고 걷는 것이 아니다. 그러나 모두가 같은 순서를 거쳐 발달한다. 더욱이 Gesell의 견해에 의하면, 성장속도에 있어서의 개인차도 주로 내적 유전기제에 의해 통제된다.

출생 후의 발달에 있어서 성숙은 외적 환경의 영향과는 명백히 구별된다. 특히 성숙은 교육이나 연습의 효과와는 대조된다. 어떤 기술이 성숙에 의해 좌우된다면, 그 기술을 성숙상의 스케줄보다 앞서 가르치려고 노력할 필요가 없다. 즉, 영아의 신경계가 충분히 성숙하게 되어 준비가 완료된 후에야 앉고 걷고 말하게 될 것이다. 어떤 순간에 이르면, 영아들은 자신들의 내적 충동에 의해서 과제를 쉽게 숙달하기 시작할 것이다. 그 때까지는 교육이 별 가치가 없을 것이다.

이와 같은 성숙론적 입장에 관한 증거는 일란성 쌍생아 연구에서 나왔다. 예를 들어 Gesell은 쌍생아 중 한 명에게 계단오르기, 블록쌓기, 어휘, 손의 협응 등의 활동을 연습시켰다. 그 결과 훈련받은 한 명은 다른 한 명보다 별 연습없이 곧 이를 잘 하게 되었는데, 그 시기는 대략 여러 가지 과제를 수행할 수 있다고 여겨지는 연령쯤에서 그렇게 수행하였다. 그렇다면, 어떤 일을 할 수 있게 되는 준비성을 결정짓는 내적 시간표가 있으며 조기훈련의 이점은 비교적 일시적인 것이라고 보여진다. 조기자극에 대한 의문점은 논쟁의 여지가 많으나, 발달이 주로 내적 성숙요인에 의해 좌우된다면 성숙 스케줄에 앞서 교육한다는 것은 거의 효과가 없을 것으로 보인다.

그렇다고 하여 Gesell이 환경을 경시했다는 의미는 아니다. 그는 유기체에게 손상이 있을 때 볼 수 있는 바와 같이 환경조건은 정상적인 성장을 위해 필요하다는 것을 지적하였다. 예를 들어, 자라나는 태아가 심한 산소부족으로 고생하게 되면, 이 시기에 가장 빨리 성장하는 기관이 심각하게 손상을 입게 될 것이다. 이와 같이, 어떤 기관이 급속하게 성장하는 시기를 그 기관의 '결정적 시기(critical

period)'라고 한다.

이와 마찬가지로 정상적인 출생 후의 발달에서도 어떤 환경조건은 필요하다. 예를 들어, 주위의 자극이나 양육에 있어서 매우 낙후된 환경에서 자라는 영아들은 제대로 발달할 수 없다. 이들의 운동발달 또는 사회성 발달은 적어도 더 많은 자극이 제공되기 전까지는 정상적인 영아들의 발달보다 뒤지게 된다. 따라서 영아들의 잠재력을 적절하게 실현시키기 위해서는 그들에게 적절한 환경이 필요하다. 그러나 "환경요인이 성장을 유지, 변화, 수정"할 수는 있지만, "발달의 기본적인 진행과정을 생성"하지는 못한다. 즉, 이 진행과정들은 내적 성숙으로부터 나오는 것이다.

2) 성장패턴과 과정

(1) 패턴연구

Gesell은 성장을 연구할 때에는 양적인 형태로 측정하는 것이 아니라 패턴을 조사해야 한다고 주장했다. 패턴이란, 뚜렷한 모양이나 형태를 갖고 있는 것이면 어느 것이나 될 수 있다. 예를 들어, 눈깜박거리기와 같은 것이다. 그러나 가장 중요한 것은 패턴화 과정(patterning process)으로서, 이 과정에 의해서 행위들은 체제화된다.

패턴화 과정에 대한 좋은 예는 아기들의 시각에서 볼 수 있다. 예를 들어, 출생시 아기의 눈은 목표를 향하지 못하고 주위를 두리번거리는 경향이 있으나 몇 시간 지나지 않아서도 자신의 눈을 고정시킬 수 있으며, 잠시 동안 대상을 응시할 수 있게 된다. 이와 같은 일이 가능한 이유는 눈을 움직이는 작은 근육과 뇌에 있는 신경흥분간에 새로이 패턴화된 연결이 이루어졌기 때문이다.

1개월쯤 되면, 아기들은 자기 앞에서 움직이는 고리를 주목할 수 있고, 다음에는 90도 정도의 고(孤, arc)를 눈으로 추적할 수 있다. 이러한 능력은 새로운 조직화, 즉 눈을 움직이는 근육과 머리를 움직이는 보다 큰 근육간에 새로운 조직화가 이루어졌음을 의미한다.

아기가 눈의 움직임과 손의 움직임을 조직화할 때, 즉 아기가 자신의 손에 잡고 있는 것을 응시할 때, 조직화는 계속적으로 광범위해진다. 4개월쯤 되면, 아기는 보통 딸랑이를 손에 잡는 동시에 그것을 응시할 수 있게 된다. "이것은 중요한 성장결과이다." 그 의미는 눈과 손이 함께 작용하고 보다 효과적인 협응을 하게 된다는 것이다. 정신적 성장은 인치와 파운드로 측정할 수 없다. 따라서 그것은 패턴에 의해서 평가되어야 한다는 것이다.

그러나 손과 눈의 협응(hand-eye coordination)이 4개월경에 완전히 된다는 것은 결코 아니다. 얼마 동안은 눈이 우세할 것이다. 예를 들어, 4개월 된 아기는 보통 1인치 입방체나 심지어 작은 사탕알까지도 눈으로 포착(pick up)할 수 있게 된다. 즉, 그는 의도적으로 입방체나 사탕알에 초점을 맞추고, 약간 다른 각도에서 그것을 볼 수 있다. 그러나 아직 손으로 잡지는 못한다. 아기는 마치 입방체를 잡으려고 생각하는 듯이 입방체를 보고 다음에는 자기 손을 보기는 하나 쉽게 잡지는 못한다. 신경계가 아직 충분히 성장하지 못했기 때문이다. 보통 6개월이 되어야 아기들은 미숙하나마 손바닥을 사용하여 작은 사탕알을 잡을 수 있게 된다. 위에서 본 바와 같이 손과 눈 협응은 천천히 발달한다. 즉, 점차적으로 더욱 조직화되면서 좀 더 분화되거나 세련된 움직임을 포함하게 된다.

(2) 성장의 원리

1 상호교류의 원리

인간은 양측적으로 되어 있다. 즉, 두 반구로 된 뇌, 두 눈, 두 손, 두 다리 등으로 되어 있다. '상호적 교류'(reciprocal interweaving)란 양측이 점차적으로 효과적인 체제화가 되어 가는 과정을 말한다. 예를 들어 손 사용의 발달에 있어서, 아기는 처음에는 한 손을 사용하다가 다음에는 두 손을 함께 그런 후에는 다시 다른 한 손을, 그리고 다시 두 손을 함께 쓰게 되며, 결국 어느 한 손을 더 우세하게 사용할 때까지 이 과정을 계속한다. 이렇게 선후가 이리저리 바뀌

는 속성을 섞어 짜기에 비유하여 상호적 교류라는 용어를 쓴다. Gesell은 상호적 교류 원리가 광범위한 행동에 적용된다고 보았으며, 여기에는 엎드리는 행동(기기와 걷기), 시각적인 행동 그리고 영아의 그림 그리기와 같은 행동패턴이 포함된다고 믿었다.

2 기능적 비대칭의 원리

Gesell은 영아의 시각이 물체를 정면에서가 아니라 약간 비스듬한 위치에서 접하게 될 때 가장 효과적으로 기능한다는 것을 관찰한 후 측면에서 대처하는 이러한 경향성을 '기능적 비대칭 원리(functional asymmetry)'라 하고, 한 손, 한 발, 한 눈 등 한쪽만의 우세성을 이 원리하에 포함시켰다.

유아의 비대칭적 경향성은 Gesell이 인간에게서 발견한 경직성 목반사에서 볼 수 있다. Gesell은 아기들이 머리를 한쪽 방향으로 돌리고 눕기를 좋아한다는 것과, 그들이 그렇게 할 때 자동적으로 경직성 목반사 자세—머리가 돌려진 방향으로 한 팔을 내밀고 다른 한 팔은 머리 뒤에 구부리는 자세—를 취하는 데 주목하였다. 이 경직성 목반사 자세는 마치 펜싱의 기본자세처럼 보인다. Gesell은 이 반사의 적응가치에 관하여 여러 가지 의견을 내놓았는데, 아마도 가장 흥미있는 의견으로는 이 자세가 손과 눈의 협응을 촉진시킨다는 것이다. 이 경직성 목반사는 생후 첫 3개월간 우세하다가 새로운 신경계의 발달과 함께 사라지게 된다.

3 자기규제의 원리

모든 성장에는 상당한 정도의 자기규제(self-regulation)가 있다. 이 자기규제 원리는 우리가 영아들에게 너무 일찍이 많은 것을 가르치려는 시도에 대하여 영아들이 저항할 때 작용한다. 영아들이 학습하는 데 있어서 다양한 환경적 압력에 너무 의존하게 되면, 유기체의 통합은 위협받게 될 것이다. 또한 자기규제된 성장의 원리는 다른 방식으로도 표현된다. 영아기의 자기규제는 아기들이 자신의 수유주기나 수면주기 그리고 깨어 있는 상태의 주기 등을 규제하는 능력의 토대를 이루고 있다.

Gesell은 부모가 아기들로 하여금 스스로 놀거나 자고 싶을 때를 결정하도록 허용하면, 아기들은 점차로 하루당 수유량을 덜 요구하게 되며 또한 낮 동안에 깨어 있는 시간이 보다 길어진다는 것을 보여 주었다. 이에는 많은 유동성이 있기는 하지만 아기들은 점차 안정된 패턴으로 나아가게 된다. 이에 덧붙여서 수유에 있어서는, 아기로 하여금 수유 시간을 자유롭게 선택하도록 했을 때, 시간이 지남에 따라서 균형된 음식량을 섭취한다는 증거가 있다. 아마도 내적인 '신체의 지혜'가 있는 것 같다.

또한, 이상한 일이지만 자기규제의 기제는 유동적인 성장의 본질의 기저를 이루기도 한다. 영아들은 새로운 영역 안으로 급격히 들어오며, 다음에는 부분적으로 물러서다가 다시 앞으로 더 나아가기 전에 자신의 진행과정을 견고하게 한다. 예를 들어, 기고 걷는 과정에 들어와서도 서너 번 정도는 부분적으로 물러서다가 다시 앞으로 더 나아가기 전에 자신의 진행과정을 견고하게 한다. 즉, 기고 걷는 과정에 들어와서도 서너 번 정도는 부분적으로 그 이전의 단계로 되돌아가곤 한다. 이와 마찬가지로, 아기들이 낮 동안의 수면량을 점차 줄여 갈 때에도 마치 너무 급속하게 진행되지 못하도록 하는 어떤 것이 그들 내면에 있는 것처럼 반복적으로 수면을 덜 취하거나 더 취하거나 한다.

이러한 유동적인 성장특성은 영아의 정서발달을 포함한 모든 영역에서 나타난다. 예를 들어, 2년 된 영아는 새로운 발달과 씨름하며 불균형 상태에 있게 된다. 그들은 저항하면서 자기 스스로가 선택하기를 원하지만, 아직 그렇게 하기에는 문제가 있다.

3세 된 영아는 잠시 동안이나마 이러한 문제를 해결한다. 그들은 좀더 자기규제가 되어 있는 것이다. 4세 영아는 다시 앞으로 나아간다. 그들은 거리낌이 없고, 시비를 좋아하며, 말다툼을 좋아한다. 모든 발달은 이와 같이 안정과 불안정의 시기를 주기적으로 거치면서 진행된다. 새로운 방식의 활동을 하고자 할 때 긴장이 야기되지만, 영아는 그것이 재안정되기 전에는 결코 너무 멀리 나아가지는 않는다. 본성은 영아의 과도한 성장을 방지한다.

(3) 개성

Gesell은 개개 영아의 독특성을 강력하게 믿고 있었다. 그러나 불행하게도 그의 입장은 자신의 발견들을 요약하는 방식 때문에 애매해졌다.

Gesell에 의하면 정상적인 영아는 모두가 동일한 순서를 거치지만 그 성장속도는 상이하다는 것이다. 또한 성장속도가 기질이나 성격상의 차이와 관계가 있을 것이라고 시사하였다. 한 흥미있는 논의에서 3명의 가상적인 영아, 즉 느리게 자라는 영아, 빠르게 자라는 영아, 불규칙하게 자라는 영아를 제시하고, 다양한 개인적 성향에 있어서 각 성장유형이 어떻게 나타나는지를 시사했다. 예를 들어, 느리게 성장하는 영아 A는 일반적으로 느리고, 조심성이 있으며, 기다릴 줄 알고, 고른 기질을 갖고 있으며, 대개 생의 문제에 관해 현명할 것이라고 하였다. 빠르게 자라는 영아 B는 반응이 빠르고, 쾌활하며 즐거워하고, 어떤 일에 돌연히 나서서 접근하며, 대개는 총명하고 영리할 것이라고 하였으며, 불규칙적으로 자라는 영아 C는 어떤 때는 너무 조심스럽고, 어떤 때는 너무 느리며, 자주 기분에 좌우되고, 기다릴 때 조심스럽고, 순간적으로 번쩍이는 총명함도 보일 것이라고 하였다. Gesell은 각기의 개인적인 기질과 성장유형은 그 문화에 대하여 상이한 요구를 할 것이며, 따라서 문화는 각 영아의 독특성에 맞춰 나가야 한다고 믿었다.

2. Montessori의 민감기이론

Maria Montessori(1870~1952)는 26세에 이탈리아 역사상 최초의 여자 의사가 되었다.

Montessori가 맨 처음에 전문적인 관심을 보였던 분야는 정신지체 분야였다.

그녀는 시설에 수용된 지체아들이 놀이나 학습에 굶주려 있는 정도를 보고 깊은 인상을 받았으며, 그는 이들에게 크기가 다른 구멍에 넣을 수 있는 물건, 실을 꿸 수 있는 구슬, 단추나 레이스를 달 수 있는 옷감조각 등 구체적이면서도 유용한 과제들을 주었다. 그녀는 같은 방법으로 읽기와 쓰기를 포함한 더욱 어려운 과제들을 가르치려고 시도했다.

지체아들은 사물을 만지고 느낌으로써 가장 잘 배울 수 있는 것처럼 보였기 때문에, 그녀는 그들이 글자를 따라 손가락을 움직이면서 계속 갖고 놀기를 좋아하는 나무로 된 글자를 주었다. 이런 방법으로 그녀는 많은 지체아들도 같은 연령의 정상아들만큼이나 잘 읽고 쓸 수 있도록 가르쳤다.

1907년, Montessori는 로마시의 한 구역인 San Lorenzo의 빈민가에 살고 있는 영아들을 교육하는 책임을 맡았으며, 거기에서 그녀는 50명 이상의 극도로 가난한 영아들, 즉 실업자, 거지, 창녀, 전과자들의 자녀들을 위해서 학교를 설립했다. 'Casa dei Bambini', 즉 '어린이집'이라고 불리는 이 학교에서 Montessori는 자신의 생각과 방법을 계속 발전시켰으며, 이것이 매우 성공적이어서 1913년경에는 가장 유명한 여성 중의 한 사람이 되었다.

Montessori 이론에서의 중심요소는 민감기(sensitive period) 개념인데, 이는 결정적 시기와 유사하다. 즉, 민감기는 유전적으로 계획된 기간으로서, 영아들은 특별히 이 기간 동안 어떤 과제를 숙달하고자 노력하고 또 숙달할 수 있게 된다. 예를 들면, 언어획득과 손의 사용을 시작하게 되는 민감기가 있어서 이 기간 동안에 영아는 이러한 능력들을 숙달시키는 데 전력을 다한다. 그리고 만일 영아가 자연스럽게 그들에게 그렇게 하도록 계획한 바대로 그 시기에 이러한 경험들을 즐기지 못한다면, 그들로 하여금 그러한 경험을 하도록 이끌어준 특별한 민감성은 사라지고 그 결과 발달에 방해적인 효과를 남긴다.

1) 질서에 대한 민감기

주로 생후 처음 3년간에 나타나는 첫 번째 민감기 동안에, 영아들은 질서(order)

에 대한 강한 욕구를 갖는다. 아기들은 움직일 수 있게 되자마자 물건들을 제자리에 놓기를 좋아한다. 만일 장난감이나 가지고 놀던 물건이 제자리에 있지 않으면, 그들은 단호히 그것들을 원래 자리로 갖다 놓는다. 그리고, 스스로 움직일 수 없을 정도로 어릴 때조차도 제자리에 있지 않은 무엇인가를 보면 동요한다. 그 한 예로, Montessori는 방문객이 우산을 탁자 위에 놓았을 때 우는 6개월 된 여아에 대한 이야기를 했다. 그 여아는 탁자 위를 보고는 한동안 울다가 어머니가 그 이유를 알아채고서 우산 놓는 자리인 선반 위에 우산을 놓았을 때에야 비로소 조용해졌다.

매우 일반적인 이 반응이 우리에게는 어리석은 것으로 보인다. 왜냐하면, 질서에 대한 성인들의 욕구는 다른 차원에 속하는 것이기 때문이다. 성인들에게 있어서 질서는 어떤 외부적인 즐거움을 제공해 주는 것이지만, 어린 영아들에게 있어서의 질서는 본질적인 것이다. "그것은 동물들이 걸어 다니는 땅이나, 물고기가 헤엄치는 물과 같은 것이다. 생후 1년 동안에 영아들은 그들이 후에 지배해야만 하는 환경으로부터 정향 원리들(principles of orientation)을 도출해 낸다.

2) 세부에 대한 민감기

1세에서 2세 사이의 영아들은 작고 세밀한 것에 그들의 주위를 고정시킨다. 예를 들어 그들은, 우리가 주목하지 못하는 작은 곤충들을 탐지한다. 또는 이들에게 그림을 보여주면, 우리가 중요하게 생각하는 주된 대상은 무시하고 대신 배경에 있는 작은 대상에 초점을 맞추는 것처럼 보인다. 세부(details)에 대한 이러한 관심은 영아의 정신발달에 있어 어떤 변화를 나타내는 것이다. 그들이 처음에는 반짝거리는 물체나 밝은 빛 또는 색깔 등에 이끌렸던 반면에, 이제는 가능한 한 완전하게 그들의 경험을 채우려고 노력한다. 아주 세밀한 것에 대한 어린 영아들의 관심은 성인들을 어리둥절하게 만드는 것이다. 이런 것은, 영아들의 "정신적 특성이 성인들의 그것과는 아주 다르며, 단순히 그 정도에 있어서만 다른 것이 아니고 그 종류에 있어서도 다르다"는 사실에 대한 또다른 증거가 된다.

3) 양손 사용에 대한 민감기

세 번째의 민감기는 손의 사용과 관계된다. 18개월에서 3세 사이의 영아들은 끊임없이 물건을 움켜잡으려 한다. 그들은 특히 뚜껑을 여닫거나 그릇에 물건들을 집어 넣고, 쏟아 내고, 또다시 가득 채우는 일 등을 즐긴다. 그 다음 2년 동안에는 그들의 동작과 촉감을 세련화시킨다.

4) 걷기에 대한 민감기

가장 쉽게 볼 수 있는 민감기는 걷기에 대한 민감기이다. Montessori는, 걷는 법을 배우는 것은 일종의 제2의 탄생이라고 말한다. 즉, 무력한 존재에서 능동적인 존재로 바뀌게 된다. 아기들은 억제할 수 없는 충동에 의해 걷는 것을 시도하게 되며, 걷는 방법을 배울 때 대단한 자부심을 갖는다.

우리는 다른 행동과 마찬가지로, 걷기의 의미가 성인에게 있어서와 영아에게 있어서 서로 다르다는 것을 종종 인식하지 못하고 있다. 우리가 걸을 때는 마음속에 어떤 목적지를 가지고 있다. 즉, 우리는 어딘가로 가고자 한다. 반면에, 아장아장 걷는 아기들에게는 걷는 그 자체가 목적이다. 예를 들면, 아기들은 반복해서 계단을 오르락 내리락거리기도 한다. 그들은 어디로 가기 위해 걷는 것이 아니다. "자신의 기능을 완전하게 하기 위해서, 그리고 결과적으로 그들 내부의 창조적인 무엇인가에 대한 그들의 목적을 달성하기 위해서 걷는다".

5) 언어에 대한 민감기

다섯 번째의 민감기는 아마도 모든 민감기 중에서 가장 두드러진 것으로 언어

의 획득과 관계된다. 놀랄 만한 것은, 영아들이 이와 같이 복잡한 과정을 학습하는 속도이다. 언어를 배우기 위해서는 단지 단어나 그것의 의미 뿐만 아니라, 말의 다양한 부분들을 어떻게 배열해야 하는가를 가르쳐 주는 규칙체계인 문법도 배워야만 한다. 예를 들어, 우리가 "컵이 탁자 위에 있다."라고 말할 때, 우리가 여기에 부여한 의미는 단어들을 나열한 순서에서 나온 것이다. 만일 "위에 컵 책상 있다"라고 말했다면 그 의미를 파악하기가 어려울 것이다.

문법에 내재하는 규칙들이 너무 알기 어렵고 추상적이어서 언어학자들도 아직 형식적인 방법으로 그것들을 이해하려고 노력하는 중이다. 그러나 영아들은 규칙들에 대해서 많은 생각을 하지 않고도 그 규칙들에 숙달한다. 만일 두 가지 언어에 동시에 노출된다 하더라도 영아들은 두 가지 모두 숙달하게 될 것이다.

언어를 파악하는 영아들의 능력이 이처럼 크기 때문에, Montessori는 영아가 특별한 종류의 언어적 수용력이나 '기제'를 부여받았음에 틀림없다고 결론지었다. 이러한 기제는 나이든 영아나 성인들의 정신생활에 있는 어떠한 것과도 매우 상이한 것이다. 우리는 외국어를 배울 때, 매우 신경을 써서 시제 · 전치사 · 수식어 등에 관한 규칙을 암기하려고 의식적으로 노력하면서 대단히 힘들여 배우는데 비하여 어린 영아들은 언어를 무의식적으로 흡수한다.

Montessori의 묘사에 의하면, 영아의 언어획득은 일종의 각인과 매우 유사한 듯이 보인다. 생후 수개월에서 2세 반 사이의 어떤 결정적 시기에, 영아는 환경으로부터 소리 · 단어 · 문법 등을 흡수하기 위한 내적인 준비가 되어 있다. "영아는 이러한 인상들을 그의 마음으로가 아니라 그 생 자체로서 흡수한다". 소리는 믿을 수 없을 정도로 강한 인상과 정서를 일으킨다. 즉, 소리는 영아의 몸 안에 있는 보이지 않는 섬유들을 작동시키며, 그 소리를 재생시키고자 할 때 이 섬유들은 진동하기 시작한다. 우리 성인들은 그러한 경험이 어떠한 것인지 상상할 수도 없는데, 이 경험이 가능한 경우는, 우리가 교향악에 깊은 감명을 받았을 때 느꼈던 감정을 회상하고 다음에 그보다 몇 배 더 강한 유사한 감정을 상상하려 할 때이다. 언어에 대한 이러한 특별한 민감성은 생후 3년 정도만 유지되고 그 후로는 사라진다.

Montessori는 언어획득이 선천적인 것이며 성숙적 요인에 의해 지배되기 때문에, 영아들은 그들이 성장하는 곳이 어디건 간에 동일한 단계를 거쳐 언어를 발달시킨다고 주장했다. 예를 들면, 모든 영아들은 옹알이 단계에서부터 단어를 말하기 시작하는 단계로 들어서고 그 뒤에는 점점 더 복잡한 문장구조를 알게 되는 시기가 뒤따르게 된다.

Montessori는 이런 단계들이 점진적이고 연속적인 방식으로 나타나지는 않는다고 강조했다. 영아는 아무런 진전도 없는 것처럼 보아는 기간을 몇 차례 겪고 난 다음에 새로운 성취를 급격히 증가시킨다. 예를 들면, 영아가 갑자기 많은 새 단어들을 입 밖으로 쏟아 내거나, 또는 접미사나 접두사 등과 같은 언어의 일부분을 구성하는 일단의 규칙들을 갑자기 숙달하게 된다.

3. Lorenz의 각인이론

1974년도 노벨상 수상자인 Konrad Lorenz는 종종 현대 동물행동학의 아버지로 불리운다. 그는 1903년 오스트리아에서 의사의 아들로 태어나 의과대학을 이수한 후에 다시 비인대학에서 동물학을 연구하여 이 분야의 박사학위를 획득하였고, 1903년대 초에 동물행동학에 대한 그의 연구를 시작하였다. 그때 그는 신체적 특징뿐만 아니라 동물의 본능적 행동패턴에서도 진화가 이루어진다는 것을 확신하였다.

1) 본능적 행동

(1) 방법론적 입장

동물행동학자들은 동물의 행동을 자연환경 속에서 연구할 때에만 동물의 행동을 이해할 수 있다고 확신한다. 이러한 방법에 의해서만 우리는 동물의 행동패턴이 전개되는 것을 관찰할 수 있으며, 이러한 행동패턴이 종의 적응에 어떤 역할을 하는가를 알 수 있다는 것이다.

예를 들어, 새가 특정한 장소에 둥지를 트는 행동은 그 종이 그렇게 함으로써 어떻게 자연환경에서 천적으로부터 자신을 방어하는지를 살펴보지 않는 한 이해하기 어렵다. 그러므로 오로지 실험실에서 동물을 연구하는 심리학자들은 커다란 오류를 범할 여지가 있다고 할 수 있다. 왜냐하면 우리에 갇힌 상태에서는 많은 종들이 번식조차 할 수 없으며, 따라서 그들의 둥우리 틀기나 짝짓기, 영토 싸움, 유전행동 등을 관찰할 기회를 가질 수 없기 때문이다.

동물행동학자는 어떤 새로운 종을 연구할 때, 첫 단계로 단순히 그 종을 가능한 한 잘 알려고 노력한다. 다시 말해서 '자연적 관찰(naturalistic observation)'을 행한다. 그는 동물의 특징적인 행동을 관찰하고, 그런 다음 다른 종의 특징과 비교한다. 일단 기술된 자료들이 많이 모아진 후에야 비로소 동물행동학자들은 그들의 생각을 검증하는 실험을 하거나 일반 법칙을 수립하려고 시도한다.

(2) 본능적 행동

동물행동학자들은 본능에 흥미를 갖는다. 일상적으로 우리는 별 생각 없이, 학습되지 않은 행동은 모두 '본능적' 또는 '본능'이라고 말한다. 그러나 동물행동학자들에게 있어서 본능이란, 학습되지 않은 특별한 부류의 행동을 뜻한다.

우선 본능은 특수한 외적 자극에 의해 유발된다. 예를 들어, 닭의 구조행동을 보자. 얼핏 보기에 암탉은 병아리가 위험에 처해 있을 때는 언제나 그러한 반응을 하는 것처럼 보이나, 엄밀히 조사해 본 바에 의하면 암탉은 실제로 매우 특수한 자극, 즉 병아리가 부르짖는 소리에 반응하는 것으로 밝혀졌다.

병아리를 기둥에 묶고 불투명한 장막 뒤에 숨겼을 때, 암탉은 병아리의 외침소리를 듣고서야 전과 마찬가지로 병아리를 구조하려고 하였다. 다음에는 장막을 치우고 버둥대는 병아리를 유리로 된 방음상자 안에 집어 넣었다. 따라서 어미닭은 고통에 차 있는 병아리를 볼 수는 있지만 소리는 들을 수 없었는데, 이 때 어미닭은 병아리를 본체만체하였다. 어미닭은 구조행동을 보이기에 앞서 특수한 부르짖음 소리를 필요로 한다.

마찬가지로, 세 갈래 가시고기의 수컷들은 특수한 자극에 의해 싸우려는 경향을 보인다. 봄이 되면, 다 자란 수컷은 영토를 차지하여 둥우리를 틀고 암컷을 유혹한다. 이 수컷은 또한 배 위에 붉은 반점을 발달시킨다. 다른 가시고기가 그의 영토에 들어왔을 때, 침입자 배에 있는 특수한 자극, 즉 붉은 반점이 있느냐 없느냐에 따라 싸우거나 싸우지 않거나 한다.

만약 산란기에 있는 암컷이 자신의 영토에 들어오면 수컷의 행동은 달라진다. 수컷이 암컷을 향해 움직일 때, 암컷은 볼록한 배를 내보이며 몸을 위로 뒤집는다. 이 자극은 수컷으로 하여금 지그재그 춤을 추게 하는데, 이 춤은 암컷이 접근해도 좋다는 신호가 된다. 암컷이 접근하면 수컷은 둥지로 되돌아가는데, 둥지에서 다시 한번 암컷에게 들어오라는 신호를 보낸다. 이처럼 복잡한 의식은 알이 부화될 때까지 계속되는데, 의식의 각 부분은 특수한 유발자극(誘發刺戟, releasing stimulus)에 의해 좌우된다.

특수한 유발자극은 어미에 대한 새끼들의 반응도 결정한다. 예를 들면, 새끼 꿩은 어미의 경고 소리를 들었을 때만 은신처로 달려간다. 또, 새끼 갈가마귀도 어미가 일정한 각도와 속도로 이륙할 때만 어미의 뒤를 따른다.

본능은 또한 종특유(種特有, species-specific)의 것이기도 하다. 이 말은, 어떤 특정한 행동패턴은 어떤 특수한 종의 구성원에게서만 찾아볼 수 있다는 뜻이다. 이러한 행동들은 대개 어떤 고정된 반응패턴, 즉 판에 박힌 운동요소를 포함하고 있다. 예를 들어, 싸우려는 자세나 구애행동, 추종 행동양식 등은 언제나 고정된 어떤 일면을 갖고 있다.

그러나 본능의 모든 부분이 다 고정적인 것은 아니다. 예컨대, 송골매는 먹이를 찾을 때 자유비행을 한다. 그들이 탐색하는 데에는 엄격한 패턴이 없다. 그들은 과거경험에 따라 먹이가 있음직한 여러 지역을 회전 비행한다. 그러나 일단 먹이를 발견하면, 판에 박힌 행동을 하는데, 급강하에서부터 먹이를 낚아채는 데 이르기까지 고정된 반응패턴을 보여 준다.

앞에서 언급하였듯이, 본능은 학습되지 않은 다른 형태의 행동과는 구별된다. 이를테면, 본능은 배고픔과 같은 일반적 추동과는 구별되는 데, 그 이유는 배고픔과 같은 추동은 많은 종에서 발견되는 것이기 때문이다(따라서 그것은 종특유의 것이 아니다). 본능은 또한 반사와도 구별된다. 본능에는 반사도 들어 있지만, 때로 반사보다 더욱 복잡하다. 예를 들면, 가시고기의 지그재그 춤은 여러 가지 반사들로 이루어져 있다. 또한 반사에는 특수한 외적 유발자극이 없다. 눈을 깜빡이는 것과 같은 반사는 바람이나 소리, 먼지, 밝은 빛 등 여러 가지 자극에 의해 유발될 수 있다.

2) 각인

(1) 각인과 결정적 시기

특수한 유발자극에 대한 동물의 반응은 생리적이거나 선천적인 경우가 많다. 그러나 사회적 본능을 유발하는 자극의 중요한 측면들은 생의 초기의 민감한 시기 동안에 획득되어지는 경우도 많이 있다. 예컨대 많은 종류의 조류와 포유류의 새끼들은 그들의 어미에게 추종반응을 보인다. 이는, 새끼들이 특정한 시기에 보고 따르는 최초의 대상이 바로 어미였기 때문이다. 거위 새끼들을 어미 거위 대신에 Lorenz가 키웠더니, 거위 새끼들은 어미 거위를 무시한 채 Lorenz를 어미로 여기고 그가 가는 곳마다 열심히 줄지어 따라다녔다. Lorenz에 의하

[그림 2-1] 각인현상

면 거위 새끼는 그에게 각인하였다. 즉 거위 새끼들은 생의 초기에 그를 애착의 대상으로 삼아 그에 대한 '각인(刻印, imprinting)'을 형성하였다.

비록 Lorenz가 각인을 관찰한 최초의 사람은 아니지만, 그는 각인이 결정적 시기 동안에 일어난다는 것을 최초로 말한 사람이다. 각인은, 어린 동물이 일단 생후 초기의 특정한 시기 동안 어떤 대상에 노출되어 그 뒤를 따르게 되면 그 대상에 애착하게 되는 것을 의미한다. 만약, 결정적 시기 이전이나 이후에 대상에 노출되면 애착은 형성되지 않는다. 일단 결정적 시기가 경과해 버리면, 그 동물로 하여금 다른 대상에게 애착하도록 유도하는 것이 불가능해진다.

(2) 각인의 대상과 범위

Lorenz는 각인되는 대상의 범위가 종에 따라서 각기 다르다는 것을 발견하였다. 기러기 새끼는 움직이는 것이면 어떤 것이나 각인하는 것 같다(몇 마리는 움직이는 보트에도 각인하였다). 반대로 물오리 새끼들은 보다 까다로워서, Lorenz가 움직여 다닐 때 어떤 높이 이하로 몸을 구부리고 꽥꽥거리는 소리를 지를 때만 그에게 각인하였다. 다시 말해서, 오리 새끼는 적절한 양친의 어떤 측면, 즉 양친은 움직여야 하며, 키가 어느 정도여야 하고, 어떤 소리를 질러야 한다는 것에 대한 타고난 도식을 가지고 있다. 따라서 각인이란 시각적 패턴의 그 나머지 부분을 채우는 것이라고 하겠다.

각인은 새끼의 추종반응뿐 아니라, 그 이후의 사회적 행동도 결정지을 수 있다. 특히 초기 각인은 후의 성적(性的) 취향에 영향을 미칠 수 있다. Lorenz가 체험한 바에 의하면, 그의 이웃이 갈가마귀 한 마리를 길렀는데, 역시 개별적인 경험에서 인간에게 각인된 그 갈가마귀는 성적 성숙기에 이르렀을 때 Lorenz에게 구애해 왔다. 그 새는 전형적인 갈가마귀의 의식을 통해 Lorenz를 유혹하였으며 그의 입에다 벌레를 집어 넣으려 하였다. 그가 입을 다물자 이번에는 귀에다 지렁이를 집어 넣으려고 하였다. 이 새는 생의 초기에 오직 인간에게만 노출되었던 까닭에 성적 대상으로 인간에게 초점을 두었던 것이다. 성적 각인의 결정적 시기는 어미

를 따르는 각인과는 시기적으로 다르지만, 역시 매우 초기에 나타나며 실제의 성행동이 나타나기 전까지 지속된다.

지금까지 우리들은 사회적 애착, 즉 양친애착과 성애착의 형성에 대해 논의해 왔다. 각인과 같은 방식의 과정은 또한 영토나 먹이, 혹은 노래에 대한 학습 등 그 밖의 다른 종류의 학습에 대해서도 영향을 미칠 수 있다. 예를 들어, 흰줄머리 참새의 우짖는 소리는 항상 일정한 기본 구조를 가지지만, 세부적인 면에 있어서는 지리적 위치에 따라 각기 다르다. 이렇게 세부적인 것들은 초기의 결정적 시기 동안 새가 듣는 노래 소리에 의해 결정된다.

그럼에도 불구하고, 각인에 관한 대부분의 연구는 사회적 애착의 형성, 특히 초기의 추종반응에 초점을 두고 있다. 이러한 연구들 중에서는 Lorenz의 초기 이론에 대해 의문을 제기하는 것도 있다. 처음에 Lorenz는 양친에게 각인하는 것은 항상 초개체적인 것이라고 주장했다. 즉, 특수한 종인 양친에게 각인하는 것이지 개별적인 어미에게 각인하는 것은 아니라고 생각했다.

그러나, 다른 동물행동학자들은 어떤 종들은 개별적인 어미에게 각인하는 것을 관찰하였다. 그 후 Lorenz도 자신의 관점을 수정하였는데, 이를테면 거위 새끼는 먼저 한 종에게 고착을 한 다음 개별적인 어미에게 각인한다고 생각하였다. 이 모든 것은 출생 후 이틀간에 발생한다.

다른 연구들, 특히 실험실에서 실시된 연구들은 각인이 완전히 불변적이라는 Lorenz의 가설에 의문을 제기해 왔다. 어떤 새들은 각인된 것과는 다른 대상에 대해서도 추종반응을 학습할 수 있었다. 하지만 이러한 학습은 최초의 학습에 비해 속도가 느리며, 새는 처음 각인된 대상을 더 좋아하는 것 같았다.

비록 인간이 어떤 종에 있어서는 매우 이른 시기에 신속하게 일어나는 과정이긴 하지만, 침팬지 같은 영장류를 포함하는 광범위한 종에 있어서는 어떤 다른 형태의 각인이 나타난다. 침팬지 새끼는 출생 후 3, 4개월이 지난 뒤에야 비로소 함께 있는 다른 침팬지에게 관심을 보이기 시작한다. 이 때에 침팬지들은 어미에 대한 뚜렷한 애착을 보이며 다른 침팬지에 대해서는 경계하게 된다. 이 시기 후에 새끼들은 더욱 어미 곁에 머무르고, 수시로 어미에게 되돌아오곤 하며,

만약 어미가 떠난다는 어떤 신호를 보이면 새끼들은 달려들어 어미에게 올라타곤 한다. 이렇게 새끼침팬지들은 생의 특정 시기 동안 특별한 대상에게 확실한 애착을 하게 된다.

4. Bowlby의 애착이론

John Bowlby는 1907년에 런던에서 출생하였고, 1936년에 그는 수용시설에서 키워진 영아들의 장애에 대해 관심을 가지게 되어, 탁아소와 고아원에서 자란 영아들이 흔히 타인과 친밀하고 지속적인 관계를 형성하지 못하는 등 여러 가지 정서적인 문제를 나타내는 것을 발견하였다.

Bowlby에게는 그러한 영아들이 생의 초기에 어머니에 대한 확고한 애착을 형성할 기회를 놓쳐 버렸기 때문에 사랑을 할 수 없는 것으로 보였다. 또 정상적인 가정에서 성장했으나 장기간의 분리를 경험한 영아들도 유사한 징후를 보인다는 것도 관찰하였다. 이러한 영아들은 너무 충격을 받아서 영원히 인간적 유대를 밀접하게 형성할 수 없는 것처럼 보였다. 이러한 관찰 결과, Bowlby는 어머니와 아기간의 관계에 대해 세심한 주의를 기울이지 않고는 발달을 이해할 수 없다는 확신을 갖게 되었다. 이러한 유대가 어떻게 형성되는가? 이러한 유대형성이 얼마나 중요하기에 만약 그것이 방해받으면 그토록 심각한 결과가 초래되는 것일까? 이러한 의문에 대한 해답을 찾기 위해 Bowlby는 동물행동학을 연구하게 되었다.

1) 애착행동의 유형과 과정

Bowlby에 의하면, 인간행동은 '적응 환경', 즉 인간행동이 진화해 온 기본 환경을 고려함으로써만이 이해될 수 있다고 한다. 인류역사의 대부분 동안, 인간

은 아마도 소집단으로 이동해 다니며 식량을 찾고 가끔 강력한 약탈자로부터의 공격을 감수해야 했다. 위협을 받았을 때, 인간은 다른 영장류 집단과 마찬가지로 약탈자를 쫓아 내고, 병자와 어린 아이를 보호하기 위해서는 협동해야 했을 것이다. 이러한 보호를 받기 위해서 영아는 항상 양친과 가까이 있도록 하는 기제가 필요하게 되었다. 영아들은 애착행동들(attachment behavior), 즉 양육자와 가까이 있도록 하는 몸짓과 신호들을 발달시켜 왔음에 틀림없다.

하나의 명백한 신호는 아기의 울음이다. 울음은 고통스런 부르짖음이다. 아기는 고통스럽거나 놀랐을 때 소리쳐 울게 되며, 이에 양친은 달려와서 무엇이 잘못되었는가를 보게 된다. 또 다른 애착행동은 아기의 미소이다. 아기가 양친의 눈을 향해 미소질 때 양친은 아기에 대해 사랑을 느끼며 아기와 가까이 있기를 좋아한다. 이 밖의 다른 애착행동으로는 옹알이, 잡기, 빨기, 따라다니기 등이 있다.

Bowlby는 영아의 애착행동이 다음과 같은 과정을 거쳐 발달한다고 주장하고 있다. 처음에는, 아기의 사회적 반응을 구별하기 어렵다. 예를 들어, 아기는 어떠한 얼굴에 대해서도 미소를 지으며, 누구라도 떠나가 버리기만 해도 울게 된다. 그러나 생후 약 3개월에서 6개월 사이에는 그들의 반응을 몇몇 익숙한 사람에게만 한정하며, 특정한 사람만을 특히 좋아하게 된다. 이렇게 되면 아기들은 낯선 사람에 대해서는 경계를 하게 된다. 이러한 배타적인 애착의 형성은 다른 종의 각인과정과 유사하다.

그 후, 아기는 보다 활동적이 되어 이리저리 기어다니게 되고 애착대상을 가까이 있게 하는데 좀더 적극적인 역할을 하게 된다. 아기는 부모가 어디에 있는지를 지켜보며, 만약 부모가 갑자기 떠난다는 눈치를 보이게 되면 뒤따라가려는 반응을 하게 된다.

Bowlby의 주장을 전체적으로 보면, 그는 애착행동들(울음이나 미소 추종행동과 같음)을 '본능적'인 것으로 이야기하고 있다. 그러나, 그는 본능이라는 용어를 의도적으로 융통성 있는 의미로 사용한다. 그는 이러한 행동들이 기본적으로 생래적인 것이고, 종의 거의 모든 개체에 있어 매우 전형적인 패턴을 가지며, 그 종을 위한 적응적 가치를 지닌다고 말하고 있다. Bowlby는 편리할 때는 유발자극에 관해 언급했지만, 각각의 행동패턴이 어떻게 특수한 외적 자극에 의해 유발되는 가를 보여주려고는 하지 않았다.

2) 애착의 단계

(1) 1단계

1단계(0~3개월)는 인간에 대한 비변별적(indiscriminate) 반응성의 단계이다. 생후 처음 몇 달 동안 아기는 사람에 대해 다양한 반응을 보인다. 그러나 이 반응은 비선택적이다. 아기는 대부분의 사람에게 아주 비슷하게 반응한다.

출생 직후 아기는 사람의 목소리를 듣고 싶어하며, 사람의 얼굴을 보고 싶어 한다. 예를 들어 최근 한 연구에서, 출생한 지 10분된 아기는 다른 시각적 자극보다 사람의 얼굴을 더 좋아한다는 것이 밝혀졌다. 아기는 흐트러진 얼굴이나 빈 종이보다는 정확한 얼굴 모습 쪽을 따라 그들의 머리를 더 많이 움직였다. Bowlby와 같은 동물행동학자들은 이러한 선호가, 가장 강한 애착행동 중의 하나인 사회적 미소를 유발시키는 시각적 패턴에 대한 유전적인 성향을 시사한다고 받아들이고 있다.

처음 3주 동안 아기는 보통 잠에 빠지려 할 때 때때로 눈을 감은 채로 미소를 짓는다. 이러한 미소는 아직 사회적인 것은 아니다. 이것은 사람을 향해서 하는 것이 아니다. 약 3주 경에는 사람의 목소리를 듣고 미소짓기 시작한다. 이를 사회적인 미소라고 할 수는 있지만 아직도 뚜렷한 것은 아니다.

약 5주 초쯤에는 매우 강렬한 사회적 미소가 시작된다. 사람의 얼굴 모습을 보고 행복하게 그리고 활짝 미소짓는다. 또한, 이러한 미소는 눈마주치기를 포함한다. 사람들은 이러한 시각적 미소가 시작되리라는 것을 미리 짐작할 수 있다. 4주쯤 아기는 조사하듯 의도적으로 얼굴을 빤히 쳐다보기 시작한다. 그리고 나서 영아는 함빡 웃음을 터뜨리게 된다. 이 때가 종종 부모에게는 흥분된 순간이다.

부모들은 이제 아기의 사랑에 대한 '증거'를 가지게 된 것이다. 아기가 눈을 깊이 쳐다보다가 웃음짓는 모습을 바라보는 것만으로도 가슴 속으로부터 사랑스럽다는 감정이 솟아나게 된다.

실제로 3개월이 될 때까지 아기의 미소는 어떤 개인적 선호를 보이지 않는다. 아기는 어떠한 모습의 얼굴—비록 종이 위에 그려진 얼굴일지라도—이라도 그것을 보고 미소짓는다. 중요한 조건은 그 얼굴이 완전하게 정면으로 제시되어야 한다는 것이다. 옆모습은 그다지 없다. 목소리와 쓰다듬기 역시 이 단계에서는 미소를 짓게 하는 유발인자로서는 비교적 약하다. 이상과 같이 아기의 사회적 미소는 매우 특수한 시각적 자극에 의해 유발되는 것 같다.

Bowlby의 견해로는, 미소는 돌보는 이를 가까이 있도록 하기 때문에 애착을 증진시키는 것이다. 아기가 미소지을 때, 돌보는 이는 즐거이 아기와 함께 있으려 한다. 돌보는 이는 아기에게 미소지어 주고 말을 건네고, 토닥거리기도 하며 안아 올려 주기도 한다. 미소는 그 자체로서 사랑을 주고 돌봐 주는 상호작용—아기가 건강하게 생존할 수 있는 기회를 높여 주는 행동—을 촉진시키는 유발자인 것이다.

아기가 얼굴을 보고 미소짓기 시작할 때쯤 되면 또한 옹알이가 시작된다. 아기는 주로 사람의 목소리를 듣거나 얼굴을 보았을 때 옹알거리는데, 특히 사람의 얼굴을 보았을 때 그러하다. 미소와 같이 옹알이도 처음에는 비선택적이다. 아기는 주위에 있는 사람이 누구이건 가리지 않고 옹알거린다. 아기의 옹알이는 돌보는 이를 즐겁게 하며, 돌보는 이로 하여금 되받아 이야기하게끔 한다. 미소와 같이 옹알이도 아기와 어머니간에 사회적 상호작용을 증진시킴으로써 어머니가 영아 가까이에 있게끔 하는 기능을 가진 사회적 유발자극인 것이다.

울음 역시 돌보는 이와 아기를 가까이 붙어 있게 한다. 울음은 고통스런 부르짖음과 같다. 이것은 아기가 도움이 필요하다는 신호이다. 아기는 고통스럽거나, 배고프거나, 춥거나, 불편할 때 울게 된다. 그들은 자신들이 쳐다보고 있던 사람이 시야에서 사라져 버릴 때에도 울게 된다. 생후 첫주에는, 사라지는 사람이 누구인가 하는 것은 문제가 안 된다. 마찬가지로, 아기는 안아서 흔들어 주거나 자신들의 요구에 주의를 기울이는 사람들이 누구인가는 상관하지 않는다.

아기는 붙잡는 행동에 의해서도 부모와 가까이 있을 수 있다. 신생아는 두 가지의 붙잡는 반응을 갖추고 있다. 한 가지는 파악반사(grasping reflex)이다. 열린 손바닥에 어떤 물건이 닿았을 때, 그 손을 자동적으로 꽉 쥐게 된다. 다른 한 가지는 모로반사인데, 이것은 큰 소리에 놀라거나 혹은 갑자기 지탱하는 힘을 잃었을 때 나타난다. 이 때의 반응은 팔을 짝 펼쳤다가 도로 가슴 주변으로 가져 오는 것이다. 이 행동은 마치 어떤 것을 껴안으려는 듯이 보인다. 오래 전부터 Bowlby는 이러한 반사가 아기를 돌보는 양친을 붙잡으려고 하는 것으로 생각하였다. 예컨대, 만약 아기의 위험을 보고 어머니가 갑자기 달려갈 때, 아기는 손으로 어머니의 아무 부분이라도 붙잡아야만 한다. 그리고 만약 아기가 붙잡는 것을 놓쳤다면, 아기는 다시 어머니를 껴안아야 할 것이다.

아기는 또한 입으로 더듬거나, 빠는 반사를 갖추고 있다. 뺨이 닿았을 때는 자동적으로 머리를 자극이 온 쪽으로 돌리며, 입에 어떤 것이 닿을 때까지 '더듬어' 찾는다. 물론 더듬기반사와 빨기반사는 아기가 보다 용이하게 젖을 먹을 수 있도록 해 준다. 하지만 Bowlby는 이들 반사가 아기와 어머니간의 상호작용을 가져오기 때문에 이들을 또한 애착패턴으로 간주하고 있다.

(2) 2단계

2단계(3~6개월)는 낯익은 사람에게 초점맞추기 단계이다. 약 3개월 초부터 아기의 행동은 변한다. 그 하나로, 모로반사 · 쥐기반사 · 더듬기반사를 포함하여 많은 반사들이 사라진다. 그러나 Bowlby에 있어 보다 중요한 것은 아기의 사회적 반응이 좀 더 선택적으로 시작된다는 점이다. 3~6개월 사이에 아기는 차츰차츰 낯익은 사람을 보고서야 미소를 짓는다. 낯선 사람을 볼 때는 단순히 응시하기만 한다. 옹알이에서도 보다 선택적으로 된다. 4~5개월 된 아기는 자신들이 알고 있는 사람이 있을 때만 옹알거린다. 또한 이 무렵부터 아기는 낯익은 사람이 달래야만 울음을 잘 그친다.

5개월쯤에는 마침내 사람에게 손을 뻗쳐 머리카락 등 신체의 일부분을 만지고 붙잡기 시작한다. 그러나 이것 역시 아기가 그 사람을 알고 있을 때에만 그렇게 한다. 이와 같이 이 단계에서 아기는 주로 낯익은 사람에게만 반응한다. 그들은 보통 두세 사람을 좋아하며, 그 중에서도 특히 어느 한 사람을 좋아한다. 이 사람이 가까이 있을 때는 잘 웃고 잘 옹알거린다. 주요 애착 인물은 보통 어머니가 되지만, 아버지나 다른 돌보는 이가 될 수도 있다. 아기들의 신호에 가장 잘 반응해 주고, 아기들과 가장 잘 놀아주는 사람에게 강한 애착을 발달시키는 것 같다.

(3) 3단계

3단계(6개월~3세)는 능동적 접근 추구의 단계이다. 약 6개월경에 아기는 애착인물이 있고 없음에 깊은 관심을 보이는데, 종종 애착인물이 떠나려 하면 울기 시작한다. 초기에는 쳐다보고 있던 누군가가 떠나기만 해도 운다. 그러나 이제 아기가 당황하게 되는 경우는 주로 애착 인물 한 사람이 떠날 때이다.

그러나, 아기는 울거나 무력하게 기다리기만 하지는 않는다. 7개월경에는 보통 기어다닐 수 있으며, 그 때문에 떠나가는 양친을 능동적으로 뒤따라갈 수 있게 된다. 이 때부터 아기의 행동은 목표수정 체계를 구축하기 시작한다. 즉, 양친이 어디에 있는지를 지켜보다가 만약 떠나려 하면 재빨리 뒤따라가서 양친과 다시 가까이 있게 될 때까지 자신의 움직임을 수정하고 적응한다. 아기가 다시 양친 가까이 있게 되면, 이들은 전형적으로 두 팔을 뻗쳐 안아 달라는 몸짓을 하기도 한다. 안아 주면 다시 마음을 가라앉힌다.

아기는 또한 새로운 방식으로 소리쳐 부르기 시작한다. 그리고 부르는 것 역시 목표수정의 특성을 지닌다. 즉, 양친의 위치와 움직임에 따라 달리 소리쳐 부른다. 만약 양친이 멀리 떠나간다면, 다급하게 소리쳐 불러 댄다. 만약 가까이 있거나 가까이 오고 있다면 보다 여유 있게 부른다.

이러한 행동체계에서, 애착대상이 떠나는 것은 아기들로 하여금 접근 추구를 활성화시키는 자극으로 간주된다. 양친이 천천히 그리고 조용히 떠날 때보다는 갑자기 떠날 때, 또는 익숙하지 않은 환경에 놓여 있을 때, 아기들은 다시 양친과 가까이 있으려고 더 큰 노력을 경주할 것이다. 다른 유발자극으로는, 큰 소리나 갑작스런 어둠과 같이 아기를 놀라게 하는 사건들을 들 수 있다.

아기는 애착인물을 향하여 다가갈 뿐만 아니라 종종 그들로부터 멀어져 가기도 한다. 이것은 특히 아기들이 돌보는 이를 탐색하기 위한 출발점으로 삼을 때 분명히 나타난다. 만약, 한두 살 먹은 아기가 어머니와 공원이나 놀이터에 갔을 때, 아기는 대개 잠시 동안 어머니와 가까이 붙어 있다가 과감하게 탐색을 하러 나선다. 하지만 수시로 되돌아보며 어머니와 시선이나 미소를 교환한다. 심지어 모험을 하기 위해 앞으로 더 나아가기 전에 어머니에게 다시 되돌아올 때도 있다. 이렇듯 아기는 어머니와 계속해서 가까이 있다는 것을 자신에게 확인시키기 위하여 짧은 접촉을 시도해 본다. 만약 어머니가 반응하지 않거나 혹은 떠난다고 위협하면, 아기는 보다 다급한 전략을 쓰거나 찰싹 매달리는 작전을 쓰게 된다.

Bowlby는, 양친과 접촉을 유지하는 영아의 능력이 발달하긴 하지만 적어도 3세까지는 불완전하게 남아 있는 점을 강조하고 있다. 3세가 되어서야 영아는 비로소 양친과 함께 걸을 때 양친에 보조를 맞추기 위해 영아 자신의 움직임을 조절할 수 있게 된다. 다른 동물들과 마찬가지로 인간도 목표수정 체계가 완전히 발달하는 데에는 한 동안의 시간이 걸린다.

이 단계 동안 애착은 점점 더 강해지고 배타적으로 된다. 애착의 강도는 양친이 떠나갈 때 아기가 우는 정도로 알 수 있다. 이것은 때로 격리불안(separation anxiety)이라고 불리운다. 관찰자는 또한, 어머니가 잠깐 사라졌다가 나타날 때 어머니를 맞이하며 기뻐하는 정도에도 주목하였다. 어머니가 되돌아왔을 때, 아기는 보통 미소를 지으며 가까이 가서 안기려 하며, 어머니 팔에 안길 때 즐거워서 까르르 웃게 된다. 어머니도 역시 재결합에 대해 행복해 한다.

아기의 애착의 새로운 배타성은 7~8개월경에 가장 명백하게 나타나는데, 이때 아기는 낯선 사람에 대해 두려움을 보인다. 낯선 사람을 보았을 때, 아기의

반응은 약간 경계를 하는 것에서부터 울음을 터뜨리기까지 다양하다. 보통, 아프거나 혹은 낯선 환경에 처했을 때는 보다 강한 반응이 나타난다. 낯선 사람에게 겁을 먹을 때 아기는 양친에게 매달리는데, 만약 양친이 그때 아기를 낯선 사람에게 건네주려고 한다면 더욱 더 바싹 매달릴 것이다.

(4) 4단계

4단계(3세에서 아동기 말까지)는 동반자 행동의 단계이다. 2세 혹은 3세 이전에 아기들은 오로지 돌보는 이와 가까이 있으려는 데만 관심을 기울인다. 아기들은 돌보는 이의 계획이나 목표는 생각하지 않는다. 2세 아기에게는 양친이 "우유를 빌려오기 위해 잠깐 옆집에 간다"는 사실은 무의미하다. 영아는 단순히 함께 가기만을 원한다. 이에 비하여 3세 영아는 그러한 계획을 어느 정도 이해하며, 양친이 없는 동안 양친의 행동을 상상할 수도 있다. 따라서 영아는 양친이 떠나는 것을 보다 기꺼이 허용하게 된다. 영아는 동반자와 같은 관계로 행동하기 시작한다.

Bowlby는 4단계의 애착행동에 관해서는 별로 알려진 것이 없다는 사실을 인정하고 있다. 또한 그는 4단계 이후의 행동에 관해서도 거의 언급하지 않았다. 그럼에도 불구하고, Bowlby는 애착이 여전히 중요한 역할을 한다고 생각하고 있다.

3) 수용시설 양육의 영향

(1) 각인으로서의 애착

각인은 동물의 새끼들이 사회적으로 반응해야 할 대상을 학습하는 과정이다. 새끼들은 처음에 광범위한 대상들을 기꺼이 뒤따르려 하지만, 이러한 범위는 급격히 좁혀진다. 각인 시기의 끝 무렵에, 새끼는 단 하나의 대상—대개 어미—에 애착하게 된다. 그 후에는 공포반응으로 인해 새로운 애착을 형성하는 것이 매우 어렵게 된다.

인간에게서도, 비록 매우 느리게 발달하긴 하지만, 유사한 과정을 관찰할 수 있다. 생후 첫 몇 주 동안 아기는 움직이면서 능동적으로 대상을 뒤따를 수가 없다. 그러나 아기들은 사람들에게 직접적인 사회적 반응을 보인다. 아기는 미소짓고, 옹알이를 하고, 붙잡으며, 우는 등의 행동을 한다. 처음에는 그들 중의 아무에게나 이러한 반응을 보이지만, 6개월경에는 그 대상이 몇몇의 친숙한 사람으로 국한되며, 결국에는 어느 한 사람에게 애착하게 된다. 이 때 아기들은 낯선 사람에 대해 공포를 보인다. 동물의 경우와 마찬가지로, 낯선 사람에 대한 공포는 새로운 애착을 형성할 가능성을 감소시켜 버린다. 그 후 아기들은 주요 애착대상이 어디에 있는지에 대해 예민하게 신경을 쓰며, 그 사람과 가까이 있기 위해서 목표수정 추종체계를 발달시킨다.

(2) 시설적 결핍의 영향

Bowlby는 수용시설에서 자란 많은 영아들이 커서도 깊은 애착을 형성하지 못하는 데 충격을 받았었다. 그는 이러한 사람을 '애정없는 인물'이라고 불렀다. 그러한 사람들은 타인을 단지 자신의 목적을 위해서만 이용하고, 타인과 사랑하는 지속적인 유대를 형성할 수 없는 것 같다. 아마 이러한 사람은 어렸을 때 어떤 인물에 '각인'할 기회, 즉 타인과 애정적 관계를 형성할 기회가 없었을 것이다. 어렸을 때 타인과 밀접한 유대관계를 맺는 능력을 발달시킬 수 없었던 까닭에 이들은 성인이 되어서도 깊은 인간관계를 맺지 못한다.

수용시설의 형편을 살펴보면, 대부분의 경우 밀접한 유대관계를 형성하는 데 부적절해 보인다. 대개 간호사 몇 사람이 아기들을 돌보는데, 이들은 아기의 신체적인 욕구를 충족시켜 주기는 하지만, 그들과 어울려 놀아줄 만큼 한가하지는 않다. 아기가 울 때 돌봐 주고, 웃을 때 함께 웃어 주고, 옹알거릴 때 말을 받아 주고, 안아달라고 할 때 안아서 들어올려 줄 사람이 아무도 없을 때도 흔히 있다. 따라서 아기는 어떤 특정한 사람과 강한 유대관계를 형성하기가 어렵게 된다.

만약 수용시설 결핍의 영향이 '각인의 실패'로 설명될 수 있다면, 그러한 영향이 회복될 수 없는 결정적 시기가 있을 것이다. 그러나 연구자들은 그러한 결정적 시기의 정확한 연령을 꼭 집어 내는데 어려움을 겪었다. Bowlby가 시사하는 바에 따르면 다른 종들과 마찬가지로 결정적 시기는 공포반응이 시작될 무렵에 끝난다고 한다. 이것은 결정적 시기의 종결이 8~9개월경이라는 뜻인데, 이 연령에는 거의 대부분의 아기들이 낯선 사람에 대한 공포뿐만 아니라 어머니로부터 분리되는 데 대해서도 공포를 보여 준다. 사실, 이 시기가 어떤 사회적 행동의 적절한 발달을 위한 종결점이라는 증거도 있다. 특히, 이 시기까지 인간적 상호작용이 부족한 아기는 언어발달에 있어 영구적인 장애를 보여 준다. 그러나 치료를 위한 활동에 의해 18~24개월까지의 대부분의 사회적 장애는 보상될 수 있는 것 같다. 한 견해에 의하면, 수용시설에 의한 결핍은 영아를 '냉장고' 안에 들여놓는 것 같아서, 사회적 성장을 느리게 하고 애착에 대한 결정적이고 민감한 시기를 생후 2년까지 연장시킨다. 이후에도 인간적 상호작용이 부족한 아기는 결코 정상적으로 발달할 수 없을 것이다.

(3) 격리작용의 영향

Bowlby는 '각인의 실패'에 대해서도 관심을 가지고 있었지만, 아기가 애착을 형성한 후 애착대상과의 분리로 인해 고통을 겪는 경우에 더 큰 흥미를 가지고 있었다. 예를 들어, 아기가 신체적인 병으로 인해 몇 주간 병원에 입원해야 하는 경우를 생각해 보자.

Bowlby에 의하면 격리의 영향은 다음과 같은 과정을 거친다. 첫째, 아기는 반항한다. 울고, 고함치며 어떠한 형태의 돌봄이건 모두 거절한다. 둘째로, 절망의 시기를 거친다. 아기는 조용해지고 행동을 철회하며, 무기력해지고 깊은 슬픔의 상태에 빠진 것처럼 보인다. 마지막으로 분리상태에 들어선다. 이 시기 동안 영아는 좀 활발하며, 간호사나 다른 사람의 보호를 받아들이기도 한다. 병원

의료진들은 아기가 회복되었다고 생각할 수도 있다. 그러나, 모든 게 좋아진 것은 아니다. 어머니가 되돌아왔을 때, 아기는 그녀를 알아보지 못하는 것 같다. 아기는 어머니를 외면하고 그녀에 대한 모든 흥미를 상실한 것처럼 행동한다.

다행히, 대부분의 아기들은 몇 주 후 어머니와의 유대를 재형성한다. 그러나 언제나 그러한 것은 아니다. 만약 격리가 지속되고, 다른 돌보는 이들까지 상실하게 된다면, 아기는 모든 사람과의 유대를 포기하게 될 수도 있다. 그 결과는 더 이상 타인을 깊이 좋아하지 못하는 '애정없는 인물'이 되는 것이다.

격리의 영향은 역시 아기의 연령에 따라 다양하다. 격리는 6개월과 1년 사이에, 즉 영아가 애착을 형성한 직후에 가장 심각한 영향을 미치는 것 같다. 반대로, Bowlby의 네 번째 단계인 3~4세 이후의 격리는 덜 영향을 미치는 것 같다. 이 때의 영아는 어머니가 없어도 잘 견딜 수 있으며, 그에 대한 이유도 이해할 수 있기 때문이다.

5. Freud의 성격발달 이론

Sigmund Freud는 1856년 5월 6일 체코슬로바키아 모라비아의 프라이부르크라는 곳에서 유태인 부모슬하에서 태어나 1939년 런던에서 사망했다. 1881년 비엔나대학에서 M. D. 학위를 받고, Ernst Brücke의 지도하에 생리학을 공부하였다. 1874년에 출판된 「생리학강의」라는 그의 저서에서 "살아있는 유기체는 화학과 물리학의 법칙이 적용되는 하나의 역동체제"라는 견해에 Freud는 매료되었다(Hall, 1954). 1876년부터 15년간 Freud는 신경학자로서 연구하였다. 그는 프랑스에서 히스테리아와 기타 정신질환을 치료하기 위해 최면술을 사용했던 Jean Charcot와 처음으로 연구하였다. 여기서 Freud는 자유연상을 개발하였는데 이것이 나중에 정신분석의 기본기술로 발전되었다.

Freud 정신분석학에서는 인간을 비합리적이고 결정론적인 존재로 가정한다. 그는 인간의 행동이란 기본적인 생물학적 충동과 본능을 만족시키려고 하는 욕망에 의하여 동기화되는 것으로 본다. 또한 출생에서부터 5세 사이의 어린 시절에 경험한 무의식 속에 잠재해 있는 심리성적(psychosexual)인 사건들에 의하여 결정되는 존재로 보고 있다.

1) 심리성욕 단계

발달에 관한 Freud 이론은 두 가지 조건을 전제로 하고 있다. 첫째는 유전학적인 접근방법으로서 성인의 성격은 유아기의 여러 가지 경험에 의해 형성된다는 것이다. 두 번째는 성에너지(libido)의 상당량은 출생시에 이미 나타나며 이것은 일련의 심리성욕(psychosexual) 단계를 거쳐서 발달해 가는데 이 단계는 개체의 본능적 과정에 그 뿌리를 박고 있다는 것이다.

Freud는 네 가지 보편적 심리성욕 발달단계가 있고 이것이 성격형성에 결정적 영향을 준다고 가정하였는데, 즉 구강기 · 항문기 · 남근기 그리고 생식기이다. 잠재기는 정상적으로 6~7세와 사춘기 초반 사이에 나타나며 이 단계는 발달의 일반적 모형에 포함시키기는 하였지만, 기술적으로 보자면 단계는 아니라고 Freud는 말하였다. 발달의 첫 세 단계는 출생시부터 5세 사이에 일어나고 이것은 전 생식기라고 부르는데 그 이유는 성기부위가 성격형성에 중요한 역할을 담당하지 않기 때문이다. 네 번째 단계는 사춘기의 초기에 나타난다. 각 단계는 자극을 주면 리비도적인 에너지(libidinal energy)를 방출하게 하는 그러한 신체 부위에 따라 명명한 것이다.

각 단계는 모두 일차적 성적 부위라는 특징이 있으며, 그 부위는 성적 흥분이 가장 민감한 곳으로 외부와 내부의 피부가 접하는 신체부분이다. 예를 들어서 입술은 종아리나 손등보다 자극에 더 민감하다.

Freud는 점막이 더 많이 돌출해 있으면 있을수록 감각적 희열에 더 예민하다고 말했다. 남녀의 성기, 유방, 항문은 성적 부위로 간주된다.

'심리성욕'이란 용어는, 인간발달의 중요한 요소는 성적 충동인 바 이것은 초기 발달시에 여러 성적 부위를 거쳐 가며 진행한다는 것을 강조한다. 이 이론에 의하면, 어떤 특정한 발달단계 시기에 신체의 어떤 부위는 유쾌한 긴장을 가져다 줄 어떤 대상이나 활동을 추구하게 된다. 심리성욕 발달은 생물학적으로 결정된 발달단계이며, 그 발달순서와 특징은 문화유산이 어떻든 간에 모든 사람에게 공통적으로 나타난다. 각 단계에서 개인이 어떤 사회적 경험을 하느냐 하는 것은 그가 그 단계에서 얻는 태도와 특성 · 가치관의 형식으로 영원한 어떤 흔적을 남겨 놓게 된다.

Freud는 이러한 공식의 논리성을 두 가지 요소로 설명하였는데 즉 좌절(frustration)과 방임(overindulge)이다. 좌절이란 영아의 심리성욕 욕구(젖을 빠는 것, 물어뜯는 것, 씹는 것)가 양육자에 의하여 방해받게 되어 바로 만족할 수 없게 되는 것을 말한다. 방임은 부모가 영아에게 내적 욕구를 이겨 나가도록 하는 훈련을 거의 시키지 않고, 따라서 의존심과 열등감을 조장시키는 것을 나타낸다. Freud는 좌절을 갖는 영아나 혹은 방임에 빠진 영아나 그 결과는 리비도(libido)의 과투자(over investment)로 나타날 것이라고 보았다. 이 과투자는 그 강도에 따라서 나중에 성인기에 이 경험이 발생한 심리성욕 단계와 연관되어 잔여행동(특질, 태도)의 형태로 나타난다.

정신분석학 이론에서 이와 관련된 개념은 퇴행(regression), 즉 심리성욕 발달의 초기 단계로 되돌아가는 것과 이 시기에 적합한 영아행동을 나타내는 것이다. 예를 들면 심히 불안한 상태에 처한 성인이 퇴행을 해서 눈물을 흘리거나, 엄지손가락을 빨거나, '독한 술'을 마실 것이다. 퇴행은 사실 Freud가 말한 '고착'(fixation, 초기 심리성욕 단계에 주저앉는)의 한 특별한 예이다. Freud학파는 퇴행과 고착이 서로 보충적인 것으로 보았다. 즉, 퇴행의 가능성은 주로 고착의 강도에 좌우된다. 고착은 어떤 발달단계에 있었던 문제가 잘 해결되지 못했던 것을 반영한다. 예를 들어서 8세의 어린이가 계속해서 손가락을 물어뜯는 것은 구강기에 고착되어 있다는 것을 나타내며, 에너지는 그 초기 단계에 적합한 활동에 과투자된다. 개체가 그의 심리성욕상의 갈등문제를 잘 해결하지 못하면 못할수록 후에 정서적인 혹은 육체적인 긴장을 유발하며, 그는 퇴행을 하기가 더 쉽다. 모든 개인의 성격구조는 이렇듯 그가 도달한 또는 그가 고착해 버린 심리성욕 단계의 개념으로 설명할 수 있다. 후에 언급하겠지만 성인의 여러 성격형태는 각 심리성욕 발달단계와 연관이 있다.

2) 구강기

심리성욕 발달기의 하나인 구강기(oral stage)는 생후 1년 동안 발달하는데, 이 시기에 영아는 그의 생존을 전적으로 타인에게 의존하며 본능적인 만족을 얻는 유일한 수단이 바로 이 의존이다. 이 시기에 구강은 특히 생물학적인 충동과 동시에 유쾌한 감각을 해소시키는 신체의 일부가 된다. 영아는 젖을 빨므로써 영양을 공급받으며, 배고픔의 충동을 만족시키며, 동시에 입을 움직여 기쁨을 얻는다. 이러한 이유 때문에, 구강부는—즉, 입술, 혀와 기타 연관된 구조들—영아의 활동과 관심의 초점이 된다.

이러한 구강부는 그들이 사회적 환경 또는 물리적 환경과 접촉하는 일차적인 수단이 되며 대부분의 성적 에너지를 포함하고 있다. 사실상, Freud는 구강은 일생을 통해서 중요한 성감대로 존재하게 된다고 믿었다. 성인에게 있어서도 이러한 행동의 흔적이 남아 있는데, 예를 들어서 껌을 씹는 행위, 손톱을 물어뜯는 행위, 키스, 과식 등에서 나타나며, Freud학파는 이러한 사실들이 리비도가 구강부위에 부착되어 있다는 증거가 된다고 주장한다.

쾌락과 성욕은 Freud의 발달이론에서는 서로 혼합되어서 나타난다. 이 점에서 성욕이란 영아에 있어서는 음식물의 섭취와 관련된 흥분 상태를 말한다. 따라서 처음으로 만족을 주는 대상은 어머니의 젖이나 우유병이며, 처음으로 긴장 감소를 경험하게 되는 신체부위는 구강이 된다. 젖을 빠는 것과 음식물을 삼키는 것은 나중에 성적 만족의 원형이 된다. 구강 의존 시기의 영아의 중심과업은 다른 사람과 관련하여 의존, 신뢰, 신용, 독립심 등의 일반적인 태도를 확립하는 것이다. 처음에는 영아가 자기 자신의 육체와 어머니의 젖(영양의 근원)을 구별할

수 없기 때문에 젖을 빠는 도중에 배고픔의 만족과 애정의 표현이 혼동된다.

이러한 혼동은 영아의 이기주의를 나타낸다. 그러다가 언젠가는 어머니의 가슴은 애정의 대상으로서의 가치를 상실하게 되고 그것은 영아 자신의 신체의 일부로 대치된다. 그래서 영아는 자기의 엄지손가락이나 혀를 빨게 되고, 이렇게 하여 어머니의 보호 부족에서 생기는 긴장을 감소시킨다.

구강기는 이유와 함께 끝나며, 정신분석학 이론에서는 거의 모든 영아가 어머니 젖가슴을 떠나고 그에 따르는 즐거움을 포기할 때 여러 가지 어려움을 갖는다는 가정을 한다. 이 어려움이 클수록 더욱 많은 리비도가 구강기에 집중되며, 다음 단계의 갈등을 해소하는 데 필요한 리비도가 부족하게 된다.

Freud는 영아에게 너무 과도하거나 혹은 불충분한 양의 자극이 주어지면 구강 수동적(oral passive) 성격 형태가 된다고 주장하였다. 이러한 성격의 소유자는 세상일에 낙관적이며 타인과 신뢰 의존적(trusting dependent) 관계를 가지며, 타인이 자신의 '어머니'가 되어 주기를 바라며, 모든 것을 희생하더라도 인정을 받으려고 한다. 이러한 사람이 심리적으로 적응해 가는 양식은 수동적이고 미숙하며, 과도한 의타심과 잘 속는 등의 성격특징을 갖게 된다. 생애 첫해의 마지막 후반기에 구강기의 2차 단계가 시작된다. 즉, 구강 공격적(oral aggressive) 또는 구강 가학적(oral sadistic) 단계이다. 영아에게 치아가 생기기 시작하면서 물어뜯거나 씹음으로써 어머니의 부재나 만족의 지연으로 생긴 불만을 표현한다. 이런 영아는 침뱉기와 같은 공격적인 행동을 취하여 구강의 만족을 성취한다. 성인이 갖는 구강 가학적 단계에의 고착은 논쟁적이고, 신랄하게 비꼬며, 주위의 사물들에 대해서 비꼬는 양상으로 나타나며 또 이러한 성격을 가진 사람은 자신에게 필요할 때까지 타인을 이용하거나 지배한다.

3) 항문기

1세에서 3세 사이에서는 리비도 에너지의 초점이 구강에서 항문으로 옮겨간다. 영아는 대변의 배출과 보유에서 상당한 만족을 얻으며 점차로 대장운동을 지연시켜서 이러한 만족을 증진시키는 방법을 알게 된다(즉, 대장이나 괄약근에 압력을 가해서). 이러한 대장이나 방광의 조절은 신경근육학적인 성장의 결과이나 Freud는 부모에 의해 시행되는 대 · 소변 가리기 훈련은 나중에 성격발달에 특수한 효과를 나타낸다고 주장하였다. 대 · 소변가리기의 시작과 함께 아이들은 이드(id)의 요구(즉각적인 배변에서 오는 기쁨)와 부모에 의해서 부과되는 사회적인 제지(배출 욕구에 대한 자기 조절)를 분간하는 것을 배워야 한다. 사실상 Freud는 이러한 자기 통제와 지배는 항문기(anal stage)에서 출발한다고 주장하였다.

Freud는 부모가 대 · 소변가리기에서 필연적으로 생기는 욕구불만을 다루는 두 가지 방법이 있음을 발견하였다. 만약에 부모가 거칠거나 강압적이면, 아이들은 대변을 참게 되어 변비가 되며 이러한 억제 경향이 심해지면 다른 행동에까지 일반화되어 항문적 보유(anal-retentive) 성격이 된다. 성인에게 이런 성격이 나타나면 고집이 세고 인색하며 복종적이고, 시간을 엄수하며, 지나치게 청결하거나 혹은 지나치게 불결한 경향이 있다. 이것은 또 혼란과 모호함을 참거나 명확한 구분을 할 수 없는 것 등과 같은 '추방(expulsion)'의 원형이 된다.

그 반대로 만약 부모가 아이를 달래서 정기적으로 대장운동을 하게 하고 대변을 본 후 칭찬해 주며 목욕을 시키는 경우, 영아는 이런 행동에 즐거움을 느끼고 후에 항문적 공격(anal-aggressive) 성격을 갖게 된다. 이 단계에 고착되면 잔인하고 파괴적이며, 난폭하고 적개심을 나타낸다. 이러한 사람은 애인과의 관계에서 상대방을 근본적으로 소유의 대상으로 간주하는 경향이 있다.

4) 남근기

4세부터 5세 사이에서는 유아의 리비도적인 관심은 새로운 성감대인 생식기로 옮겨 간다. 이 남근(男根) 심리성욕 발달기에 유아들은 자신의 성기를 자세히 관찰하고, 자위행위를 하며, 출생과 성에 대한 관심을 나타내는 것을 관찰할 수 있다. 비록 유아의 성인의 성욕에 대한 인식이 대체로 부정확하고, 모호하며 또한 아직 정립되지 않았지만 Freud는 대부분의 어린이들은 그들의 부모가 생각하는 것보

다 더욱 명확히 성관계를 알고 있다고 믿는다. 그들은 부모들의 성교를 목격할 수도 있고, 또는 부모의 대화나 다른 어린이들의 이야기를 통해 그런 원초적인 관계를 상상할 수도 있을 것이다. 또 Freud는 대개의 어린이가 성교를 어머니에 대한 아버지의 공격으로 보고 있다고 생각했다. Freud의 이 단계에 대한 설명은 많은 오해와 논쟁의 근원이 되고 있음을 강조할 필요가 있다. 더구나 대부분의 부모들은 4세 어린이가 성에 대해서 알고 있다는 것을 수긍하지 않는다.

남근기(phallic stage)의 두드러진 갈등은 Freud가 명명한 오이디푸스 콤플렉스(Oedipus complex : 여자아이들에게 있어서는 엘렉트라 콤플렉스, Electra complex)이다. Freud는 이 콤플렉스의 설명을 Sophocles(495~406 BC)가 쓴 그리스의 비극인 오이디푸스 왕에서 빌려 왔는데, 이 비극에서는 테베(Thebe)의 왕인 오이디푸스가 그의 아버지를 살해하고 그의 어머니와 간음하게 된다. 오이디푸스가 그의 죄를 깨닫고는 자신의 눈을 찔러 멀게 함으로써 자신을 벌하게 된다.

Freud는 오이디푸스 콤플렉스 이야기는 그리스 신화이긴 하지만 이 비극은 인간의 가장 큰 정신적 갈등을 상징적으로 표현한 것이라고 보고 있다. 사실상, 이 신화는 아동이 이성의 부모를 소유하고 싶은 욕망과 동시에 동성의 부모를 적대시하려는 무의식을 표현한다. 그러나 남자아이들은 실제로는 아버지를 살해하지도, 어머니와 간음하지도 않지만, Freud는 어린아이들의 무의식 속에는 이 두 가지 욕망이 있다고 믿었다. 또한 Freud는 이러한 오이디푸스적 갈등의 뒷받침을 원시사회에서의 근친간의 결혼이나 씨족 내의 어떤 의식에서 찾고 있다.

오이디푸스 갈등의 발생과 그 해결은 남녀간에 약간 차이가 있다. 남아의 첫 사랑의 대상은 어머니 혹은 어머니를 대신할 만한 사람이다. 어머니는 영아가 태어나서부터 만족의 근원이고, 남아들은 출생 이래 그의 어머니를 소유하고 싶어하며, 그가 관찰한 바 성인들이 성적 감정을 표현하는 식으로 자신도 어머니에게 그의 감정을 표현한다. 예를 들어, 그는 자신의 성기를 어머니에게 자랑스럽게 보임으로써 그의 어머니를 유혹하려 한다. 이러한 행동은 자기 아버지의 역할을 탐내는 것으로 볼 수 있다. 왜냐하면, 아동은 그의 아버지를 자기의 성적인 만족감을 방해하는 경쟁자로 생각하기 때문이다. 그래서 아버지는 아들의 중요한

경쟁자나 적이 된다. 아이들은 아버지와 자기를 비교할 때 어렴풋이 열등감을 느낀다(누구의 성기가 더 큰가?). 또 자신의 어머니에 대한 로맨틱한 감정을 아버지가 인정하거나, 가만히 놔두려 하지 않을 것이라고 생각한다. 이러한 경쟁심이 어린이로 하여금 아버지가 자기를 해칠 것 같다는 공포심을 갖게 한다. 더욱 자세히 말하면, 아이는 그의 아버지가 자신의 성기를 잘라 버리려 한다고 믿게 된다. 이러한 아버지의 보복에 대한 두려움은 거세불안(castration anxiety)이라고 일컫는데, 이 때문에 어린이는 어머니와 성적 관계를 갖고 싶어하는 욕망을 포기하게 된다.

5세에서 7세 사이의 어린이는 어머니에 대한 성적 욕망을 억압하고 아버지와 동일시하기 시작함으로써 이러한 오이디푸스 갈등은 해결된다. 아버지와의 동일시 과정을 '공격자와의 동일시'라고 하며 영아는 동일시를 통해 가치관, 도덕, 태도나 성에 관련된 행동 등 남자란 어떤 것이라는 것을 묘사하는 모든 것을 배우게 된다. Freud는 더 나아가서 이러한 아버지에 대한 동일시가 아동으로 하여금 이제는 그가 어머니가 아버지와의 관계에서 중요하게 생각하는 속성을 자기도 소유했기 때문에 아버지를 대리하여 어머니를 사랑의 대상으로 간직할 수 있게 된다고 보았다.

사회적 규범의 측면에서 볼 때 아동이 오이디푸스를 해소했다는 것보다는 아동이 그의 부모의 행동기준과 금기를 자신의 것으로 내면화했다는 것이 더 중요하다. Freud는 바로 이 특이한 동일시가 아동의 초자아(super-ego)의 발달을 초래한다고 생각했는데, 즉 초자아는 오이디푸스 갈등의 해결에서 나온 것이라고 볼 수 있다.

Freud 이론에서 남아의 오이디푸스 갈등에 해당되는 여아의 것은 엘렉트라 콤플렉스(Electra complex) 이다. 남아처럼 여아의 최초의 사랑의 대상도 어머니이다. 그러나 여아가 남근기로 접어들면서, 자신은 아버지나 남자 형제처럼 음경이 없다는 것을 깨닫게 된다. 여아가 이런 해부학적 발견을 함과 동시에 그녀는 음경을 갖고 싶어하게 된다. Freud는 이를 '남근선망'(penis envy)이라고 했는데 이는 어떤 면에서 보면 정신적으로 남아의 거세공포와 맞먹는 것이라고 할 수 있다(Freud가 여성 해방론자들의 비난의 대상이 됨은 당연하다). 그 후로 여아는 어머니가 아무런 이유 없이 자신의 남근을 빼앗아간 것에 대해 또는 자신의 어떤 잘못에 대한 벌로 자기의 남근을 빼앗은 것에 대해 어머니에게 공개적으로 적개심을 가지게 된다.

Freud는 때때로 여아들이 자신의 결함 때문에 자기가 여성임을 비관하게 된다고 말하고 있다. 동시에 여아는 그녀의 아버지가 부러운 기관을 가지고 있기 때문에 아버지를 소유하고 싶어한다. 여아가 남근을 갖는 것은 불가능하다고 믿게 되면 남근에 대처할 만한 다른 대상의 성적 쾌감을 찾게 된다. 성적인 만족은 음핵(clitoris)에 집중되고 또, 5세부터 7세 사이의 여아에게서는 음핵에 대한 자위가 때로는 자기의 음핵이 남근이 되는 것 같은 남성적 환상을 가지고 행해지게 된다.

대부분의 학자들은 Freud의 엘렉트라(Electra) 갈등의 해결에 대한 설명이 확실하지 않다는 것을 동의한다. 그 이유 중의 하나는 어머니가 가족 내에서 아버지처럼 막강한 힘을 갖지 못하기 때문에 아버지만큼 위협적인 존재가 되지는 못한다는 것이다. 또 다른 이유는 여아는 본래 남근을 가지지 않았기 때문에 남아가 거세를 근친상간의 욕망에 대한 보복이라고 느끼는 것 만큼 느끼지 못하기 때문이다. 후자의 이유 때문에 Freud는 여성은 성인기 때 강박적인 도덕 감정을 덜 가지게 된다고 주장한다. 우리가 이러한 문제를 어떻게 해석하든 간에 Freud는 여아의 어머니에 대한 적개심과 아버지에 대한 동경이 서서히 변화를 가져오게 되며, 어머니와 동일시하려는 행동이 여자의 행동을 지배하게 된다고 기술하고 있다. 어떤 여자들은 그녀의 첫 아이로 남아를 갖기를 원하는데, 이런 현상을 Freud학파에서는 '남근대치' 또는 여성의 반대(contrary)로의 해방이라고 해석하고 있다.

오이디푸스 갈등은 생물학적인 원인이며 모든 인간에게 나타난다는 Freud의 학설에 대해 많은 비평이 대두되어 왔다. 사실상, 오이디푸스 콤플렉스는 모든 인간에게 나타나는 것이 아니며, 어떠한 문화권에 있어서는 남아와 아버지의 갈등은 아버지의 가족 내에서의 세력에 기인하며, 성적인 질투 때문이 아니라는 비교문화적(cross-cultural) 증거가 있다. 게다가 여성옹호론자들은 Freud의 여성에 대한 견해는 광신적일 뿐만 아니라 불합리하다고까지 생각하고 있다. 신Freud 학파의 선구자인 Karen Horney는 Freud의 남근선망에 대한 해석(인체구조는 운명이라는)이 여성의 심리에 영향을 미치는 사회 · 문화적 요인이 되지는 않는다고 말하였다. Horney와 다른 사람들은 말하기를, 진정으로 여성이 선망하는 것은 성취지향적인 그리고 경쟁적 사회에서 남성에게 주어진 지위라는 것이다. 이러한 논의는 Alfred Adler도 강조하였다.

남근기에 고착된 성인 남자는 대부분 경솔하며, 과장되고, 야심적이다. 남근기형은 성공하려고 아주 노력하여(노력은 이성의 부모에 대한 승리를 의미한다) 항상 그들의 강함과 남자다움을 나타내려고 노력한다. 이러한 남성들은 남들에게 자신이 '진정한 남자'임을 확신시키려고 한다. Freud는 여성이 남근기에 고착된 경우 성관계에 있어서는 순진하고 결백해 보이지만, 난잡하고 유혹적이며 경박한 기질을 갖는다고 언급했다.

또 어떤 여성들은 이런 기질 대신 아주 자기 주장적이어서 남성을 능가하고자 노력한다고 Freud는 보았다. 그는 미해결된 오이디푸스 문제는 나중에 신경증의 근원이 된다고 생각하였으며, 특히 남성의 성적 무기력과 여성의 불감증의 근원이 된다고 주장하였다.

5) 잠복기

6세부터 12세 사이 아동은 비교적 성적인 수면상태에 속하게 된다. 이 시기에 리비도는 승화되어 무성적 활동인 지적인 관심, 운동 그리고 친구간의 우정으로 전환된다. 이러한 잠복기(latency period)는 마지막 심리성욕 단계에서 일어나게 될 중요한 성장을 준비하는 시기로 보여진다. Freud에 의하면, 이러한 성적 관심의 저하는 순전히 생리학적인 현상이라고 간주된다. 잠복기에는 이렇듯 새로운 성감대가 나타나지 않고, 성적 본능이 수면 상태에 있기 때문에 심리성욕단계라고 불리울 자격이 없다. Freud는 이 잠복기에서 일어나는 발달 과정에 관해서는 별로 관심을 쏟지 않았는 바 이 시기가 이전 단계를 모두 합한 시간만큼 영아의 긴 생애기간임에도 불구하고 이 시기에 관심이 없었다는 것은 이상한 일이다. 영아들에게 이 시기가 일종의 휴식기인 것처럼 성격이론가들도 잠깐 휴식한 것 같다.

6) 생식기

사춘기의 발달과 함께 이성에 대한 관심과 인식이 증가되며, 성적 그리고 공격적 충동이 다시 나타난다. 생식기(genital stage : 사춘기로부터 죽을 때까지)의 첫 단계는, 유기체의 생화학적(biochemical)이며 심리학적인 변화에 의해서 초래된다. 즉, 생식기관이 성숙하고, 내분비기관이 호르몬을 분비함으로써 2차 성특징이 나타난다(남자에게는 턱수염이 나고, 여자들은 가슴이 발달). 이러한 변화들은 청년기의 흥분 상태와 성적인 활동의 증가에 영향을 미친다. 즉, 생식기는 성적인 충동의 가장 완전한 만족을 추구하려는 특징이 있다.

Freud학파의 관점에서 본다면, 모든 인간은 사춘기 초기에 '동성애(homosexual)'의 시기를 거치게 된다. 새로이 분출된 성에너지는 동성의 사람에게로 향하는데(선생님이나 이웃사람 또는 친구) 오이디푸스 갈등의 해결에서와 같은 방법으로 일어난다. 이 시기의 명백한 동성애 행위가 결코 모든 사람이 경험하는 것은 아니지만 소년기에는 동성인 친구와 다니기를 더 좋아한다고 Freud는 믿었다. 그러나 점차적으로 성적 에너지의 대상이 이성으로 옮겨가게 되고, 구애가 시작된다. 청년 초기에는 홀딱 반하는 경향이 강해 쉽게 결혼 상대를 선택하게 되며 가정을 꾸미게 한다.

생식기적 성격을 통해 정신분석학 이론에서는 이상적 성격유형을 설명한다. 이런 성격의 사람은 사회-성적(social-sexual) 인간관계가 원만하고 책임감이 잘 발달되었기 때문에 이성과의 사랑이 만족스럽다.

이상의 단계별 성격발달의 특징을 요약하면 〈표 2-1〉과 같다.

표 2-1

Freud의 발달단계

단계(연령)	쾌감의 부위 및 원천	성격발달
구강기 (oral stage)	입술 : 젖빨기, 먹는 것, 손가락 빨기, 치아발생 후 씹는 것	• 구강 수동적 성격 • 구강 공격적 · 가학적 성격
항문기 (anal stage)	항문근육 : 대변의 배설과 보류	• 항문 보유적 성격 • 항문 공격적 성격
남근기 (phallic stage)	생식기의 자극	• 오이디푸스 콤플렉스 • 엘렉트라 콤플렉스 • 초자아(양심) 발달
잠복기 (latency stage)	성적 흥미나 관심이 일시적으로 억압됨. 외계에서 쾌락 추구	사회성의 발달과 일상생활에 적응하기 위한 지식, 기능을 습득하는 데 열중
생식기 (genital stage)	생식기관의 성숙	• 이성적 관계가 원만 · 책임감 발달 • 이타적인 태도 발달 • 이상적 성격 발달

6. Erikson의 삶의 8단계설

Erik H. Erikson(1902~1994)은 1936년에서 1939년까지는 예일대학교 의과대학 정신과에 재직하였으며, 1942년에는 버클리에 있는 캘리포니아대학 심리학 교수로 있었다. 바로 여기서 유명한 영아지도에 관한 종단적 연구에 참여했다. 잇달아 그는 저술을 통해 정신분석가로서의 직업적 정체(professional identity)를 확립하고자 세심한 임상적 관찰과 사고로 바쁜 나날을 보내게 되었다. 1950년 그의 첫 저서 「영아기와 사회」(Childhood and Society)가 출판(1963년 증보 재판)되었으며 이 책은 그를 미국의 정신분석 및 심리학의 대변자로 인정하게끔 만들었다.

1) 성숙의 점성원칙

E. H. Erikson은 Freud의 정신분석을 발전시켜 자아정체감(identity)을 중심으로 한 자아 발달이론을 전개하였다. 그는 성숙의 점성원칙(漸成原則, epigenetic principle)에 의해서 인생주기(life cycle)를 8개의 발달단계로 나누고, 각 단계에는 사회환경이 각 개인에게 어떠한 정신적인 요구를 나타낸다고 가정하고 있다. 이러한 사회적 요구에 적응하기 위해서 개인 내에 생기는 심리적 긴장상태가 심리 · 사회적(psycho-social) 위기이다. 발달의 '점성적 개념(epigenetic conception)'이란 (epi는 '위에 upon', genetic은 '출현 emergence'를 의미) 인생주기의 각 단계는 이 단계가 우세하게 출현되는 최적의 시간(즉, 극적인 시기)이 있고 그리고 모든 단계가 계획대로 전개될 때 완전한 기능을 하는 성격이 형성됨을 암시한다. 더욱이 Erikson은 각각의 정신사회적 단계는 생리적 성숙과 그 단계에 있는 개인에게 부과된 사회적 요구로부터 유발된 개인 생애의 전환기(turning point), 즉 위기를 수반한다고 가정했다. 다시 말하면, 인간 생활주기의 8단계 각각은 발달과업, 즉 각 특정시기에서 해결되어야 할 사회발달 문제의 단계적 특수성을 나타낸다.

성격이 상이한 요소는 이러한 과업이나 위기가 어떤 식으로 해결되는가 하는 그 방법에 의해 결정된다. 성장과 인간관계 영역의 확장은 그로 인해 각 단계의 자아 기능이 상처받을 가능성이 커지기 때문에 갈등은 Erikson이론에서 핵심적인 부분이 된다. 그는 동시에 위기란 "재앙의 위협이 아니고 전환점이므로, 따라서 세대적 힘(generational strength)과 부적응의 개체 발생적(ontogenetic) 근원"임을 함축한다고 말했다.

공간적 차원으로 볼 때, 각각의 심리사회적 위기는 긍정적 요소와 부정적 요소를 다 포함한다. 만약 갈등이 처음부터 만족스럽게 해결되면(즉 인간이 자아 성취의 과거를 가지면), 긍정적 요소(예를 들어 기본신뢰, 자율성)는 점차 성장 · 발달하는 자아

속에 스며들어 보다 건전한 발달이 보장된다.

반대로, 만약 갈등이 계속되거나 처음에 불만스런 양상으로 해결되면, 자아 발달은 손상을 받고 부정적 요소(예를 들면 불신, 수치, 의심)가 자아 속에 많이 통합된다. 이론적으로 정의된 여러 가지 갈등이 발달계열 속에 출현하지만 그렇다고 해서 초기의 성취나 실패가 영구불변하는 것은 아니다. 각 단계에서 획득된 자아 자질은 새로운 내적 갈등이나 변화양상에 둔감하지는 않다. 그러나 주요한 점은 인간은 다음 발달 단계를 잘 적응하고 건전한 양상으로 진행하려면 각 위기를 적절하게 해결해 나가야 한다는 것이다.

Erikson의 점성원칙적인 성숙에 대한 신념은 그의 생활주기의 심리사회적 위기에 관한 도표를 보면 분명히 알 수 있다(그림 2-2 참조).

이 도식은 연대적 순서로 배열된 위계로서 8가지 발달 단계를 나타내고 있다. 도표의 대각선상의 네모는 각 위기를 성공적으로 처리해서 생긴 심리사회적 능력(strength) 혹은 덕성과 동시에 연속되는 매 단계의 긍정적 요소나 부정적 요소를 다 포함하고 있다. 점성원칙과 일치하게끔 각 단계는 전 단계의 심리사회적 갈등의 해결과 통합을 토대로 세워진다. 그러나 Erikson은 모든 갈등은 생후 초기에서부터 어떤 형태로 나타난다고 주장한다. Erikson은 매 위기마다 연관된 심리사회적 건강과 대응되는 병적 증상이 일어날 가능성이 있는 조건을 묘사했다.

Erikson은 이 8단계를 인간발달의 보편적 양상으로 간주하지만 그는 개인이 각 단계의 문제를 처리하는 방법과 이 문제에 대한 가능한 해결책은 문화적 차이가 있음을 또한 가정했다.

개인이 다음 단계에 발달해 가려면 이러한 위기를 잘 극복해 나가야 한다는 것이다. 각 발달단계에 있어선 이와 같은 위기를 긍정적으로 말한 경우와 부정적으로 말한 경우를 대응시켜 다음과 같이 나타내고 있다.

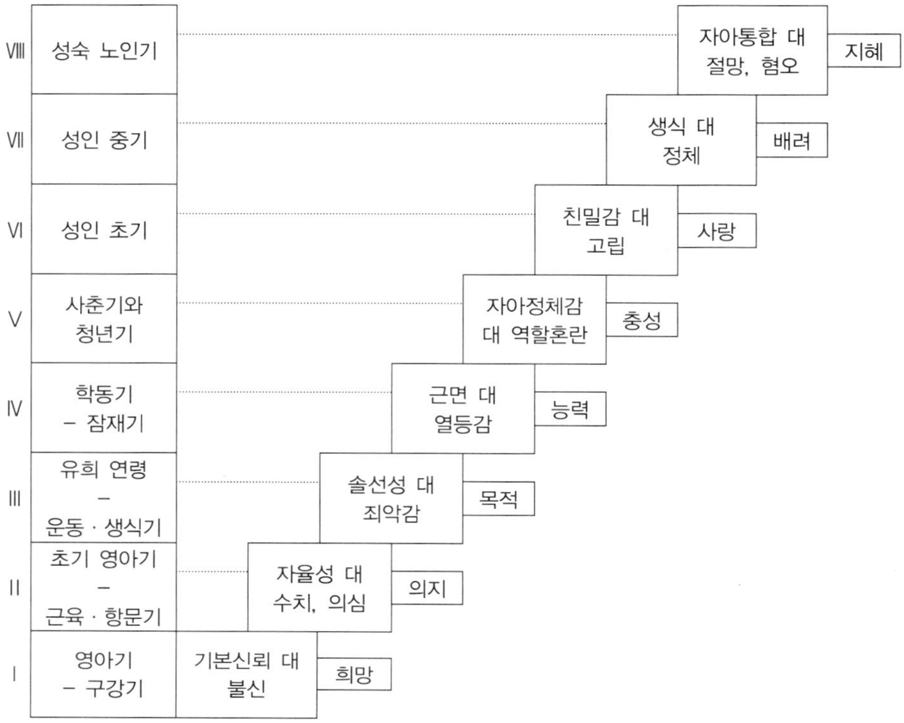

[그림 2-2] Erikson의 심리사회발달 8단계의 점성적 도표

2) 인간발달의 여덟 단계

(1) 영아기(신뢰 대 불신 : 희망)

한 살까지를 말한다. 기본적 신뢰감이 불신감보다 더 많이 체험되지 않으면 장차 타인과 원만하며 지속적인 인간관계를 수립할 수 없게 된다. 기본 신뢰감 발달에 심한 결함을 나타내는 행동적 결과는 아기의 경우 급성 우울증이고, 어른은 편집증(paranoia)이다. 신뢰 대 불신의 갈등을 성공적으로 해결하여 얻어진 심리사회적 능력 또는 덕목(virtues)을 Erikson은 '희망'이라고 본다.

(2) 유아기 초기(자율성 대 수치와 의심 : 의지)

2~3세에 해당한다. 배설훈련을 통해서 자기의 행동을 통제할 것을 배워가지만, 실패할 때에는 자기의 능력에 의혹을 품거나 수치심을 갖게 된다.

무관심한 부모 슬하에서 자란 영아일수록 자율성 발달을 침해당하기 쉽다. 그 결과 자기 부적절감, 무기력, 자기 의심(self-doubt)의 심리사회적 태도가 생긴다. 어른이 되면 강박적 행동, 피해망상에 사로잡힌 편집증을 나타내기 쉽다.

(3) 유아기(주도성 대 죄악감 : 목적)

유희 연령인 학령전 영아가 마지막으로 경험하는 심리사회적 갈등이다. 사회생활을 확대해 가면서 놀이나 학습을 통해 자발적인 행동이나 양심이 발달되는데, 실패하게 되면 죄의식을 갖게 된다. 지속적인 죄의식은 소극성, 불감증으로 발전된다.

(4) 학동기(근면성 대 열등감 : 능력)

약 6세부터 11세까지 학동기이다. 영아가 학교에 다니면서 문화적 유산을 이해하기 시작할 때 근면성(sense of industry)이 발달한다. 이 때 영아의 자아 정체감(self-identity)은 열심히 공부해서 훌륭한 사람이 되자가 된다. 근면성이란 인간관계적 능력감, 즉 자신감을 나타낸다.

(5) 청년기(자아 정체감 대 자아 정체감의 혼란 : 충성)

12~13세부터 20세까지이다. 영아기부터 싹이 튼 자아 정체감을 통합 · 재편성하여 새로운 주체적인 자아 정체감을 확립하는 시기이다. 실패하면 자아 정체감의 혼란이 생긴다. 정체감 위기는 직업을 선택하지 못하거나 무력감, 허무감,

소외감, 부족감을 경험한다. 성실성 · 충성심은 자아정체감의 적절한 해결을 통해 나타낸다.

(6) 성인기 초기(친밀 대 고독 : 사랑)

20세부터 40세까지이다. 친구나 이성 등의 타인과의 관계에서 우정, 사랑, 성적 친밀성이 과제가 되며 실패하면 고독에 빠진다. 즉, 이 시기의 자아 정체감은 다른 사람과 연합하는 능력이다. 친밀감은 성공적인 결혼의 필수요소이다. 친밀한 인간관계를 맺을 수 없으면 사회적 공허감이나 소외감을 느끼게 된다.

(7) 성인기(생식성 대 정체 : 배려)

40세부터 65세까지이다. 생식성(generativity)이란 자기 세대를 대치하는 후세대를 키우고, 지도하는 후세대에 대한 배려를 뜻한다. 좋은 예는, 생산 양육과 자손의 성취에 대한 개인의 만족감이다. 생식에 실패한 사람은 자기 도취(self-absorption) 상태에 빠진 사람으로써 '중년기의 위기', 즉 절망으로 인생이 무의미해지는 느낌이다.

(8) 성숙기(자아통합 대 절망 : 지혜)

점성원칙의 마지막인 이 단계는 인간이 자신의 거의 완성적 노력과 성취에 대해서 반성하는 시기이다. 새로운 심리사회의 위기의 출현보다는 오히려 자아발달이 지금까지의 전 단계의 종합 · 통합 그리고 평가로 나타난다. 자아통합은 모든 관점에서 자신의 인생을 돌이켜 보면서 겸허하게 그러나 확고하게 "나는 만족스럽다"라고 확신하는 지혜나 능력에서 생긴다. 반면 자아통합의 결여나 상실은 되돌릴 수 없는 실패, 희망했었던 것에 대한 끊임없는 미련으로 나타나며 인생을 다 살 수 없다는 후회 속에 절망한다.

7. Piaget의 인지발달이론

인지발달이란 추리, 기억, 문제해결을 포함하는 사고유형의 변화를 말한다. Jean Piaget(1896~1980)의 연구 이후 인지발달은 발달심리학의 핵심적인 연구주제가 되었다. 그는 영아의 지적 능력 발달에 관심을 두고 연구하였으며, 파리에 있는 Binet연구소에서 더 나은 검사규준을 만들기 위해 많은 영아에게 지능검사를 실시하였다. 이 과정에서 그는 영아가 잘못된 반응을 하는 이유에 관심이 많았다. 뿐만 아니라 영아의 지능을 측정하는 것보다 영아가 어떻게 자신들의 지능을 사용하는가를 더 중요시하였다. 1921년 제네바로 이주한 후부터 그는 평생을 인지발달 연구에 몰두하였다. 인지발달에 관한 대부분의 아이디어는 자신의 세 자녀를 주의깊게 관찰하면서 얻은 통찰에 근거를 두고 있다.

그의 이론도 역시 발달과정을 어떤 격식에 맞춰 형식적으로 분명하게 구분짓는 것이어서 형식론(formal theory)적 입장을 취하고 있다는 데서 Freud와 흡사하다. 발달을 몇 단계로 구분지어 논했다는 점과 비록 그것이 지적인 측면에 한정되고 있기는 하나, 인간발달을 세밀히 탐구했다는 점에서 관심의 대상이 되고 있다.

1) 적응체제

Piaget는 신생아가 이 세상에 태어나 생존을 영위하려면 환경에 적응해야 하는데 이러한 적응체제를 schema라고 칭하고, 인간발달이란 바로 이 schema의 변화과정이라고 말하고 있다.

이 과정은 또한 동화(assimilation)와 조절(accommodation)이라는 두 가지의 보충적 과정을 통해서 이루어진다고 주장하고 있다.

(1) 도식

도식(schema)은 사물이나 사건에 대한 전체적인 윤곽을 말한다. 쉽게 말해, 사고의 틀이라고 생각할 수 있다. 이는 유사한 환경 안에서, 반복에 의해 변화되고 일반화된 행동의 구조 또는 조직화를 의미한다.

(2) 적응

적응은 환경과의 직접적인 상호작용을 통해 도식이 변화하는 과정을 말한다. 두 가지의 상호보완적인 과정을 통해 이루어지는데, 바로 동화와 조절이라는 수단이다.

(3) 동화

동화는 기존의 도식에 맞추어서 새로운 경험을 일반화하는 과정을 말한다. 쉽게 말해, 새로운 경험을 기존에 가지고 있는 도식에 맞추어 보는 것을 의미하는데, 만약 새로운 경험이 기존의 도식에 맞는다면 유기체는 인지적으로 평형상태가 된다.

(4) 조절

만약 새로운 경험이 기존에 가지고 있던 도식에 맞지 않을 때, 유기체는 불평형의 상태를 겪게 되는데, 이 상태에서 평형의 상태로 돌아가기 위해 기존에 가지고 있던 도식을 변경하거나 새롭게 만들게 된다.

불평형의 상태가 되었던 아이는 이제 사과가 아니라고 결론짓고, 그것에 대해 새로운 이름을 만들어 내게 된다. 이 과정을 조절이라고 한다. 혹은 누군가가 그것은 사과가 아니라 토마토라고 일러줄 수도 있다. 이런 과정을 조절이라고

하는데, 조절의 과정에서는 도식의 형태에 질적인 변화가 나타난다.

Piaget는 인간의 인지발달은 네 단계를 통하게 되며, 질적으로 다른 이 단계들은 정해진 순서대로 진행되고 단계가 높아질수록 복잡성이 증가된다고 한다.

2) 감각운동기

출생해서 2세까지의 영아기를 감각운동기라고 하는데 이 시기의 영아는 거의 외부자극과 그에 대응하는 아주 단순한 schema만 갖는다.

이 시기에서는 영아들이 언어나 어떤 상징을 제대로 사용하지 못하고 있기 때문에 이 단계의 행동은 언어 이전 단계(proverbial stage)의 행동으로 보고 있다.

영아기에는 감각과 지각을 신체 활동과 운동으로 통합시키는 능력이 발달한다. 즉 영아는 모빌을 툭 쳐서 돌아오는 것을 보면서 물체의 움직임을 알게 된다. 또 목욕할 때 비누를 가지고 놀다가 우연히 떨어뜨리는 경험을 하면 다음에는 세게, 약하게 혹은 다른 방향으로 떨어뜨려 보면서 탐색해 나가는 등의 행동을 보이게 되는데, 이러한 행동들은 감각운동기에 나타나는 특징들이다.

영아는 이러한 행동을 통해 눈과 손을 함께 사용하는 방법을 터득하며, 점차 목적을 위해 새로운 방법들을 시도하게 된다. 이렇게 두 가지 이상의 감각이 서로 협조하여 지각력과 인지력을 같이 높이는 능력을 협응력이라고 한다. 출생에서 약 2세 정도의 영아는 거의 감각을 통해 학습하며, 이처럼 감각과 운동을 통해 두뇌를 발달시키는 시기를 감각운동기라 부른다.

Piaget는 이 시기를 다시 6단계로 나누고 있다.

(1) 제1단계 : 반사기(출생~1개월)

1 적응 방식

신생아는 이 세상에 태어나서 환경의 자극에 그대로 반응하는 것이 아니라 자극을 받아들여 그것에 적응할 수 있는 반응을 만들어 내는 내적인 체계(도식)를 형성한다. 이 시기에 신생아는 빨기반사를 통해 세상을 이해한다. 영아는 자신의 행동과 욕구를 분별할 수 없으므로 그들의 행동에는 의도성이 없다. 그러므로 신생아의 행동은 의식적인 내적 욕구에 의한 행동이라고 할 수 없으며 타고나는 반사행동이다.

2 대상영속성의 개념

이 단계에서는 대상영속성의 개념이 전혀 없다. 자신과 대상의 변별이 안 된다. 신생아는 움직이는 물체가 보이면 눈으로 그 물체를 쫓아가다가 그 물체가 시야에서 사라지면 더 이상 그 물체에 관심을 보이지 않는다. 아기는 엄마 얼굴이나 젖꼭지와 같은 친숙한 광경은 인지할 수 있으나 눈앞에 보이지 않는 대상이 존재한다는 개념은 갖고 있지 않다.

3 모방

모방 개념이 없다.

4 인과성

인과 관계를 이해 못한다.

(2) 제2단계 : 1차 순환반응기(1~4개월)

1 적응 방식

순환반응이란 우연히 새로운 경험을 하게 되어 빨기, 잡기, 보기와 같은 감각운동 행동이 의도적으로 반복되는 것을 의미한다. 이 때 영아의 관심이 외부의 대상보다는 자신의 신체에 있기 때문에 1차 순환반응이라고 한다. 우연히 손이 입에 닿게 되어 손을 빨게 된 신생아는 의도적으로 손을 빨려는 행동을 반복적으로 하게 된다. 이전 단계에서 손빨기는 의도적 행동이 아니었으나 이제는 배고프다는 욕구에 의한 행동으로 나타난다. 움직이는 물체를 보면서 그것을 잡으려고

손을 내미는 행동은 보기와 잡기를 연결시키는 행동이다. 이러한 행동은 많은 시행착오를 통해서 이루어진다.

2 대상영속성 개념

눈에 안 보일 때까지 대상을 눈으로 본다.

한 번 보거나 만져본 대상에 대해서 아기는, 다시 보고 만질 수 있다는 약간의 기대를 하고 있음이 나타나기 시작한다. 예를 들면, 집 앞에 서 있는 엄마를 쳐다본 아기는 엄마가 사라져도 대문을 다시 바라본다. 그러므로 대상영속성 개념이 어렴풋이 나타난다고 볼 수 있다.

3 모방

타인의 행동이나 목소리를 똑같이 모방하여 그 행동이나 목소리를 모방하여 반복한다.

4 인과성

자신과 움직이는 대상에 대한 변별이 안 된다. 손가락을 빨기 위해 입에 넣는 수준의 조짐이 엿보인다.

(3) 제3단계 : 2차 순환반응기(4~8개월)

1 적응 방식

자신의 몸과 주변을 넘어서는 외부 대상에 관심을 기울이며 새로운 경험을 산출하고 그것을 유지하려고 한다. 영아는 덜 자기중심적으로 되며 외부세계에 대한 정보의 근원으로서 자기 자신 이외에 사물에 좀 더 의존한다. 우연히 모빌을 건드리게 된 영아는 그것이 움직이는 것을 보고 계속 치게 된다.

② 대상영속성의 개념

이 단계에서 영아는 사라진 대상을 적극적으로 찾으려고 하는 대상에 대한 영속성 개념이 최초로 싹트기 시작한다. 또한 이 시기의 영아는 어떤 대상이 공간적으로 다른 대상보다 앞서며, 어떤 사건이 시간적으로 다른 사건보다 선행한다는 것을 알게 된다.

이 시기의 대부분의 아기들은 부모가 완전히 숨어서 보이지 않아도 끝까지 찾으려 한다. 특히 안정된 애착을 형성한 아기는 불안정하게 애착된 아기보다 더 빠른 시기에 대상 및 사람 영속성 개념이 발달한다.

③ 모방

심적목록 안에 타인의 목소리나 단순한 행위를 모방한다.

④ 인과성

모든 사건의 원인을 자신이라고 생각한다.

(4) 제4단계 : 2차 순환반응의 협응기(8~12개월)

① 적응 방식

이 단계에서는 인지발달상의 2가지 획기적인 사건이 발생한다. 첫째, 목적을 달성하기 위한 수단으로 이미 학습된 행동양식과 도식들을 사용한다. Piaget가 어린 딸이 성냥갑을 잡으려 하자 손으로 가로 막았다. 처음에는 그것을 무시하거나 넘어서 돌아가려 애썼으나 며칠 후에는 손을 치우고 성냥갑을 잡았다. 치우는 것과 잡는 것이 협응되었다. 원인과 결과의 관계에 대한 이해를 갖지 못한 3단계의 영아라면 손으로 막았을 때 울거나 떼를 썼을 것이다.

둘째, 영아는 대상들이 자신과 분리되어 있으며 그것들은 별개의 성질을 갖고 있다는 것을 깨닫는다. 이러한 인식과 더불어 대상연속성이 발달한다. 이전에는

보이지 않는 것은 존재하지 않는 것으로 이해되었으나 어떤 사물이 보이지 않게 되었더라도 반드시 사라진 것은 아니라는 것을 알게 된다(이불 속에 공을 감추는 경우처럼).

2 대상영속성의 개념

이 시기의 아기들은 대상을 완전히 감추어 눈에 보이지 않더라도 찾으려 한다. 그러나 감추어지는 과정을 보았더라도 이들은 그 대상을 이전에 보았던 장소에서만 찾으려는 고집이 보인다. 즉 마지막 본 곳에서 손으로 대상을 찾는다. 대상항상성(영속성)이 발달한다.

3 모방

심적 목록 안에 있는 것과 다른 행동을 모방하고 얼굴도 모방한다.

4 인과성

약간의 외부화 또는 인과성 대상이 행위를 유발할 수 있다는 사실을 깨닫는다.

(5) 5단계 : 3차 순환반응의 성립기(12~18개월)

1 적응 방식

전단계의 영아는 새로운 상황에 직면해서 기존의 도식들을 수단으로 사용한다. 이 단계의 영아는 새로운 문제를 해결하기 위해서 새로운 수단을 사용한다. 여기서 영아는 다양한 실험을 통해 사건들의 인과관계를 검토하려고 하며 활발한 시행착오 행동을 보인다. Piaget의 어린 아들은 어느 날 새 탁자에 관심을 가지고 탁자를 두들겨 보았는데 어떻게 두들기느냐에 따라 소리가 달라진다는 것을 알고 여러 가지 실험을 해 보았다. 이제 걷기 시작하면서 실험행동과 시행착오 행동을 통한 새로운 경험의 기회는 증가한다.

[2] 대상영속성의 개념

영아는 대상의 계열적 유치와 공간 관계를 지각한다. 즉 일련의 눈에 보이는 이동을 통해서 숨겨진 대상을 찾는다.

영아는 대상물을 어디에 숨기든지 가장 최근에 사라진 공간에서부터 대상을 찾는 능력을 보이게 된다. 그러나 5단계 영아의 대상영속성 개념에도 한 가지 한계가 있다. 5단계 영아는 자신이 볼 수 있는 공간 이동에서는 대상영속성이 가능하나, 볼 수 없는 공간 이동에서는 대상의 숨겨진 위치를 정신적인 표상만으로 정확하게 추적하는 능력을 갖고 있지 못하다.

[3] 모방

심적목록과 전혀 다른 행동을 모방한다. 즉 이전에 들은 바 없는 새로운 소리를 모방하며, 자신이 행한 적이 없는 새로운 동작을 모방한다.

[4] 인과성

자신이 환경 속의 여러 대상 중 하나란 사실을 지각하며 TV 만화를 시청하기 위하여 엄마손에 리모콘을 건네 준다.

(6) 6단계 : 내적 표상단계(18~24개월)

[1] 적응 방식

이 단계에서는 사고가 나타난다. 직접적인 경험이나 실험 없이도 어떤 대상과 관련된 결과를 이해하게 된다. Piaget의 딸은 상자 속에 사슬을 넣는 것을 보았다. 상자를 두드려 보기도 하고 손가락을 상자 틈으로 넣어 보기도 하다가 잠시 생각하더니 상자를 열어 사슬을 꺼냈다. 이 단계에서는 지연된 모방이나 모델 없는 모방도 일어난다. Piaget의 딸이 친척집에 갔다가 그 집 아이가 울면서 장난감을 던지고 투정부리는 것을 보았다. 딸아이는 다음 달 놀다가 싫증이 나자

그와 같은 행동을 했다.

Piaget는 세 자녀의 행동을 관찰한 결과, 개념발달과 언어발달 이전에도 영아가 지적인 행동을 한다는 것을 발견했다. Piaget는 이러한 행동수준의 지능을 감각지능이라고 부르고, 이것이 개념적 지능의 기초가 된다고 주장했다. 즉, 지능의 발달은 행동을 토대로 이루어지는 것이며 이것은 개체와 환경간의 상호작용에 의해서 진행되는 과정이다.

2 대상영속성의 개념

이 시기에는 위치 이동을 표상하며 보이지 않는 움직임을 지각할 수 있다. 즉 대상이 완전히 숨어 버려도 정신적인 표상을 통해 이동과정을 추정하여 대상을 찾아낸다. 이것은 아기들은 대상영속성 개념이 생겼기 때문이다. 우리는 영아가 대상영속성의 개념을 획득할 때, 지적 발달에 있어서 엄청나게 진전된 것을 볼 수 있다. 생후 초기에, 그들은 사물이 그들의 시각과 행동에 관계없이 존재한다는 것을 알지 못한다. 감각운동기 말에 가서야 비로소 대상들은 자신의 존재와 분리되고, 또한 영속적인 것이 된다. 그리하여 영아는 독립된 사물들을 포함하는 우주와 그리고 자신은 그 우주 안의 많은 것들 중에서 단지 하나의 대상임을 깨닫게 된다. 따라서 대상영속성과 더불어 그들은 자신이 독립된 개체라는 것을 명확하게 깨닫게 된다.

3 모방

기억을 통해 이전에 관찰된 행위나 이전에 들었던 소리와 단어를 재생할 수 있다.

4 인과성

이 단계는 영아들이 인과성을 표상할 수 있으며 인과관계의 예상이 가능해지는 시기이다. 즉 결과만이 제시될 때 원인을 추론하고, 원인이 제시될 때 결과를 예측하는 능력이 나타난다.

3) 전조작적 사고기

전조작적 사고기(2~7세) 동안의 영아는 근본적으로 감각운동적 양식(model)으로 기능을 수행할 수 있는 사람으로부터 개념적 · 상징적 양식으로 기능을 수행할 수 있는 사람으로 진화한다. 그러므로 영아는 사건을 점점 내적으로 표상할 수 있게 되며, 행동을 지향하는 데 있어 직접적으로 감각운동 활동에 의존하는 바가 적어진다. 그러나 이 시기를 전조작적 사고기라고 부르는 이유는 어린이가 정신적 표상에 의한 사고가 가능하기는 하나 아직 개념적 조작능력이 충분히 발달하지 못했기 때문이다.

전조작적 사고기는 연역적 · 귀납적인 추리를 못하고 비약적인 추리를 한다. 이 시기에 언어가 빠른 속도로 획득되어진다. 더구나 초반기의 행동이 대부분 자기 중심적이고 비사회적이었지만 발달이 계속됨에 따라 이러한 특징은 점점 덜 지배적으로 되어 6~7세에 이르면 그들의 회화는 거의 의사소통적이며 사회적으로 된다.

전조작적 사고는 감각운동적 사고를 거쳐 진보한 것인데 아직 여러 측면에서 제한적이다. 이 때의 영아는 조작을 가역(可逆)할 수 없으며, 변환을 추구할 수도 없다. 즉, 지각은 중심화(centration) 경향을 가지며 사고는 자기 중심적이다. 이러한 특징들은 느리고 구체적인 동시에 제한적인 사고를 하게 만든다.

이 단계의 사고특징은 자기중심성, 중심화, 비가역성, 비전환성 등이며 이들로 인하여 논리성이 결여된 사고를 하게 되는 것이다.

양의 보존개념에 관한 실험에서 어린이에게 똑같은 높이로 물을 채운 A1과 A2의 두 컵을 보여주고서, 두 개의 컵에 같은 양의 물이 들어 있느냐고 물어보면 대부분 그렇다고 대답한다. 다음에 실험자가 A2의 물을 높이가 더 낮고 밑면적은 더 넓은 컵 P로 옮겨 붓는다. 그리고 나서, 물의 양이 여전히 같은지를 물어 보면 전조작적 사고 수준의 어린이는 양이 같다는 것을 알지 못하여, 물의 높이나 넓이 중 어느 한 가지 차원에 얽매여서 보존개념을 획득하지 못한다.

이것은 어린이가 논리적으로 사고하지 못하고 직관적으로 사고하기 때문이다.

수 보존개념에 대한 실험에서는 어린이들 앞에 한 무더기의 달걀을 놓아둔 다음, 다른 한편에 놓인 달걀컵에 하나씩 담을 수 있을 만큼의 달걀들을 집어내라고 했다. 전조작적 사고기의 어린이들은 달걀의 개수나 밀도를 무시하고 다만 컵과 달걀을 늘어놓은 길이만 똑같게 했다. 이것도 마찬가지로 직관적 사고를 하기 때문에 보존에 실패하는 것이다.

자아중심성에 관한 실험에서는 어린이 앞에 모양이 각기 다른 세 개의 산을 왼쪽, 가운데, 오른쪽에 배열해 놓고 어린이를 탁자의 한쪽 편에 앉게 하고 그와 반대되는 산의 배치모형을 보고 있는 인형을 놓고서 피험자인 어린이와 인형을 서로 마주보게끔 앉혔다. 그리고 나서 어린이 자신이 보는 것과 인형이 보는 것이 같은 가를 물었다. 이 단계에 있는 어린이들은 자기가 앉아 있는 곳에서 보는 것과 인형의 자리에서 보는 것이 다르다는 것을 이해하지 못하므로, 자기에게 보이는 대로의 산의 배치를 이야기한다. 이것은 타인의 관점을 이해하는 능력이 아직 획득되지 않음을 보여주는 것이다.

또한 이 시기의 영아의 언어와 사회적 행동은 거의가 자기 중심적이다. 그래서 그는 남의 앞에서도 자신과 이야기를 나누며 남의 이야기는 들으려고 하지도 않는다. 그의 언어행동은 정보교환의 기능을 거의 갖지 않으며 대부분이 비사회적이다.

중심화는 시각적 자극이 있을 때 영아는 그것의 한정된 지각측면에 주의를 고정시키거나 중심화하는 경향을 갖는다. 결국 중심화가 계속되는 한, 어린이는 어떠한 사건의 피상적인 측면만을 동화하는 경향성을 갖는다.

비가역성이란 일단 변형된 상태가 반대 절차를 밟으면 다시 원래 상태로 되돌아갈 수 있다는 것을 알지 못하는 것을 뜻한다.

비전환성은 어린이가 계속적으로 변화하는 계열적 상태를 관찰하는데 있어서 한 상태가 다른 상태로 변하는 변환보다는 계속적이고 계열적인 상태들의 요소들에만 집중한다. 변환의 과정에 주의를 집중하는 것이 아니라, 변환이 일어나는 순간적인 상태에만 주의를 모으기 때문에 전체 과정을 통합하지 못한다.

이와 같이 전조작적 사고기의 어린이들은 사물을 외관적 · 현상적 · 표면적 특성에 의해 눈에 보이는 그대로 받아들이는 경향이 있다. 사회적 인지도 이와 유사하게 피상적인 경향이 있다.

4) 구체적 조작기

이 시기(7~11세)의 schema는 어느 정도의 논리적 조작을 할 수 있을 정도로 발달한다. 그러므로 개념단계라고도 할 수 있다. 그러나 아직도 구체적인 사항에 한해서만 논리적 조작이 가능하다. 이 시기에는 자기 중심성에서 탈피할 만큼 지능이 발달한다. 따라서 전 단계의 유아들이 사물의 절대적인 속성에 얽매여 사물간의 관계성을 이해할 수 없는데 비해 구체적 조작기의 영아들은 사물의 속성을 다룰 때 그들 사이의 관계성을 고려할 수 있게 된다. 이처럼 구체적 조작기의 영아는 지각에 얽매이지 않고 전 단계의 유아의 지적 활동을 제한했던 여러 가지 인지적 조작을 할 수 있게 된다. 즉, 지각의 중심화를 벗어나서 계속해서 변환을 추구할 수 있으며, 구체적 조작기에서 가장 중요한 조작의 가역성(reversibility)도 획득된다.

구체적 조작기의 사고는 전조작적 사고를 질적으로 능가한다. 그래서 계열화(seriation), 분류화(classification)와 같은 schema들이 나타나며 인과성, 공간, 속도, 시간 등의 질적으로 개선된 개념이 발달한다.

구체적 조작기란 전논리적(전조작적) 사고와 완전한 논리적 사고 사이의 과도기이다. 보존개념에서 영아는 세 가지 논거에 의해 보존문세를 해결한다. 첫째로, 영아는 두 물컵에서 "물을 더 붓거나 쏟아 내지 않았으므로 물의 양은 같다"고 대답할 수 있다. 이것은 동일성(identity)의 원리이다. 둘째로, "이 컵은 여기가 더 길지만, 저 컵은 여기가 더 넓다. 그래서 물의 양은 같다"라고 말할 수 있다. 이것은 하나의 변화가 다른 변화로 인하여 서로 상쇄된다는 보상의 논리이다. 셋째로, "이것을 전에 있던 컵에다 그대로 다시 부을 수 있기 때문에 두 컵의 양은 같다"라고도 말할 수 있다. 이것은 역조작의 논리이다. 이와 같이 이 단계의

영아가 보존능력이 있다는 것은 구체적 조작기에 들어갔다는 것을 보증하는 것이다. 그리하여 6~7세쯤 되면 수보존을, 7~8세쯤에는 질량보존을, 11~12세쯤에는 부피보존을 할 수 있다. 또한 이 시기에는 전조작적 사고기에서 불가능했던 유목화(類目化) 능력도 획득된다. 이것은 대상과 대상간의 공통점과 차이점 및 관련성을 이해함으로써 비로소 가능해진다.

5) 형식적 조작기

지적 발달의 최종단계인 이 시기(11세 이후)에는 형식논리적 사고를 전개할 수 있을 만큼 지능이 발달한다. 따라서 추상적 개념을 구사하여 사고를 할 수 있는 시기이다. 즉, 형식적 조작이 발달함으로써 영아가 갖는 질적 가역성은 극대화된다. 구체적 조작기의 영아들이 시간적 · 공간적으로 현재에 진행되고 있는 사실에 대한 논리적 사고를 하는 반면 형식적 조작기의 청소년은 현실적 세계를 넘어 추상적으로 사고할 수 있게 된다. 즉, 이 시기에 이르러서야 청소년들은 비로소 순전히 상징적 추론이 가능하게 되며, 가설을 세우고 체계적으로 검증하고 추상적 개념을 사용하여 여러 가지 사태를 일반화할 수 있게 된다.

형식적 조작기에 이르러서 가능해지는 사고방식 중에 중요한 것이 조합적 사고(combinational thinking)이다. 이는 하나의 문제에 직면했을 때 모든 가능한 해결책을 논리적으로 모색해 봄으로써, 결국에 가서는 문제해결에 이르는 사고를 말한다.

이러한 조합적 사고가 가능해지면서 형식적 조작기에는 연역적 사고도 가능해진다. 구체적 조작기의 영아가 구체적인 현실에서 출발하여 여러 가지 경험에 의해 일반적 사실에 도달하는 한편, 형식적 조작기에 이르면 일반적 사실에서 출발하여 특정한 사실에 도달할 수 있게 된다.

위에서 설명한 Piaget의 인지발달 단계론을 요약해 보면 〈표 2-2〉와 같다.

표 2-2 Piaget의 인지발달 단계

발달 단계	각 단계의 행동 특징
감각운동기 (0~2세)	• 반사행동의 단계로부터 의도적인 반복행동을 할 수 있는 단계에 이르기까지의 6단계로 세분화된다.
전조작적 사고기 (2~7세)	• 상징의 사용 : 모방, 상징적인 모방, 상징적인 놀이, 말 · 언어 사용과 의사소통이 가능하다. • 자신이 본 것만을 믿으려고 한다. • 사물의 단일차원에서 직관적으로 분류, 자기 중심성의 사고 때문에 그 자신의 관점만으로 사물을 보려고 한다. • 비가역성 : 가역적 사고는 아직 불가능하다.
구체적 조작기 (7~11세)	• 동작으로 생각했던 것을 머리로 생각할 수 있다. • 논리적 사고, 가역성 획득, 언어의 복잡화, 사고의 사회화, 보존성, 이행성 분류 및 서열개념 획득. • 길이, 양, 무게, 수의 항상성을 믿게 된다. • 많고 적음의 순서에 따라 배열할 수 있다.
형식적 조작기 (11세 이후)	추상적 사고와 개념의 이해, 사물의 인과관계 터득, 가설검증 능력, 추리력 · 적용력이 발달

8. Vygotsky의 사회문화적 인지이론

1) 사회문화적 인지론의 특징

본래 언어학자였던 L. S. Vygotsky는 인간의 언어발달에 대해 연구하면서 영아기의 언어발달에도 주목하게 되어 영아의 언어 및 인지발달에 대해 관심을 가졌다. Vygotsky는 환경과 문화적 요소, 생물체 간의 상호작용을 통해 영아의 발달

이 형성된다고 보았다

Vygotsky가 생각한 문화는 도구와 가구와 같은 물리적인 것을 포함하여 인간이 생산하고 산출해 낸 모든 환경들을 말한다. Vygotsky는 관찰을 통해 이러한 문화 중에 영아의 인지발달에 상호 영향을 미치는 것이 언어라고 보았고 사고와 언어의 관계가 3단계를 거쳐 발달한다고 하였다.

Vygotsky는 Piaget와 달리 영아의 인지발달에서 생물학적인 발달단계 대신, 문화와 사회적 관계를 강조하였다. 따라서 그의 이론은 사회문화적 인지이론이라고도 불린다. Vygotsky는 영아가 성장하고 있는 문화를 이해하지 않고는 영아발달을 제대로 이해할 수 없다고 생각하였다. 즉, Piaget는 인지발달의 문화적 보편성을 강조한 반면에, 영아의 인지발달을 사회가 중재하기 때문에 모든 영아가 똑같은 인지발달 단계를 거치지 않는다고 주장함으로써 인지발달의 문화적 특수성을 강조하였다

Piaget는 유아가 혼자서 세계에 대한 폭넓은 이해를 구성하는 작은 과학자라고 설명한 반면, Vygotsky는 유아의 지식, 생각, 태도는 타인과의 상호작용을 통하여 발달한다고 주장하며, 특히 언어가 인지발달에 결정적이라고 주장한다. 즉, 언어는 생각을 표현하고 질문하는 방법을 제공하며 또한 사고활동에 있어서 범주와 개념을 제공한다고 보고 있다.

Vygotsky는 인지발달은 유아들이 자기문화 속의 성인들이나 유능한 또래들과의 대화와 상호작용을 통하여 일어난다고 믿었다. 영아들은 보존개념이나 분류기술 같은 인지적 조작을 세상에서 홀로 배우는 것이 아니라 가족구성원, 교사 그리고 또래들에게 도움을 받는다.

2) 언어의 발달론

(1) 원시적 또는 자연적 단계(primitive or natural stage)

L. S. Vygotsky(1896~1934)는 이 단계는 출생부터 만 2세경까지 계속되며 세

가지의 비지적 언어기능(nonintellectual speech functions)으로 특징지어진다고 보았다. 맨 처음으로 나타나는 것은 고통이나 좌절로 인한 울음이나 만족을 나타내는 목청의 울림과 같이 정서적 해방(emotional release)을 표현하는 소리다. 그 다음에 나타나는 것은 빠르게는 생후 2개월경부터 볼 수 있는 것으로, 기존의 정서적 반응에 타인의 모습이나 목소리에 대한 사회적 반응(social reaction)으로 해석될 수 있는 소리들이 추가되는 것이다. 세 번째로 들 수 있는 비지적 언어는 대상과 욕구에 대한 대용으로 기능하는 최초의 단어들(first words)의 출현이다. 이러한 최초의 단어들은 기본적으로 부모나 형제가 어떠한 대상들을 그에 해당하는 단어와 빈번하게 짝지어 주는 조건반사에 의해 학습된다.

(2) 순수심리적 단계(native psychology stage)

이 단계의 영아는 언어가 상징적 기능을 지닌다는 사실을 발견하고 사물이 이름에 대한 계속적인 질문을 통해 이러한 발견을 표현하게 된다. 영아는 대상이나 행동을 명명하는데 있어서 더 이상 타인의 의해 단순히 조건화되는 것이 아니고 스스로 활발하게 이러한 정보를 추구한다. 결과적으로 영아의 어휘는 급격히 증가한다. 이 단계의 영아는 자기의 주변세계를 인식하고 자신이 바라는 바를 달성하기 위한 수단으로 대상을 하나의 도구로서 사용하는 실제적 지능(practical intelligence)을 나타내기 시작한다. 그러나 영아가 적절한 문법적 구조의 언어들을 사용하기는 하지만 그 문법적 구조가 수행하는 내면적 기능은 인식하지 못한다는 점에서 아직은 순수 또는 순진(native)하다고 할 수 있는 것이다.

(3) 자기중심적 언어의 단계(egocentric speech stage)

이러한 유형의 언어는 취학전의 유치원 영아에게서 많이 나타나는데, 특히 놀이 장면에서 발견된다. 이러한 자기중심적 언어는 영아가 주변에 다른 사람이 존재하는가의 여부와 관계없이 자신이 활동하는 것에 대해 독백을 하는 형태로

나타난다. 이것은 다른 사람이 아닌 바로 자기 자신만을 향한 것이기 때문에 누구로부터의 반응도 필요하지 않은 것이다.

이러한 현상에 대한 해석은 연구자에 따라 다양하다. 일부에서는 이를 사고과정에서 나타나는 긴장을 완화하는 것이거나 아직은 미숙한 사고에 병행하여 나타나는 부산물 정도로 파악한다. 그러나 Vygotsky는 자기중심적 언어를 사고의 중요한 새로운 도구라고 간주한다. 영아는 단지 말하는 것에 대해 생각할 뿐만 아니라 자신에게 말하는 것이 다음에 무엇을 생각할 것인가에 영향을 미치며 이렇게 말하는 것과 생각하는 것은 개념적 또는 언어적 사고를 산출하는데 함께 상호작용하는 것이다.

이 가설을 검증하기 위하여 Vygotsky는 어린 영아가 놀고 있는 동안에 문제가 일어나도록 상황을 설정하였다. 예를 들면, 그림을 그리는 과제를 부여하고, 그때 연필이 없거나 또는 종이가 너무 작거나 너무 크거나 하는 문제를 고의로 일으키는 것이다. 그 결과 영아가 이러한 곤란한 상황에 직면했을 때 자기중심적 언어는 곤란한 상황에 직면하지 않았을 때의 그것과는 2배의 양이 되었다. 이것으로부터 Vygotsky는 자기중심적 언어를 다음과 같이 해석하고 있다. 자기중심적 언어는 긴장으로부터 해방하는 것이고, 활동의 부속물일 뿐만 아니라 문제에 대한 해결책을 탐색하고 고찰하는 가운데 이루어지는 올바른 의미에서의 사고에 대한 중요한 도구인 것이다.

(4) 내적 언어의 단계(ingrowth stage)

Vygotsky는 자기중심적 언어는 단지 7세 정도에서 소멸해 버리는 것이 아니라는 사실에 동의하고 있다. 자기중심적 언어는 소멸하는 것이 아니고, 오히려 감소하는 것으로 그것은 발달의 네 번째 단계, 즉 내적 언어의 단계로 향하는 준비단계라는 것이다. 영아는 머릿속에서 말을 하지 않고 언어를 조작하는 것을 학습한다. 여기서 문제해결을 위한 내적 기호를 사용한, 논리적 기억이라는 수단을 사용하여 사고를 하는 것이다. 이 단계 이후에는 사람은 개념적 사고 또는 언어적 사고의 도구로서 내적 언어와 외적 언어 모두 사용하게 되는 것이다. 그러므로 영아의 언어는 출생으로부터 7~8세 정도까지의 4단계를 지나서 발달한다. 그 과정은 비지적 또는 비사고적 언어로부터 순수하고 자기중심적 언어로 발달하고, 개념적 사고 속에서 불가분으로 연결지어져 내적 언어화되어 간다.

3) 사고력의 발달론

Vygotsky는 블록 해결과제 실험을 통해서 다음과 같은 개념적 사고력의 발달단계를 제시하고 있다.

(1) 비조직적 군집단계 가운데서의 사고

영아는 우연적인 지각상의 연계에 따라 사물을 집단에 소속시킨다.

1 하위단계 1(시행착오에 의한 집단분류)

이 시기에 영아는 집단을 무작위로 형성한다.

2 하위단계 2(지각상의 조직화)

시간적 · 공간적으로 우연히 동시에 일어난 사물을 집단으로 분류하여 그 집단에 이름을 붙이는 단계다.

3 하위단계 3(군집의 수정)

처음에는 제멋대로 지각상 조직화에 다른 집단분류를 한다. 그 후 그 집단분리 방법에 불만을 가지고 집단 내의 요소를 여러 가지로 이행시켜 집단분류의 수정을 행한다. 그러나 본질적인 변화는 없다.

(2) 복합적 사고단계

영아의 마음 속에서 개개의 사물은 주관적인 인상에 의해서만이 아니고 사물간에 실제로 존재하는 연계에 따라 연결지어지는 시기다. 이는 자기중심적 사고로부터 이탈하여 객관적 사고로 향하는 것이다. 복합체에 있어서 사고는 집단의 구성체에 의한 결합은 어느 정도 구체적인 사실에 적합한 것이고 추상적 · 논리적인 것은 아니다. 이 시기의 사고과정은 다음과 같이 5단계로 이루어진다.

1 하위단계 1(연합적 복합성의 단계)

사물의 색깔, 형, 근접성 등과 같은 영아가 관심을 가진 요소에 의해 사고하는 단계다.

2 하위단계 2(집합적 복합성의 단계)

사물은 유사성보다는 대비로 분류된다. 예를 들면, 각각의 색을 가진 사물들을 모아 집단으로 분류하고, 그것에 이름을 붙이는 단계다.

3 하위단계 3(연쇄적 복합성의 단계)

이웃한 것으로 의미있는 어떤 관련을 가지고 점차로 연합적으로 사물을 선택한다. 예를 들면, 굵고 푸른 사물과 굵고 붉은 사물을 연합하고, 다음으로 붉고 낮은 둥근 사물을 가지고, 둥근 황색 가운데의 사물과 연합한다고 하는 것과 같은 것이다.

4 하위단계 4(확산적 복합성의 단계)

사물을 분류할 때 사물 개개의 요소를 결합하는 속성에 유동성이 있는데, 예를 들면, 삼각형을 모은 후 사다리꼴도 같이 함께 섞는 것과 같은 경우다. 이 경우에 사다리꼴의 각은 영아에게 있어서 삼각형의 각과 같이 받아들여진다.

5 하위단계 5(유사 개념적 복합성의 단계)

참다운 개념적 사고에 따른 집단적 분류라고 생각되나 영아는 이 시기에 집단에 붙인 명칭을 설명하라고 하면 집단 분리에 사용된 조건을 합리적으로 설명할 수 없다. 이러한 유사 개념적 사고는 복합적 사고로부터 참다운 개념적 사고로의 이행기를 나타낸다.

(3) 개념적 사고단계

이 시기에 영아는 정확히 추상하던 특징을 새롭게 통합해 사고한다. 여기서의 통합은 안정되고, 마음 가운데 안착되고, 사고의 주된 도구가 된다. 영아는 자기의 통합, 분석의 개념으로 사물을 보아간다. 그러나 청년기에 들어가서 개념적 사고는 불안정하고, 언어만의 상황보다도 사물을 지시하고 있는 구체적 상황으로부터 더욱 일관성이 있다.

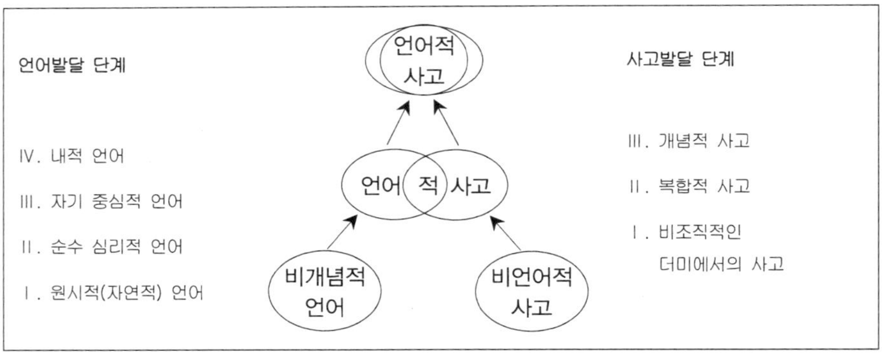

[그림 2-3] 사고와 언어의 일반적인 발달단계

[그림 2-3]의 사고와 언어의 일반적인 발달단계를 도식화한 것이기는 하지만 이 두 개의 원의 관계는 실제로는 훨씬 복잡하다고 할 수 있으며, Vygotsky 역시 이 두 개의 원의 관계가 명확하게 밝혀진 것은 아니라는 점을 인정하고

있다. 그러면서도 Vygotsky는 사고와 언어가 서로 평행하게 발달해 가는 것은 아니며 그들 두 개의 성장곡선은 교차하고 또 교차한다. 그들은 일직선을 이루며 서로 나란히 나가기도 하고, 또 때로는 서로 일치되기도 하지만 결국은 언제나 다시 떨어지게 된다.

4) 근접발달영역(ZPD)

Vygotsky의 가장 탁월한 업적 중의 하나는 근접발달영역(ZPD: the zone of proximal development)에 대한 주장이다. 근접발달영역이 영아 스스로의 독립적인 문제해결이 가능한 실제적 발달수준과 성인의 도움을 받아 해결할 수 있는 잠재적 발달수준과의 차이라고 할 수 있다.

성인들은 종종 직면한 문제에 대해 사고함으로써 영아들을 도와 준다. 예컨대, 성인들이 퀴즈를 풀거나 산수 계산을 할 때 영아를 도와 준다(조력행위). 그러나 아무리 명료하게 설명한다 하더라도 영아의 능력밖에 있는 문제들이 있다. 그러므로 그는 영아가 혼자서는 해결할 수 없지만 성인이나 뛰어난 동료와 함께 학습하면 성공할 수 있는 영역이 있다는 것이다. 이러한 영역을 그는 근접발달영역(근접발달대, zone of proximal development: ZPD)이라고 불렀다.

근접발달영역에 위치하는 영아에게는 구조화를 형성할 수 있는 단서를 제공하거나, 세부사항과 단계를 기억할 수 있도록 조력하고, 꾸준히 시도하도록 격려하는 도움이 필요하다.

Vygotsky는 인지발달이 영아와 성인 또는 뛰어난 영아들과의 상호작용을 통해서 발달된다고 보았다. 그들은 영아가 지적으로 성장하는 데 필요한 요소를 지원하는 안내자 또는 교사의 역할을 할 수 있다. 이러한 힌트와 조언은 영아들이 결국 도움 없이 과제를 수행할 수 있을 때까지 도움을 준다. 구체적 예를 들면, 유치원생들은 부모로부터 도움을 받아 이야기를 서술할 수 있다. 이런 도움은 유치원생이 그것을 받아 적고 내용에 단어를 모방하여 보여줌으로 부모들이 엮어 내는 이야기를 포함할 것이다. 이 이야기 작문과제는 유치원생의 근접발달영역에 있다.

이러한 도움(조력)을 그는 지적 발판(scaffolding, 또는 비계(飛階))라고 하였다. 건축가들은 건물이 서고 나면 단계적으로 발판을 제거한다. 마찬가지로 과제를 지니고 있는 영아를 조력하는 성인이나 연령이 높은 영아는 단계적으로 조언과 힌트를 없앤다. 이동이 실패하지 않도록 충분한 지지와 도움을 제공할 것이지만 결국 영아가 독립적으로 수행할 수 있을 때는 도움을 제거할 것이다. 그러므로 교사는 학생의 능력을 평가한 후, 학생들에게 문제해결 능력이 없다면 그들을 근접발달영역 내에 존재하도록 조절하는 것이 필요하다.

Vygotsky의 근접발달 지역에 대한 의미는 효과적인 학습을 위해서는 영아 자신이 이해에 도달해야 하면서 다른 영아들이나 교사의 지원이 가능한 상황에 놓여 있어야 함을 뜻한다. 때로는 가장 좋은 교사는 그 문제를 막 이해한 다른 영아가 될 수도 있다. 그 영아는 바로 학습자의 근접발달 지역에 위치하고 있기 때문이다.

Vygotsky에 의하면 발달의 어떤 주어진 시점에서 영아가 해결할 수 있도록 가까이 근접된 어떤 문제들이 있다. 근접발달 지역은 어린이가 혼자서는 문제를 해결할 수 없지만, 성인의 안내나 더 앞선 친구들과 협력하면 성공할 수 있는 지역을 의미한다.

물론 Vygotsky의 근접발달영역의 개념은 하나의 가정에서 출발하고 있다. 일부에서는 이 개념이 매우 모호하다고 비판을 하고 있다. 특히 교사들은 학생의 잠재적 수준을 어떻게 파악하여 지도를 해야 되는가 하는 의문을 제기하고 있다. 여기에 대하여 Vygotsky는 서로 다른 교수 활동이 제공되었을 때 서로 다른 근접발달영역이 형성된다고 주장하고 있다.

인지발달과 학습에 있어서 사회 문화적 성질을 강조하는 Vygotsky 이론은 교육과 관련하여 중요한 시사점을 제공한다.

Vygotsky의 관점에서는 수업이 발달에 선행하는 것이 바람직하다. 즉, 수업은 근접발달영역에 작용하여 영아들의 잠재적인 능력을 깨우치도록 하는 것이다. 따라서 교사는 영아들의 인지발달을 이끌기 위해서는, 이동의 근접발달영역을

찾아내야 할 것이다. 영아의 능력을 최대한 개발하기 위해서는 높은 수준의 복잡한 내용을 보다 체계적으로 가르쳐 영아들을 이끌어야 한다고 한다. 이러한 도움을 주는 과정은 현재의 수준을 바탕으로 하여 이해의 틀을 지탱하는 발판(scaffolding)을 제공하는 것으로 보는 것이다.

Vygotsky의 관점에서 보면 영아의 인지세계는 사회제도, 관습, 문화적 유산과 관련되어 있다. 따라서 인지발달은 이러한 세계를 이해하여 나가는 과정이다. Vygotsky의 근접발달영역 이론이 교육의 실제에 대한 시사점은 다음과 같다.

첫째, 학교는 학생의 인지발달에 중요한 영향을 줄 수 있다. 그는 인지발달에 대한 충분한 이해가 교수활동의 성패를 좌우한다고 보았다. Vygotsky에 의하면 영아에게 현재의 능력을 넘어서는 과제를 부여하고 조언과 도움을 줌으로써 그들의 지적 발달을 촉진시키는 것이 교사의 역할이다.

둘째, 효과적인 교수는 근접발달영역 안에서 이루어진다. 근접발달영역의 개념을 교육현장에 적용시키기 위하여 교사들이 학생들의 내적 발달과정을 분석한다면 수업은 인지발달을 촉진시킬 수 있는 수단이 될 것이다. 영아가 누군가의 도움을 받아 과제를 수행할 수 있다면 언젠가는 혼자서도 할 수 있을 것이기 때문이다.

셋째, 바람직한 교수활동은 현재의 발달수준보다 조금 앞선 내용을 가르침으로써 발달을 주도하는 것이다. 즉, 가르치는 것이란 학생들에게 완전하고 정확한 이해의 틀을 받쳐 주는 발판을 제공할 수 있는 것임을 말한다.

9. Pavlov의 고전적 조건형성론

현대 학습이론의 아버지는 러시아 출신의 Ivan Petrovich Pavlov(1849~1936)이다. 오랫동안 그는 생리적인 연구에 전념하였으며, 1904년에는 소화계통에 관한 연구로 노벨상을 받았다. 50세가 된 Pavlov가 그의 유명한 연구인, 조건반사에 대한 연구를 시작한 것은 상을 타기 바로 직전이었다.

1) 고전적 조건형성 모형

개를 어두운 방에서 함부로 날뛰지 못하도록 하는 장치에 매어 놓고 나서 전등을 켠다. 30초가 지난 후에는 음식을 개의 입에 넣어 주어 타액분비반사를 유발한다. 이러한 절차를 몇 차례 반복하는데, 불빛이 켜질 때마다 음식을 준다. 한참 후에, 처음에는 타액분비와 아무런 관계가 없었던 불빛만으로도 타액분비반응을 일으키게 된다. 이 개는 불빛에 대해 반응하도록 조건형성된 것이다.

Pavlov의 용어로 말하면 음식을 제시하는 것을 무조건 자극(US: unconditional stimulus)이라 한다. 즉, 동물로 하여금 음식에 대해 침을 분비하도록 조건형성시킬 필요가 없다. 이에 반해 불빛은 조건 자극(CS : conditional stimulus)이다. 즉, 침을 분비하도록 하려면 조건형성이 필요하다. 음식에 대해 침을 분비하는 것을 무조건 반사(UR: unconditional reflex), 불빛에 대해 침을 분비하는 것을 조건 반사(CR : conditional reflex)라 하며, 이러한 과정을 고전적 조건형성이라 부른다.

이 실험에서 독자들이 주목해야 할 점은, CS가 US보다 먼저 주어진다는 것이다. 즉, Pavlov는 음식을 제시하기 전에 불빛을 먼저 주었다. 그가 제기한 의문점 중의 하나는, 이것이 조건형성시키는데 가장 좋은 순서인가 하는 것이었다. 그와 그의 제자들은 위에 말한 순서가 맞다는 것을 발견하였다. CS가 US 후에 주어지면 조건형성이 되기가 상당히 어렵다. 최근의 연구들은 CS가 US보다 0.5초 가량 먼저 주어졌을 때 조건형성이 가장 잘 이루어진다는 사실을 시사해 주고 있다.

2) 소거

조건형성이 한 번 이루어졌다고 해서 조건자극이 계속해서 영원히 작용하는 것은 아니다. 예를 들면 Pavlov는, 비록 불빛을 타액분비를 위한 CS로 만들 수는

있으나 만약 음식 없이 불빛만 몇 번 제시하면 불빛은 그 효과를 잃기 시작한다는 사실을 발견했다. 침의 분비량은 점점 적어져 마침내는 전혀 분비되지 않는다. 이 때가 바로 소거(extinction)가 일어난 때인 것이다.

또한, 비록 조건 반사가 소거된 것처럼 보이지만, 보통 자발적 회복(spontaneous recovery) 현상도 있다는 사실을 발견했다. 예를 들면, 한 실험에서 개로 하여금 음식을 보는 것만으로, 즉 CS에 침을 분비하도록 훈련시켰다(전에는 음식이 입 안에 있을 때만 침을 분비하였다). 다음에는 CS만을 3분 간격으로 6번 주었는데, 6번째에는 이미 침을 분비하지 않았다. 따라서 반응은 소거된 것처럼 보였다. 그러나, 실험이 중단된 2시간 후에 CS만을 주었는데도 다시 상당량의 침을 분비하였다. 따라서 이 반응은 자발적으로 회복된 것이다. 만일 CS와 US를 주기적으로 다시 짝지어 주지 않으면서 이 반응을 계속 소거시키기만 한다면 이 자발적 회복 효과도 사라질 것이다.

3) 자극일반화와 변별

(1) 자극일반화

비록 하나의 반사가 단 하나의 자극에만 조건형성될지라도, 그 특정 자극만이 그 반사를 유발하는 것은 아니다. 반응은 더 이상의 조건형성을 시키지 않더라도 비슷한 자극들에 대해 자극일반화(stimulus generalization) 되는 것 같다.

예를 들면, 어떤 음조의 종소리에 침을 분비하도록 조건형성된 개는 다른 음조의 종소리에도 또한 반응한다. 유사한 자극이 반응을 생성해 내는 능력은 원래의 CS와 유사한 정도에 따라 다르다. Pavlov는, 그 자신이 확연(擴延, irradiation)이라고 명명한 기저 생리적 과정 때문에 자극일반화가 일어난다고 믿었다. 최초의 자극은 뇌의 특정 부위를 흥분시키고, 이것은 다시 대뇌의 다른 부위에 확연 또는 확산된다는 것이다.

(2) 변별

처음의 일반화는 차차 분화과정으로 대치된다. 예를 들면, 만일 다른 음조의 종을 계속 울린다면(음식은 주지 않고), 개는 원래의 CS에 가장 가까운 음조에만 국한하여 좀더 선택적으로 반응하게 된다. 또한, 한 음조의 소리에는 음식을 주고 다른 음조에는 음식을 주지 않음으로써 능동적으로 변별(discrimination)을 일으킬 수도 있다. 이를 자극변별 현상이라 부른다.

4) 고차적 조건형성

Pavlov는 일단 개를 CS에 확고하게 조건형성시키면 이 CS만을 가지고 또다른 중성자극에 연결시켜 조건형성시킬 수 있다는 것을 보여 주었다.

예를 들면, 한 실험에서 Pavlov의 제자는 개로 하여금 종소리에 침을 분비하도록 훈련시킨 다음, 종소리만 검은 사각형과 짝을 지어 제시했다. 많은 시행 후에는 검은 사각형만으로도 타액분비 반응을 일으켰다. 이것을 2차 조건형성이라 한다. Pavlov는 3차 조건형성(higher order conditioning)도 어떤 경우에는 가능하다는 사실을 알았으나 그 이상은 하지 못했다.

10. Skinner의 조작적 조건형성론

B. F. Skinner는 1905년에 펜실바니아의 Susquehanna의 조그만 마을에서 태어났다. Skinner도 Watson처럼 엄격한 행동주의자이다. 그는 유기체가 유전적 자질을 갖고 태어난다는 것을 인정하지만, 그는 주로 환경이 어떻게 행동을

통제하는지에 관하여 관심을 가졌다. Skinner가 연구한 조건형성의 주요 모델은 Pavlov식 조건형성이 아니다. Skinner의 말에 의하면, Pavlov가 연구한 조건형성은 반응적 행동에 관한 것이다. 이러한 행동은 이미 알려진 자극에 의해 자동적으로 유발되는 반응이다. 예를 들면, 음식섭취는 자동적으로 타액분비를 유발하며, 큰 소리의 소음은 자동적으로 놀라는 반응을 유발한다. 대부분의 반응적 행동들은 대개 단순한 반응들이다.

1) 조작적 행동

Skinner가 가장 흥미를 느낀 두 번째 부류의 행동은 조작적 행동이라 불리운다. 조작적 행동에서는, Pavlov의 개처럼 동물을 우리 안에서 묶어 놓지 않고 자유롭게 움직이게 하여 환경에 대해 '조작을 하도록' 한다. 예를 들면, Thorndike가 행한 초기 실험에서 퍼즐상자 안에 있는 고양이는 냄새를 맡거나 발톱으로 할퀴어 보고 높이뛰기도 하다가 우연히 걸쇠를 당기는 반응을 하게 되며, 이로 인해 음식을 얻어 먹게 된다.

따라서 이러한 성공적인 반응은 다시 일어날 가능성이 커진다. 이러한 경우, 이 반응을 자동적으로 유발한 사전 자극을 언제나 찾아볼 수는 없다. 오히려 동물은 반응을 방출하고, 그 중 어떤 반응들은 유리한 결과를 가져오기 때문에 미래에도 일어날 가능성이 더 많아진다. Skinner의 용어로 말하면, 행동은 그 행동 뒤에 나타나는 강화자극에 의해 통제된다.

조작적 조건형성을 연구하기 위해서, Skinner는 'Skinner상자'라 불리우는 장치를 만들었다. 이것은 작은 상자인데, 이 안에서 동물은 마음껏 돌아다닐 수 있도록 되어 있다. 한쪽 구석에는 지렛대가 있고, 이것을 누르면 자동적으로 먹이조각이나 물이 나온다. 쥐와 같은 동물은 처음에는 이리저리 돌아다니다가 마침내 지렛대를 누르게 되고, 그럼으로써 보상을 받게 된다. 시간이 흐름에 따라 동물은 지렛대를 더 자주 누른다. Skinner에 의하면, 가장 중요한 학습의 척도는 반응률이다. 즉, 반응이 강화되면 반응의 발생률은 증가한다. Skinner의 장치에서, 지렛대를 누르는 것은 자동적으로 그래프에 기록되므로 실험자가 장시간 동안 그 옆에 있을 필요가 없다. 그 자료는 학습곡선으로 나타나기 때문이다.

Skinner는 조작적 행동이 반응적 행동에 비해 인간생활에서 훨씬 더 중요한 역할을 한다고 믿고 있다. 이를 닦거나 차를 운전하거나 책을 읽을 때, 우리의 행동이 특정 자극에 의해 자동적으로 유발되는 것은 아니다. 예를 들어, 밝은 불빛이 자동적으로 눈을 깜박이게 하는 것과는 달리 책을 단지 쳐다보는 것만으로 독서반응이 유발되는 것은 아니다.

우리는 과거에 경험한 독서의 결과에 따라 책을 읽을 수도 있고, 읽지 않을 수도 있다. 만약 책을 읽음으로써 좋은 성적과 같은 보상을 받았다면, 우리는 그러한 행동을 할 가능성이 더 커진다. 즉, 행동은 그 행동의 결과에 의해 결정된다.

2) 조건형성의 원리

(1) 강화와 소거의 원리

Skinner학파 학자들은 많은 실험을 통해, 영아기에서부터 시작하여 영아의 행동은 강화자극에 의해 통제될 수 있다는 것을 보여 주었다. 예를 들면, 영아들은 빨아서 달콤한 액체를 먹게 되면, 달콤하지 않은 액체를 빠는 것보다 빠는 반응률을 증가시킨다. 이와 마찬가지로, 영아의 미소나 발성률도 그 행동에 대해 실험자가 미소를 짓거나, 토닥거려 준다거나, 주의를 기울여 주는 등의 보상과 관련시킴으로써 증가시킬 수 있다.

이와 같은 실험에서, 실험자는 여러 가지 다른 종류의 강화물들을 다루게 된다. 음식이나 고통제거 같은 강화물들은 1차 강화물이며, 이들은 '자연적인' 강화속성을 갖고 있다. 이와는 달리, 성인의 미소나 칭찬 또는 주의를 기울여 주는 것 같은 강화자극을 조건형성된 강화물이라 한다. 이들의 효과는 1차 강화물과의 빈번한 연합에 의해서 나타나는 것이다.

조작적 행동도 반응적 행동과 마찬가지로 소거되기 쉽다. 예를 들면, 영아들은 "단지 주의를 끌기 위해서" 어떤 짓들을 하기 때문에, 지나치게 울거나 격렬한 투정을 하는 것과 같은 바람직하지 않은 행동들은 그러한 일이 발생할 때마다 주의를 기울여 주지 않고 계속 내버려 둠으로써 소거시킬 수 있다.

한편, 분명히 소거된 것처럼 보이는 조작적 행동도 자발적 회복을 보일 수 있다. 예를 들면, 주의를 기울여 주지 않음으로써 소거되었던 격렬한 투정은 새로운 상황에 놓여지게 되면 다시 또 나타나기 시작한다. 그러므로 이러한 행동은 더 소거되어져야 한다.

(2) 즉시강화의 원리

강화의 즉각성은 Skinner는, 반응에 대해서 즉시 강화해 줄 때 그 반응률이 가장 높아진다는 것을 발견하였다. 예를 들면, 쥐는 지렛대를 누르고 나서 그 즉시 먹이알을 받아 먹게 될 때에만 지렛대를 누르는 비율이 높아진다. 이 원리는 영아양육에 있어서 중요한 것이다. 예를 들면, 만약 어떤 아버지가 그의 아들이 슬리퍼를 갖다 줄 때마다 즉시 기쁨을 표시하면, 이 아이는 다음날도 그 행동을 반복할 것이다. 그러나, 만약 아버지가 무엇인가에 정신을 빼앗겨서 아들의 행동을 강화하는 것을 한동안 연기했다면, 이 아이의 행동은 증가되지 않을 것이다. 사실, 강화되는 것은 강화받는 순간의 행동이다. 예를 들면, 만약 강화받는 순간에 아들이 벽돌을 쌓고 있었다면, 강화되는 것은 슬리퍼를 가져다 주는 행동이 아니라 벽돌을 쌓는 행동이다.

(3) 변별자극의 원리

변별자극은 우리는 조작적 조건형성이, 반응을 일으키는 처음 자극을 염두에 두지 않고서도 설명될 수 있다고 말했다. 이것은 사실이지만, 그렇다고 하여 이와 같은 자극들이 중요하지 않다는 뜻은 아니다. 반응에 선행하는 자극은 그 반응에 대한 상당한 통제력을 가질 수도 있다.

예를 들면, Skinner는 비둘기가 목을 뻗칠 때마다 강화를 주었다. 이 때 Skinner는, 비둘기가 목을 뻗치도록 한 처음 자극에 대해 전혀 아는 바가 없었다. 그는 단지 비둘기가 그러한 반응을 방출하기를 기다려서 강화를 주었을 뿐이다. 그러나 다음에는, 신호불빛이 켜졌을 때만 그 반응에 대해 강화를 주었다. 몇 번 그렇게 한 후에, 비둘기는 불빛이 꺼졌을 때보다는 켜졌을 때 더 자주 목을 뻗쳤다. 즉, 불빛은 변별자극이 된 것이다. 불빛은 행동에 대한 강화가 주어지는 때를 나타내기 때문에 그 행동을 통제하게 된 것이다.

Skinner는 일상의 행동이 어떻게 변별자극과 결합되는지를 보여주는 많은 예를 들고 있다. 과수원의 경우, 빨갛게 익은 사과는 달고 그렇지 않은 다른 것들은 시다고 할 때, 빨간색은 따서 먹으면 바람직한 결과가 나온다는 것을 알려주는 자극이 된다. 이와 마찬가지로 어떤 사람이 미소지었을 때 그에게 접근하면 긍정적인 반응을 얻게 되리라는 사실을 우리는 알게 된다. 찡그렸을 때 접근하면 거절과 같은 혐오적인 결과를 얻는다. 이것이 사실인 한, 타인의 얼굴표정은 우리가 그에게 접근할 가능성을 통제하는 변별자극이 된다.

비록 변별자극이 상당한 통제를 하긴 하지만, 이러한 통제가 반응적 조건형성에서처럼 자동적인 것은 아니다. Pavlov의 실험에서는, 먼저 주어진 자극이 반응을 자동적으로 유발한다. 그러나 조작적 조건형성에서는 그러한 자극은 반응이 일어날 가능성을 높게 할 뿐이다.

(4) 일반화의 원리

반응적 조건형성에서처럼 조작적 조건형성에도 자극 일반화 과정이 있다. 아버지를 보면 '다다'라고 말하고 엄마나 형제를 보면 그러지 않도록 강화받은 어떤 영아가 있다고 하자. 여기서 아버지는 변별자극인 것이다. 그러나 이 영아가 길거리에서 만난 낯선 어른에게도 '다다'라고 말하는 것은 흔히 있을 수 있는 일이다. 즉, 자극이 일반화된 것이다. 이때 부모는 그 영아가 제대로 구별하도록

가르쳐야 한다. 부모는 이 영아가 아버지를 보고 '다다'라고 말하면 '옳지'라고 말해 주지만, 다른 어른을 보고 그럴 때는 그렇게 해 주지 않는다.

마찬가지로 반응 일반화도 볼 수 있다. 예를 들면, 말을 할 때 어떤 단어의 복수형을 사용하는 것에 대하여 강화받은 영아들은 강화받은 적이 없는 다른 단어의 복수형도 말하곤 한다. 즉, 강화는 특정 반응뿐 아니라 동일한 일반적 부류의 다른 반응에도 영향을 미친다.

(5) 행동조성의 원리

조작적 행동은 실무율(all or nothing)적으로 습득되어지는 것은 아니며, 보통 조금씩 점진적으로 학습된다. Skinner는, 비둘기에게 벽면의 한 지점을 쪼도록 학습시키는 것도 점진적으로 조성(shaping)되어져야 한다는 것을 보여주고 있다. 만약 우리가 비둘기를 상자에 넣고 그 지점을 쫄 때까지 기다린다면, 며칠 또는 몇 주일을 기다려야 될지도 모른다. 오랫동안 비둘기는 그 지점 근처에도 가지 않는다. 그러므로, 우리는 비둘기의 행동을 조성해야 한다. 먼저, 비둘기가 그 지점을 향해 돌아설 때 먹이를 준다. 그러면 이 행동의 빈도가 증가한다. 다음에는 그 방향으로 약간 움직일 때까지 먹이 주는 것을 보류한다. 이렇게 하여 비둘기가 벽면 앞에 다가갈 때까지 계속 강화해 준다. 이렇게 되었을 때 우리는 비둘기의 머리 움직임을 강화할 수 있게 되는데, 처음에는 앞으로 움직이기만 해도 먹이를 주다가 결국에 가서는 실제로 그 지점을 쪼았을 때만 강화한다. 이러한 과정을 통하여 우리는 점차 원하는 반응을 조성한다. 조성은 또한 '점진적 접근법'(method of approximations)이라고도 일컫는데, 이는 원하는 반응에 점점 더 접근할 때마다 강화가 주어지기 때문이다.

우리는 이와 같은 점진적 조성과정으로 여러 가지 기술을 가르친다. 예를 들면, 한 소년에게 야구 방망이를 휘두르는 것을 가르칠 때, 그가 방망이의 손잡이를 올바르게 쥐면 '좋아'라고 말해 준다. 그 다음에는 방망이를 어깨 위의 올바른 위치로 들었을 때 '옳지'라고 말해 준다. 그리고 나서 발자세, 수평으로 휘두르기 등으로 옮겨 가면서 점차적으로 완전한 행동을 조성한다.

(6) 행동연쇄의 원리

비록 행동이 점진적으로 조성된다고는 하지만, 결국은 좀더 길고 통합된 반응 연쇄(response chains)로 발달한다. 예를 들어 야구에서의 타격행동을 보면, 방망이를 들고 올바르게 잡고 발자세를 취한 후, 공이 제대로 오는 것을 쳐다보고, 방망이를 휘두르고, 베이스로 달려가는 등의 일련의 행동들이 포함된다. Skinner 학파 학자들은 이러한 각 단계를 강화와 자극의 관점에서 보려 했다. 방망이 가까이 가는 것은 그것을 잡는 것으로 강화되고, 이것은 다음 행동, 즉 올바로 잡는 것에 대한 자극이 된다.

일단 손으로 방망이를 잡으면, 올바르게 잡았다는 '느낌'을 갖게 된다. 이 '느낌'이 바로 강화이며 이는 또한 다음 행동, 즉 방망이를 어깨 위로 끌어올리는 행동을 유발한다. 잠시 후에는, 방망이로 공을 바르게 쳤다는 감각이 방망이를 휘두르는 행동을 강화하고 이것이 또한 다음 행동, 즉 베이스로 달려가는 행동을 유발한다. 소년이 좋은 타자가 되면, 이러한 모든 순서는 유연하고 통합된 양식으로 행해진다.

(7) 강화계획의 원리

Skinner는 우리의 일상 행동이 매번 연속적으로 강화되는 경우는 드물고, 대신 간헐적(intermittently)으로 강화된다는 것을 관찰했다. 우리는 스키를 타러 갈 때마다 항상 스키 타기에 좋은 눈을 발견하는 것은 아니며, 파티에 갈 때마다 항상 재미있는 것도 아니다. 따라서, Skinner는 여러 가지의 간헐적 강화계획의 효과에 대해 연구했다.

간헐적 강화가 고정간격(fixed interval) 계획에 의해 주어질 경우, 유기체는 특정한 시간이 지난 후의 첫 반응에 대해 강화를 받는다. 예를 들면, 비둘기는 원판을

쫀 후에 먹이를 받으나, 그 다음에 쪼는 행동이 강화를 받으려면 3분을 기다려야 하며, 그 다음에 또다시 3분을 기다려야 하는 과정이 계속된다. 이 계획하에서의 반응률은 대체로 낮다. 높은 반응률은 고정비율(fixed ratio)계획 때 얻어지는데, 예를 들어 비둘기는 항상 5번씩의 쪼는 반응 후에야 먹이를 받게 된다. 그러나 이 두 가지 계획 모두에서, 반응은 강화 후에 잠시 뜸해진다. 이것은 마치 비둘기가 다음 강화까지는 아직 멀었다는 것을 알고 있는 것 같이 보인다. 학생들은 흔히 학기말 리포트를 완전히 쓴 직후에 이런 효과를 경험하게 되는데, 이 때는 또다른 숙제를 시작하는 일이 힘들게 된다.

고정계획에 의해 반응이 뜸해지는 것은 강화를 예상할 수 없는 방식으로 변동시키면 피할 수 있다. 변동간격(variable interval) 계획하에서는, 평균적으로 볼 때는 일정 시간 후에 강화가 주어지는 것이지만 그 간격은 여러 가지의 간격으로 되어 있어 일정하지 않다. 변동비율(variable ratio) 계획하에서는 보상을 받기에 필요한 반응의 수를 변동시킨다. 이 두 계획을 적용하면, 유기체는 계속적으로 높은 반응률을 보이는 데, 특히 변동비율 계획하에서 그렇다. 보상이 언제 주어질지 모르기 때문에 유기체는 계속적으로 반응하게 된다.

Skinner의 가장 중요한 발견들 중의 하나는, 연속적으로 강화된 행동에 비해 간헐적으로 강화된 행동은 더 소거되기 힘들다는 사실이다. 이것은 많은 영아들의 좋지 않은 행동이 왜 제거되기 어려운가에 대한 이유이기도 하다. 예를 들어, 우리는 영아의 칭얼대며 조르는 행동을 항상 묵살할 수 있을는지는 모르나, 만약 가끔 한 번씩 들어주게 되면 이 아이는 계속 그런 행동을 유지하게 된다.

만약 바람직한 행동을 가르치고자 한다면, 처음에는 연속적인 강화를 주는 것으로 시작하는 것이 가장 효과적이다. 이러한 방식이 행동을 처음 시작하게 하는데 가장 효과적이기 때문이다. 그러나, 그 행동을 또한 오래 지속시키고 싶다면, 어떤 시점에서부터는 간헐적 강화계획으로 바꾸어야 한다.

(8) 벌의 원리

지금까지 우리는 정적(正的, positive) 강화(음식이나, 주의를 기울여 주는 것, 칭찬과 같은)를 통하여 행동을 통제하는 방식에 관해 논의해 왔다. 그러나, 부적(負的) 강화(negative reinforcement)나 또는 벌을 통해서도 행동을 통제할 수 있다. 기법상으로 볼 때, 부적 강화와 벌은 다른 것이다. 부적 강화란 혐오자극을 제거하는 것을 말한다. 이러한 방식으로 인해 기본적으로 강화되는 것은 혐오자극으로부터 도피하려는 경향인데, 이러한 예는 물 속에 뛰어들므로써 친구들로부터의 조롱을 피하는 것을 학습하게 되는 소녀에게서 볼 수 있다.

다른 한편, 벌을 줄 때는 그 행동을 강화하려는 것이 아니라 제거하려는 것이다. Skinner의 생각에 따르면, 벌은 "현대 생활에서 가장 보편적인 통제 기법이다. 이러한 유형은 잘 알려져 있다. 만약 어떤 사람이 당신이 원하는 대로 행동하지 않으면, 때려 눕혀라. 아이가 못된 짓을 하면, 두들겨 주어라. 어떤 나라의 국민이 못된 짓을 하면, 폭격해 버려라."

그러나 벌이 항상 효과적으로 작용하는 것은 아니다. 초기 실험에서 Skinner는 쥐가 지렛대를 누를 때마다 벌을 주었더니(지렛대가 뒤로 넘어갔다가 쥐의 다리를 세게 때리도록 하였다), 그 반응이 단지 일시적으로 억제된다는 사실을 발견했다. 결국, 벌은 소거보다 결코 반응을 더 빨리 제거하지 못했다. 이러한 발견은 일상생활에서도 마찬가지다. 부모가 아이를 때리면 한 동안은 잘하지만, 그 아이의 못된 행동은 후에 다시금 나타난다.

Skinner는 벌주는 것을 반대하는데, 벌이 원치 않는 부작용을 유발하기 때문이다. 예를 들면, 학교에서 꾸지람을 들은 아이는 곧 자신을 억제하거나 갈등을 겪는 것처럼 보인다. 아이는 두려운 결과 때문에 공부하는 것과 공부를 피하려는 것 사이에서 갈피를 못잡는다. 이 아이는 공부를 시작했다가는 그만두거나, 마음이 산란해지고, 서투른 행동을 하게 될지도 모른다.

Skinner는, 아동들을 벌주는 대신에 소거시키려고 노력하는 것이 좋다고 권고

한다. “만약 어떤 아동의 행동이 단지 부모를 화나게 함으로써 강화되어 왔다면, 이제 부모가 더 이상 화를 내지 않고 그대로 버려두면, 그 행동은 사라질 것이다.”

11. Watson의 정서의 조건형성론

Pavlov식 원리를 영아발달의 원리의 일부로 만드는 데 가장 큰 공헌을 한 사람은 John B. Watson(1878~1958)이다.

1913년에 Watson은, 「행동주의 입장에서 본 심리학」이라는 선언문을 발표함으로써 심리학에 큰 영향을 미쳤다. Watson은 이 논문에서, 과학으로서의 심리학에는 내성법에 의한 의식의 연구가 들어설 자리가 없다고 주장했다. 심리학은 “의식 · 정신상태 · 마음 · 만족 · 내성적으로 검증 가능한 상상 등과 같은 용어들”을 버려야 하며, 그 대신에 “행동의 예언과 통제”를 심리학의 목표로 삼아야 한다고 주장했다.

특히, 심리학은 자극 · 반응 · 습관형성만을 연구해야 하며, 이렇게 함으로써 심리학은 다른 자연과학과 마찬가지로 과학이 될 수 있다고 주장했다.

1년 후에 그는 조건반사에 대한 Pavlov와 러시아 사람들의 연구를 읽고 Pavlov식 조건형성을 사고의 초석으로 삼았다. 그리하여 1918년에는, 어린 영아에 대한 연구를 시작하여 발달의 문제에 학습원리를 적용시킨 최초의 주요한 심리학자가 되었다.

1) 환경론적 입장

Watson이 비록 생리적인 반응을 연구했다고는 하지만, 그는 기본적으로 환경론자였다. 그의 저서 「행동주의」에서 그는 다음과 같은 유명한 제안을 하였다.

"나에게 12명의 건강한 유아들과, 그들을 키울 잘 형성된 나 자신만의 특수한 세계를 제공해 준다면, 나는 그들 중 아무라도 택하여 훈련시켜 내가 원하는 유형의 전문가—그들의 재능이나 기호, 성향, 능력, 소질, 그리고 인종에 관계 없이 의사나 법률가, 예술가, 상인, 장관뿐만 아니라 거지, 도둑에 이르기까지—로 만들 수 있다고 장담할 수 있다."

2) 정서의 조건형성

(1) 조건자극과 정서반응

Watson의 주요 관심사 중의 하나는 정서의 조건형성이었다. 그의 주장에 의하면, 출생 직후에는 학습되지 않은 세 가지 정서반응—즉 공포, 분노, 사랑—만이 있다고 한다. 사실, 우리가 관찰할 수 있는 것이라곤 세 가지의 서로 다른 신체반응뿐이나 그것들을 간략히 정서라고 부르는 것이다.

1 공포

Watson에 의하면 공포를 느낀 유아는 갑자기 움찔거리거나 깜짝 놀라고, 숨을 가쁘게 쉬며, 주먹을 꽉 쥐고, 눈을 꽉 감거나 뒹굴고, 우는 등의 행동을 한다. 공포를 일으키는 무조건 자극은 단 두 가지 뿐이다. 하나는 갑작스런 소음이고, 다른 하나는 신체를 지탱하는 힘을 상실할 때(아기의 머리가 갑자기 뒤로 젖혀지는 경우처럼)이다. 좀더 나이든 영아들은 낯선 사람, 쥐, 개, 어둠 등과 같은 다양한 종류의 것들도 무서워한다. 그러므로 공포반응을 일으키는 대부분의 자극은 학습된 것임에 틀림없다. 예를 들면, 어린 소년이 뱀을 무서워하는 것은 그가 뱀을 볼 때마다 비명 소리에 놀랐기 때문이다. 즉, 뱀이 조건 자극이 된 것이다.

2 분노

분노란, 처음에는 학습되지 않은 반응으로서 신체동작을 구속하는데 대한 반응이다. 예를 들어, 만약 2세 된 여아를 붙들어서 가고 싶은 곳으로 못가게 하면,

그녀는 소리를 지르고 몸을 경직시키기 시작한다. 길 한가운데서 막대기처럼 뻣뻣하게 주저앉아 버린 채 얼굴이 새파랗게 질릴 때까지 고함지른다. 비록 분노가 처음에는 한 상황—강제로 붙잡혀 있는—에 대한 반응이지만 나중에는 다른 여러 상황에서도 나타난다. 즉, 영아들은 세수를 하라거나, 변기에 앉으라거나, 옷을 벗으라거나, 목욕을 하라는 등의 말을 들을 때에도 화를 내게 된다. 이와 같은 명령들은, 그러한 상황과 신체적 구속 사이에 연합이 되기 때문에 분노를 일으키게 된다. 예를 들면, 옷을 벗으라는 말에 영아는 화를 내는데, 이는 이 명령이 처음에 강제로 붙잡혀 있던 상황과 연합되기 때문이다.

③ 사랑

사랑이란, 처음에는 피부를 쓰다듬거나, 간지럽히거나, 가볍게 흔들거나, 톡톡 건드림으로써 자동적으로 일어나는 반응이다. 이 때 아기는 미소짓거나, 소리내어 웃거나, 즐거운 소리를 내기도 하며, 우리가 보기에 다정하고 유순하며 상냥한 반응들을 한다. 비록 Watson이 Freud의 이론을 빌려온 것은 아니지만, 그런 반응들은 "특히 젖꼭지, 입술, 성기와 같은 소위 성감대라고 부를 수 있는 부위를 자극함으로써 유발하기 쉽다"는 것에 주목하였다.

유아는, 처음에는 어떤 특정인에게 애정을 느끼지 않지만 곧 애정을 느끼도록 조건형성된다. 엄마의 얼굴은 흔히 아기 자신을 톡톡 건드려 주거나, 흔들어 주거나, 간지럽혀 주는 행동과 함께 나타나므로, 엄마의 얼굴은 그 자체로서 엄마에 대해 좋은 감정을 일으키는 조건 자극이 되는 것이다. 후에는, 어떤 식으로건 엄마와 연합된 사람들이면 모두 이와 같은 반응을 일으키게 된다. 그러므로, 타인에 대한 부드럽거나 긍정적인 감정은 2차 조건형성을 통해 학습되어진다.

(2) 공포 조건형성의 실험

사실, 정서에 관한 Watson의 대부분의 글들은 매우 사색적이었으며 게다가 비체계적인 사색이었다. 그의 말에 따르면 세 가지의 기본정서는 다른 여러 자극에도 연합되며, “이러한 반응들과 이것들의 변형들에 덧붙여진 것들이 매우 많다” 고 말하였다. 그러나 이 이후의 정서발달이 어떻게 발생하는지에 관해서는 거의 언급하지 않고 있다. Watson의 독특한 점은 그가 한 실험연구인데, 그의 주요 실험은 Albert라고 불리우는 11개월 된 유아의 공포 조건형성에 대한 것이다.

Watson은 Albert가 흰쥐에 대해 공포를 갖도록 조건형성시킬 수 있는지 알아보고자 했다. 실험의 시초에 Albert는 그러한 공포를 보이지 않았다. 그 후, 네 번에 걸쳐 쥐를 보여주면서 그와 동시에 Albert의 머리 뒤에서 막대기를 세게 두드려 놀라는 반응을 일으켰다. 다섯 번째 시행에서, Albert는 쥐만 보고도 얼굴을 찡그리고 울면서 움츠렸다. 즉, 그는 쥐를 두려워하도록 조건형성된 것이다. 보다 충분하게 하기 위해서 다시 두 번 더 쥐와 큰 소리를 함께 제시하고, 다음 시행에서는 쥐만 제시했더니 Albert는 울면서 되도록 빨리 먼 곳으로 기어가려고 애썼다.

며칠이 지난 후에 Watson은 자극일반화에 대해 조사했다. 그들은, Albert가 여러 사물들을 갖고 놀지만 털이 난 것은 모두 무서워하는 것을 발견했다. 즉, Albert는 토끼나 개, 털코트, 면화솜, 산타할아버지 가면 등을 볼 때마다 안달하면서 울었다. 그런데, 전에는 이러한 것들을 무서워해 본 적이 없었다. 따라서 Albert의 공포는 털이 있는 모든 대상에 일반화된 것이다.

12. Bandura의 사회학습이론

Albert Bandura는 캐나다의 Alberta 지방에서 1925년에 태어났다. Bandura는, 우리는 사회적 상황 속에서 모방을 통하여 많은 것을 학습한다고 주장했으며, 행동수정의 개척자 중의 한 사람으로 그리고 공격성이론에서 명성을 얻고 있는 학자로 인정받고 있다.

1) 관찰모방학습

(1) 관찰모방학습과 모델

Skinner이론에서 보면, 학습은 흔히 유기체가 배우기 위해서는 행동해야만 하는 점진적인 과정으로 보인다. 유기체는 반응을 방출하며, 이 반응은 점차로 그 반응의 결과에 의해 조성되어진다. 그러나 Bandura는, 사회적 상황 속에 있는 사람들은 단순히 다른 사람들의 행동을 관찰함으로써 훨씬 더 빨리 학습한다고 주장한다. 예를 들면, 영아들이 새노래를 배우거나 그들의 부모를 흉내낸 소꿉놀이를 할 때, 이들은 종종 새로운 행동의 긴 계열을 즉각적으로 재현한다. 그들은 단지 관찰만으로 새로운 행동의 큰 부분들을 순식간에 획득하는 것처럼 보인다.

관찰은 또한 새로운 행동이 가져올 가능한 결과도 알려 준다. 즉, 우리는 다른 사람들이 새로운 행동을 시도할 때 어떤 결과가 나타나는지를 보게 된다. Bandura는 이러한 과정을 대리적 강화라고 부른다. 대리적 강화 역시 하나의 인지적 과정이다. 우리는 자신이 어떤 직접적인 행동을 하지 않고도 우리 자신의 행동의 결과에 대해 예상할 수 있다.

우리는 많은 종류의 모델을 통하여—살아있는 모델뿐 아니라 텔레비전을 보건, 책에서 읽는 것과 같은 상징적 모델을 통하여—학습한다. 상징적 모델의 또다른 형태는 언어적 지시인데, 예를 들어 운전교습소에서 강사가 우리에게 운전하는 행동을 묘사할 때와 같은 경우다. 이런 경우, 우리는 강사의 시범과 더불어 언어적 묘사에 의해 알아야 할 대부분의 것들을 배운다. 이것은 참 다행스러운 일이다. 왜냐하면, 만일 전적으로 우리 자신의 행동에 의해서만 운전을 배워야 한다면, 우리들 중 살아남는 사람은 거의 없을 것이기 때문이다.

(2) 관찰모방학습의 4부분 모형

1 주의과정

무엇보다 먼저, 모델에 주의를 기울이지 않는다면 모델을 모방할 수 없다.

모델들은 특색이 있으며, 성공이나 명성, 세력, 그리고 다른 매력적인 특성들을 갖추고 있기 때문에 흔히 우리의 주의를 끈다. 특히 텔레비전은 매력 있는 특성들을 갖춘 모델을 성공적으로 제시하여 우리의 생활에 지대한 영향을 준다.

주의는 또한 관찰자의 욕구와 흥미 같은 심리적 특성들에 의해 좌우된다. 그러나 이러한 변인에 대해서는 별로 알려진 것이 없다.

2 파지과정

흔히는 모델을 관찰한 후 어느 정도의 시간이 지난 다음에 그 모델을 모방하기 때문에, 모델의 행동을 상징적인 형태로 기억하는 어떤 방식을 가져야만 한다. Bandura는 이러한 상징적 과정을 자극연합(stimulus contingency)—즉, 동시에 발생하는 자극들 사이의 연합—이라는 용어로 설명했다. 예를 들면, 한 남자가 새로운 도구인 드릴을 사용하고 있다고 가정해 보자. 우리는 그가 어떻게 끝을 조이고 어떻게 꽂는다 하는 등을 볼 수 있다. 이런 과정이 지난 후에는, 단지 드릴만을 보고도, 연합된 많은 이미지가 떠오르게 되며. 이러한 것들이 우리의 행동을 이끈다.

위의 예에서, 자극들은 모두 시각적이다. 그러나 Bandura의 말에 의하면, 우리는 보통 이러한 자극들을 언어적 부호와 연합시킴으로써 사상들을 기억한다고 한다.

5세 정도나 그 이하의 어린 영아들은, 아직 단어로 사고하는 데에 익숙치 못하므로 아마도 시각적 영상에 매우 많이 의존해야 할 것이다. 이 점이 그들의 모방 능력을 제한시킨다. 따라서 이들에게 언어적 부호를 사용하도록 가르침으로써—그들이 모델을 보고 있는 동안에 모델의 행동을 언어적으로 묘사하도록 요구함으로써—모방을 증진시킬 수 있다. 그러나, 이와 같은 지시가 나이가 더 든 영아들—소리를 내지 않고도 자발적으로 언어적 부호화를 할 수 있는 영아들—에게도 도움이 될는지는 분명하지 않다.

언어적 부호화는 언어적 암송과는 구별된다. 암송은 되풀이하여 행동을 묘사하는 것을 포함하는데, 이렇게 함으로써 후에 그 행동을 더 잘 기억할 수 있게

된다. 암송 기법은 대부분의 사람들에게 회상을 증진시켜 주는 것으로 보인다.

3 운동재생 과정

행동을 정확하게 재생(reproduction)하려면, 필요한 운동기술을 갖추어야만 한다. 예를 들면, 한 소년이 아버지가 톱을 사용하는 것을 지켜볼 수는 있으나, 신체의 힘과 민첩성이 부족하기 때문에 제대로 모방할 수가 없다. 관찰을 통해서는 단지 새로운 반응패턴(예, 어떻게 나무를 올려 세우고, 어디에 톱을 대는지 등)은 알 수 있게 되지만 새로운 신체적 능력(예, 힘으로 나무를 자르는 것)을 얻지는 못한다. 이러한 신체적 능력에는 신체적 성장과 연습이 있어야 한다.

Bandura는 그 이전의 인지학습 이론가들처럼 새로운 반응의 획득과 수행을 구별하였다. 사람은 하나의 모델을 관찰하여 새로운 지식을 획득할 수는 있으나, 그 반응들을 수행할 수도 있고 혹은 수행하지 않을 수도 있다. 예를 들면, 한 소년이 이웃 사람이 어떤 비속한 말을 사용하는 것을 듣고서, 그러한 새로운 단어들을 배울 수는 있으나 그 단어들을 재생하지는 않을 수도 있다.

수행은 강화와 동기적 변인들에 의해 좌우된다. 즉, 보상을 얻게 될 것 같으면 우리는 실제로 타인을 모방할 것이다. 부분적으로는 과거에 받은 직접적인 강화도 중요하다. 위의 예에서, 만일 그 소년이 과거에 욕설을 하는 것에 대해 존경과 찬사를 받은 적이 있다면, 그는 그 이웃 사람을 모방하려 할 것이다. 반면에, 그러한 행동에 대해 벌을 받았다면, 그 이웃 사람을 모방하는 것을 주저할 것이다.

수행은 또한 대리적 강화—모델에게 발생한 결과를 보는 것—에 의해서도 영향을 받는다. 만일 그 이웃 사람이 욕설을 했을 때 이에 대해 칭찬받는 것을 본다면, 소년은 그를 모방할 것이다. 만일 그 이웃 사람이 벌받는 것을 본다면, 소년은 모방하려 하지 않을 것이다.

마지막으로서 수행은 자기강화—우리가 우리 자신의 행동에 대해 내리는 평가—에 의해서도 어느 정도 좌우된다.

4 강화

모델을 성공적으로 모방하기 위해서는, ① 모델에 주의를 기울여야 하고, ② 본 것을 상징적인 형태로 저장하는 어떤 방식을 갖추어야 하며, ③ 그 행동을 재생하기 위해 필요한 운동기술을 갖추어야 한다. 이러한 조건들이 갖추어지면, 모델을 어떻게 모방하는지를 알게 될 것이다. 그러나 아직 모방하지 않을 수도 있다. 실제의 수행은, ④ 강화 가능성에 따라 좌우되는데, 그 중의 많은 부분이 대리적 강화이다.

사실, 이 네 가지 요소가 완전히 분리된 것은 아니다. 특히 강화 과정은 주의를 기울이는데 영향을 준다. 예를 들면, 우리는 흔히 강력하고 유능하며 권위 있는 모델에게 주의를 기울인다. 왜냐하면, 열등한 모델보다는 그러한 모델을 모방하는 것이 보다 긍정적인 결과를 가져온다.

2) 사회성 발달

(1) 공격성

앞서 언급한 Bandura의 4부분 모형(4-part model)은 모방학습에 대한 정교한 분석을 제공한다. Bandura의 주요 관심은 사회화 과정—사회가 그 구성원들을 사회적으로 용인되는 방식으로 행동하도록 유도하는 과정—에 있다.

Bandura는, 다른 행동뿐 아니라 공격성의 사회화도 부분적으로는 조작적 조건형성의 문제라고 믿는다. 예를 들면, 부모나 다른 사회화 주관자는 영아가 사회적으로 적합한 방식(예, 게임이나 사냥에서)으로 공격성을 표현할 때는 보상을 주고, 사회적으로 용인될 수 없는 방식(예, 나이 어린 아이를 때릴 때)으로 공격성을 표현할 때는 벌을 준다.

그러나 사회화 주관자는 또한 다양한 종류의 모델을 제시함으로써 영아들에게 많은 것을 가르치기도 한다. 영아들은 공격적인 모델을 관찰하고, 그 모델이

언제 강화받는지를 주시하며, 이에 따라서 모방한다. Bandura는 몇 가지 실험에서 이러한 과정을 조사해 왔으며, 이 실험들 중의 하나는 현재 하나의 고전으로서 간주되고 있다.

이 연구에서, Bandura는 4세 된 유아들에게 각각 한 남자 모델이 약간 새로운 공격적 행동을 하고 있는 영화를 보여 주었다. 이 모델은 Bobo인형을 넘어뜨리고는 그 위에 타고 앉아 "코 한방 먹어라, 픽!" "누워 있어!" 등과 같이 소리치며 주먹질을 하였다. 각 유아는 세 조건 중의 하나에 배정되었는데, 이 조건들은, 각 유아가 똑같은 영화를 보게 되지만 마지막 부분이 다르게 끝나는 것들이었다.

공격성-보상 조건에서는, 영화 끝장면에 가서 모델이 칭찬을 받고 선물도 받았다. 즉, 다른 어른이 나타나 모델을 '강한 챔피언'이라 불렀고 그에게 초콜릿과 음료수 등을 주었다.

공격성-벌 조건에서는, 모델을 '깡패'라고 욕하고 때려 주어 겁을 먹도록 하였다.

세 번째의 아무 결과도 없는 조건에서는, 모델의 공격적 행동에 대하여 상이나 벌 중 아무것도 주지 않았다.

영화가 끝난 후에, 각 유아는 즉시 Bobo인형과 다른 장난감들이 있는 방으로 안내되었다. 실험자는 일방경을 통하여 유아가 얼마나 자주 모델이 했던 공격적인 행동을 모방하는지 관찰하였다.

그 결과는, 모델이 벌받는 것을 본 유아들은 다른 두 집단의 유아보다 훨씬 덜 모방하였다는 것을 보여 주었다. 이렇듯 대리적 벌은 공격적인 반응의 모방을 감소시켰다. 공격성 보상 집단과 아무 결과도 없는 집단간에는 차이가 없었다. 이러한 결과는 공격성과 같이 전형적으로 금지되는 행동에 있어서 자주 발견된다. "이번에는 나쁜 결과가 나오지 않았다"는 것을 관찰하게 되면, 이는 대리적 보상만큼이나 쉽게 모방을 촉진시킨다.

이 실험에는 또한 첫 번 실험과 똑같이 중요한 두 번째 부분이 있다. 실험자는 영아가 있는 방에 들어가서, 각 영아에게 영화에서 본 것을 추가해서 재현한다면 주스와 예쁜 그림딱지를 주겠다고 말했다. 이러한 유인물은 완전히 세 집단간의 차이를 없애버렸다. 모든 아동들은—모델이 벌받는 것을 본 유아들을 포함하여—똑같은 정도로 모델을 모방했다. 따라서 대리적 벌은 단지 새로운 반응의 수행을 방해했을 따름이지 그 획득을 방해한 것은 아니다. 공격성-벌 조건에 있던 유아들은 새로운 반응들을 학습하였으나, 새로운 유인물이 도입될 때까지는 그 반응들을 재생하려 하지 않았다.

위의 실험에서는 유아들이 새로이 획득한 반응을 수행한 것이지만, 모델들은 또한 이전에 학습한 같은 유목의 행동을 수행하는 데에도 영향을 줄 수 있다. 예를 들어, 한 소년이 폭력 영화를 본 다음 여동생에게 거칠게 행동했다고 하자. 그는 화면에서 본 행동을 실제로 모방한 것은 아니지만, 모델이 하는 것을 보고 이전에 학습한 그와 같은 종류의 행동을 해도 괜찮다고 생각한 것이다. 이런 경우, 그 행동은 탈억제(disinhibited)되었다고 말한다. 모델은 또한 이전에 학습한 행동을 억제시킬 수도 있는데, 이를테면, 교실에서 벌받는 어떤 소년을 본 소녀는 어떤 나쁜 일을 하고자 하는 자신의 충동을 억누르게 될 것이다.

(2) 성 역할

사회화되는 동안, 유아들은 자신의 성에 적합한 방식으로 행동하는 것을 배운다. 사회는 소년들에게는 '남성적' 특질을, 소녀들에게는 '여성적' 특질을 발달시키도록 격려한다.

물론 사회학습 이론가들이, 성 특질(sex traits)이 부분적으로는 유전적으로 연결되어 있을 수도 있다는 가능성을 부정하지는 않지만, 그들은 더 많은 것이 특히 사회화 과정과 모방의 역할에 관한 연구로부터 얻어질 것으로 믿는다.

성 역할의 학습에 있어서, 획득과 수행 사이의 구별은 특히 중요하다. 유아들은 관찰을 통하여 흔히 두 성에 관계된 행동을 모두 학습한다. 그러나 보통 그들 자신의 성에 적합한 행동만을 수행하는데, 왜냐하면 그렇게 하도록 강화를 받아왔기 때문이다. 예를 들어, 에스키모 소년, 소녀들은 그렇지 않은데 비해, 사냥을 하고 눈집을 짓는 것에 대해 어떻게 격려를 받는가를 말해 준다. 따라서 소년들만

이 통상 이러한 활동에 참여한다. 그럼에도 불구하고 소녀들은 소년들이 하는 것을 지켜보다가 비상시에는 소년들만큼 잘 하지는 못하지만 그와 동일한 기술을 수행할 수 있다. 소녀들은 그러한 기술을 연습해 보지 않았기 때문에 소년들만큼 잘 숙련되어 있지는 않지만, 단지 관찰만을 통해서도 그 기술들을 습득한다.

따라서, 사회적 강화는 소년, 소녀들이 관찰한 것을 제한하는 것이 아니고 단지 그들이 실행하는 기술의 범위를 제한할 뿐이다. 그러나 얼마 후에 유아들은 이성 모델에 대한 주의깊은 관찰을 멈추게 된다. 예를 들어, 한 소년이 다음과 같이 말하는 것과 같다. "내가 남자애들이 하는 일을 할 때만 사람들이 즐거워하는 것 같다. 그래서 나는 남자애들이 하는 일에만 더 세심한 주의를 기울이려 한다." 이와 같이, 사회적 강화는 심지어 관찰 과정 그 자체까지도 영향을 줄 수 있다. 이러한 가능성에 대한 지지는, 유아들이 특정 모델을 모방한 것에 대해 보상을 받을 때 그들은 그 모델의 후속 행동을 더 잘 기억한다는 것을 보여주는 실험으로부터 나왔다.

(3) 친사회적 행동

근래에 이르러 희사, 도움, 협동, 이타성 등과 같은 친사회적 행동의 본질과 그 근원에 관해 상당한 관심이 커지고 있다. 사회학습이론가들은, 적당한 모델에의 노출에 의해 친사회적 행동이 쉽게 영향을 받을 수 있다는 것을 보여 줌으로써 이 분야에서 선구적 역할을 해 왔다.

전형적인 연구에서, 7~11세 영아들에게 한 성인 모델이 볼링 게임을 하고서 자신이 받은 상금 중 얼마를 '불우유아기금'에 기부하는 것을 보여 주었다. 그 후 이 영아들도 혼자 이 게임을 하고서는, 이타적인 모델을 보지 못한 통제집단보다 훨씬 더 많은 기부를 했다. 게다가, 그러한 모델을 관찰한 영아들은 두 달이 지난 뒤, 전과 다른 실험자와 함께 전과는 다른 방에 있을 때조차도 더 많은 기부를 했다. 분명히, 관대한 모델에의 비교적 짧은 노출 조차도 유아들의 희사행동에 상당히 영속적인 영향을 준다.

수많은 실험에서, 모델이 영아들의 희사행동 뿐만 아니라 어려움 속에 있는 사람을 돕는 행동, 협동심 그리고 다른 사람들의 감정에 대한 그들의 관심 등에도 영향을 준다는 것을 보여 주었다. 이 영역에서의 실험적 발견은, 부모의 행동이 또한 그 자녀들의 이타성과 연결된다는 결과를 얻는 보다 자연상태에서의 연구에 의해서도 지지되는 것 같다.

13. 생태학적 이론

생태학적 접근이란 개인의 발달 과정을 개인과 환경의 상호작용과 제도적인 측면에서 이해하고자 하는 연구 방법을 말한다.

즉, 생태학적 이론은 인간발달이 성장하고 있는 인간 유기체와 환경 간의 상호작용의 산물이라는 행동과학적 기본원리를 취하고 있으며 환경적 상호연결성과 그 상호연결성이 심리학적 성장에 직접적으로 영향을 끼치는 힘에 대한 하나의 이론으로 대표적으로는 Urie Bronfenbrenner의 생태학적 체계이론과 Glen H. Elder의 생애이론이 있다.

1) Bronfenbrenner의 생태학적 체계이론

(1) 생태학적 체계이론의 기본입장

1 인간발달의 정의

인간발달이란 인간이 자신의 환경을 지각하고 다루는 방식의 계속적인 변화이다. 환경을 개념화하는 데 있어서 개인의 행동을 초월하여 환경 내의 기능적 체계와 환경 간의 기능적 체계들을 포함시키고, 수정되고 확장될 수 있는 체계로

까지 확장시킨 것이다.

2 생태학적 접근의 특징

Bronfenbrenner는 영아발달을 생태학적 모델로 보는 방법을 창안한 사람이다. 그는 영아가 사회라는 큰 틀 속에서 생물학적, 심리적, 사회적으로 적응하고 발달하는 존재라고 생각했으며 이는 과거보다 훨씬 더 복잡하고 포괄적으로 영아를 파악하는 것이다.

심리치료와 상담 분야에서는 인간의 심리내적인 면에 치중해서 인간을 설명했으나 임상가들이 정신분열증 환자나 비행청소년들을 치료해 본 결과 사회적 영향력을 배제하고 개인만을 치료할 수 없음을 발견했다. 그래서 사회적 맥락(social context)과 유기체-환경간의 상호작용을 강조하는 일반체계이론(general systems theory)을 가족상담에 적용하기 시작했다. 그러나 영아는 가정뿐만 아니라 다양한 위계를 가진 사회집단 속에 중복 소속되어 있고, 다양한 영향력을 동시에 받기도 하고 반응하고 있기도 하기 때문에 개인과 가족 외에 다른 사회체계—청소년 또래집단, 지역사회, 정치, 문화, 학교—가 고려되어야 한다는 주장이 제기된 것이다.

즉 Bronfenbrenner의 생태학적 이론은 유전적 요소, 가정의 역사, 사회 경제적 수준, 가정 생활의 질, 문화적인 배경의 발달과 관련된다고 본다.

인간의 발달을 이해하기 위해 우리는 발달이 일어나는 환경인 맥락을 고려해야 한다. 발달의 생태학적 접근방법(ecological approach method)에서 Bronfenbrenner는 발달적 영향에 관한 연구는 반드시 환경과 사람의 상호작용, 사람의 신체적·사회적 장면, 이들 장면과의 관계에서 개인의 상호작용, 그리고 어떻게 이들 전 과정이 이러한 장면이 포함되어 있는 사회에 의해 영향을 받았는지 살펴보아야 한다고 한다. 왜냐하면 실제 생활환경에서 성장하는 인간에게 발생하는 발달과정을 연구함으로써 좀더 확실히 인간발달을 이해할 수 있기 때문이다.

Bronfenbrenner에 의하여 완성된 생태학적 심리학 발달이론은 기본적으로 영아가 참여하게 되는 생활공간(환경)에서의 경험의 내용이 영아의 발달에 직접적으로 영향을 끼친다는 점을 강조한다. 이러한 환경의 중요성에 대한 지적은 교육 실천가와 이론가로 하여금, 영아의 발달을 연구하는데 있어서 영아가 학교에서 갖게 되는 전체적인 생활경험의 총체(인간관계, 역할, 그리고 활동)가 그 영아에게 심대한 영향을 끼친다는 점을 지각하도록 도움을 주고 있다. 그리고 교육과정 연구자에게는 학교가 영아에게 어떠한 생활경험을 제공하고 있는가를 분석해 볼 것을 요구한다.

Bronfenbrenner는 영아발달을 생태학적 모델로 보는 방법을 창안한 사람이다. 그는 영아가 사회라는 큰 틀 속에서 생물학적, 심리적, 사회적으로 적응하고 발달하는 존재라고 생각했으며 이는 과거보다 훨씬 더 복잡하고 포괄적으로 영아를 파악하는 것이다.

(2) 환경체계의 상호작용

그는 확장된 환경과 영아와의 상호작용을 중시하면서, 영아는 단순히 환경에 영향을 받는 존재가 아니라, 환경에 영향을 주기도 하는 능동적 존재임을 강조하였다. 이러한 생태학적 접근에서 영아에게 영향을 주는 환경은 미시체계, 중간체계, 외체계, 거시체계, 연대체계의 5가지 수준으로 구성된다.

1 미시체계

미시체계(microsystem)는 영아를 중심으로 가장 안쪽에 위치하는 환경으로서, 영아와 직접 접해 있는 환경 사이의 관계를 나타낸다.

미시체계는 가정, 친구, 학교, 교사, 이웃과 같은 환경을 말하며, 청소년들은 이들과 서로 상호작용하며 이는 발달에 영향을 미친다. 그렇지만 청소년은 이러한 상호작용에서 수동적인 영향만을 받는 것이 아니라 주변 환경을 구성하는 주도적인 역할을 한다. Bronfenbrenner는 인간발달에 영향을 미치는 사회문화적 용인에 관한 많은 연구들이 이러한 미시적 체계에 국한되어 왔음을 지적하였다.

2 중간체계

중간체계(mesosystem)는 영아의 가정, 학교, 또래집단과 같은 미시체계들 간의 연결이나 상호관계를 뜻한다.

중간체계는 가정에서의 경험과 학교경험의 관계, 가정생활과 친구와의 관계 등과 같은 미시체계들간의 관계성 또는 맥락간의 연결을 의미한다. 예를 들어, 부모로부터 관심이나 사랑을 받지 못한 청소년은 친구와의 원만한 관계를 형성하지 못할 수 있으며, 화목하지 못한 가정생활을 하는 청소년이 학교에서 낮은 수행이나 문제를 일으킬 수 있다. 따라서 청소년의 발달을 보다 잘 이해하기 위해서는 가정, 학교, 친구 등 다양한 상황에서 청소년의 행동을 관찰하는 것이 매우 중요하다.

3 외체계

외체계(exosystem)는 영아가 직접 접촉하고 있지는 않지만, 영아에게 영향을 주는 환경이다.

외체계는 어떤 사회적 상황에서의 개인적 경험이 다른 상황에서의 경험에 영향을 미치는 것을 의미하며(예를 들어, 직장에서 잦은 야근이나 출장은 가정에서 부부, 부모-자녀 관계에 영향을 미칠 수 있다), 또한 개인이 직접적으로 관여하지는 않지만 정부기관, 지역사회의 공공기관 등이 외체계에 포함되어진다. 왜냐하면 이러한 기관들은 개인의 행동이나 복지 등에 많은 영향을 미치기 때문이다. 즉 정부에서 청소년들을 위한 건전한 여가시설이나 문화시설을 제대로 마련해 주지 못함으로써 청소년들이 일탈적 방식으로 여가시간을 보낼 수 있기 때문이다.

4 거시체계

거시체계(macrosystem)는 영아가 속해 있는 사회의 가치, 법률, 관습 등을 의미한다.

거시체계란 간단하게 말해 개인이 현재 살고 있는 문화적 환경을 의미한다. 문화란 세대간 전수되는 행동유형, 신념, 관습과 같은 집단적 특성을 말한다.

어떤 개인이 속해 있는 문화권의 특성은 그 개인의 발달에 많은 영향을 미칠 수 있다. 예를 들어, 청소년기에 성 행동을 금지하는 문화권의 청소년들이 갖는 성에 대한 태도나 시각은 청소년기에 성 행동을 허용하고 권장하는 문화권의 청소년들과 많은 차이가 있다. 이와 같이 특정 문화권과 다른 문화권의 특징을 비교 · 연구하는 것을 비교문화연구(cross cultural studies)라 한다.

5 연대체계

연대체계(chronosystem)는 영아의 발달이 시간적 차원 안에서 일어남을 강조한다.

시간체계는 시간(전 생애)에 걸쳐 일어나는 변화와 사회, 역사적인 환경을 의미한다. 즉 어떤 사건의 효과가 시간적 경과에 따라 변화되며, 동일한 사건에 대해서도 시대에 따라 그 의미와 해석이 달라질 수 있다. 예를 들어, 부모의 이혼이 영아에게 미치는 부정적인 영향은 이혼 첫해에 가장 크게 나타나며, 이러한 효과는 딸보다는 아들에게 더욱 부정적이다.

그렇지만 이러한 이혼의 부정적 효과는 일반적으로 이혼 후 2년 정도 시간이 지나면 경감되어 어느 정도 안정을 찾게 된다. 또 다른 예로, 오늘날의 여성들은 과거에 비해 더 많은 사회의 활동과 직업을 가지고 있기 때문에 청소년들은 여성의 사회 진출을 당연한 것으로 생각한다. 이와 같이 시간체계는 청소년들의 삶에 영향을 미치고 있다. 최근 들어, Bronfenbrenner는 인간의 발달에 생물학적인 영향을 첨가하였기 때문에 그의 이론을 생물생태학적(bioecological) 이론이라고도 하지만, 여전히 생태학적, 환경적 영향을 보다 중요하게 고려하고 있다.

생태학적 접근은 환경을 고정된 방식으로 영아에게 영향을 주는 정적인 성격으로 보지 않고, 개인과의 상호작용에 의한 역동적이며 항상 변화하는 것으로 본다.

아동의 발달을 이해하는 데는 영아 개인에만 초점을 맞추는 것이 아니라 영아를 둘러싸고 있는 생태학적 환경으로의 확대적 관점을 필요로 한다. 또한 영아발달은 개인의 문제가 아닌 가정과 학교 그리고 지역사회의 상호협력을 통해서 가능하다는 점을 시사해 주고 있다.

2) Elder의 생애이론

Glen H. Elder의 전 생애발달이론에 있어 중요한 개념은 '상호의존'으로 이것은 일생 동안 가족, 친구, 그 외 다른 사회적인 관계에 의해 이루어진다는 사실을 전제로 이해된다.

Bronfenbrenner의 생태학적 이론이 환경적 맥락을 강조하는 점에서 Elder의 생애이론과 공통점을 지니지만, Elder와의 차이점을 보인다. 즉, 맥락주의적 관점(생태학적 이론)에서는 영아의 발달과정을 영아와 영아를 둘러싸고 있는 맥락간의 상호작용은 일방적인 것이 아니라 쌍방향적인 것이며, 시간적인 변화에 의해서 영향을 받는다는 점은 Bronfenbrenner와 공통점이 된다.

Bronfenbrenner가 생태학적 모델 체계를 통해 역사적 시간을 의미하는 시간체계를 포함시켰지만 이는 사회문화적 관점에서의 접근에 중점을 두고 어디까지나 환경체계의 영향을 강조하는 것이다.

그에 비해 Elder는 전 생애 발달을 크게 강조하여 오늘날 급변하는 사회에서의 각기 다른 연령대의 사람들이 각기 다른 역사적 환경의 영향을 받게 되는 점에 중점을 두고 다양한 장기종단연구를 통해 분석을 하였다.

이에 대한 연구로 Elder의 연구에서 경제공황(거시체계)이 빈곤계층의 영아의 발달에 어떤 영향을 미치는지 분석한 사례가 있다. 이 연구 결과 대공황기가 막 시작될 무렵에 출생한 영아들은 취학전에 경제 공황을 경험한 영아들에 비하여 역경을 딛고 책임과 독립심을 고취시켜 더 확고한 직업적 야망을 갖게 되었고, 더 나아가 전 생애발달에 있어서 책임감 있고 긍정적으로 성공하게 되었다. 반면에 취학전에 경제공황을 경험한 영아들의 경우, 학교 성적의 저하, 직업의 부적응, 정서적인 문제 등 그들의 발달이 저해받을 정도로 상당히 부정적인 결과들이 나타났다. 이처럼 전 생애발달은 사회적인 시간대의 영향을 크게 받는다.

이 때 전 생애발달이론에 관련하여 '상호의존' 개념을 들 수 있는데, 상호의존은 쉽게 말하자면 우리 인생은 일생 동안 가족, 친구, 그 이외의 다른 사회적인 관계에 의해 이루어진다는 사실을 전제로 이해하면 된다. 그 대표적인 예로 부모와 자녀의 관계를 들 수 있으며, 부모와 자녀의 일생에서 발생하는 사건이나 중대한 결정은 세대와 세대간의 차이를 연결시키는 요소가 된다. 그리고 그러한 과정에서 영아들은 영아를 둘러싼 환경적 맥락에 영향을 미침으로써 그들 자신에게 돌아오는 피드백을 만들어 내는 생성자로서의 역할을 하게 된다.

즉 개인을 이해하기 위해서는 각 개인이 살고 있는 역사적 시기와 장소, 개인의 사회적 역할과 중요한 사건이 일어나는 시기, 그리고 이러한 요소들의 상호관계성 등을 이해해야 한다고 주장한다.

전 생애를 통해 인간발달이 이루어지며, 발달단계별로 독특한 가치와 특성이 있다는 것을 보여주는 전 생애 접근법을 취한다. 이는 특히 생태학적 체계 중 거시체계, 시간체계와 같은 다양한 가족외적 환경이 영아발달에 미치는 영향을 보여 주었다.

하지만 Elder의 이론은 인간본성의 유연성, 개체성, 다양성을 인정하면서도 환경맥락이 인간의 삶을 좌우한다는 것을 강조하므로 인간의 능동성을 부정하는 입장을 취한다는 비판을 받는다. 또한 일반적인 발달 규칙, 구체적인 발달단계, 발달과업 등을 가정하지 않음으로써 인간발달에 대한 이론적 개념화가 부족하다는 비판도 지적되고 있다.

14. 정보처리이론

1) 정보처리과정의 의미

인식과 반응의 심리적 체계에 관한 이론적 뒷받침이 되는 또 다른 이론은 T. D. Wickens의 인간정보처리 모델에서 찾을 수 있다. 이 모델에 의하면 자극이 입력되면 잠시 단기감각기억으로 저장되어 장기기억(범주화된 기억)을 참조하여 감

각정보를 인식하는 지각을 하게 된다. 지각은 감각연합영역에서 장기기억을 참조하여 현실 감각을 아는 것을 말한다. 이렇게 지각된 정보는 주체의 욕구에 따라 반응을 선택하게 되는데, 이 반응의 선택은 전두엽에서 지각된 정보와 범주화된 장기 기억을 비교하여 판단하게 되고, 선택된 반응은 운동으로 실행된다. 이 전두엽의 비교하는 정신활동을 작업기억(working memory)이라고 한다. 이 정보처리과정에서 지각, 장기기억의 인출, 반응선택, 작업기억, 반응의 실행 등은 주의집중의 심리에너지가 없으면 이루어지지 않는다. 주의집중의 에너지는 가치의 강도이고 욕구의 강도이다. 이 모델을 간단히 요약하면 자극–인식–반응이라고 할 수 있다. 단기감각기억과 지각의 과정은 인식이라 할 수 있고, 반응선택과 반응실행은 반응이라 할 수 있기 때문이다.

정보처리이론에서는 인간의 사고가 수많은 정보들로 조직화되어 있으며, 사고과정이 곧 정보처리과정이라고 본다. 정보처리학자들은 어떤 정신적 과정들이 사람들로 하여금 정보를 사용하게 하고 나아가 그 정보를 변화시켜 나가는지에 대해 관심을 가졌다. 즉, 인간을 정보처리체계로 가정하고, 지식의 문제를 정보의 입력–출력(input-output) 관계에서 설명하고자 했다. 발달의 정보처리이론가들은 정보처리체계가 일상이나 특별한 사건 가운데 어떻게 작동하고, 어떻게 변화되는지에 초점을 두면서 이러한 변화들에게 가해지는 발달적 제약들은 어떤 것인지를 밝히고자 했다. 또한 아이들이 연령에 적합한 지식이나 정보를 얼마나 갖고 있는지, 그리고 아이들이 실제 갖고 있는 정보들과 연령에 적합한 정보들 간에 차이는 왜 생기는 것인지에 대해서도 관심을 두었다. 이들은 인지발달에서의 변화를 정보에 주의를 하고, 부호화하고, 회상하고 결정 내리기에 이르는 과정으로 보고, 변화의 과정이 정보처리 장치들과 이런 장치에 의해 처리되는 정보의 순환으로 표현했다.

2) 정보처리이론의 특징

정보처리이론은 인간의 지각현상, 학습현상, 기억현상 등을 컴퓨터의 정보처리

모형에 비추어 이해하고 설명하는 이론이다.

학습자를 지각, 기억, 언어적인 정보를 처리하는 정보처리자로 보며 인간을 투입된 정보를 사용 가능한 형태로 부호화하고 변환하여, 목표와 기대에 맞게 주의집중 능력을 신중히 할당하는 정보처리체계로 보는 것과 인지과정을 정보처리 과정에 비유하여 발전시킨 이론이다. 즉 인간의 인지과정과 컴퓨터의 정보처리과정의 공통점과 논리를 사용하는 이론이다.

표 2-3 컴퓨터와 인간의 비교

컴퓨터	인간
하드웨어	뇌와 신경계
소프트웨어	문제해결을 위한 계획, 책략

3) 정보처리체계

(1) 정보처리체계의 구성요소

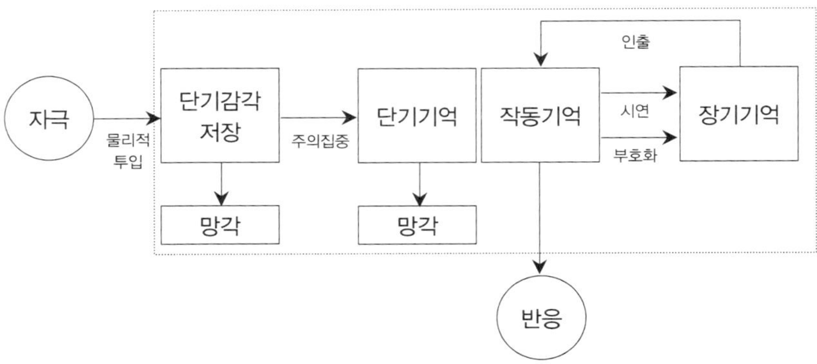

[그림 2-4] 정보처리체계의 구성 요소

모든 사람은 동일한 기본적인 정보처리체계(information processing system ; IPS)를 갖는다. 정보처리체계의 근간이 되는 구성 요소는 다음과 같다.

1 단기감각저장(short-term sensory store : STSS)

외부세계로부터 들어오는 정보는 우리의 감각수용기에 와서 부딪친다. 그것은 제일 먼저 의식적인 정신작용을 수행할 때의 메모용지와 같은 것으로 생각할 수 있다.

감각기억장치에 저장된 정보는 곧 소멸되나 일부의 정보는 유별(類別)되고 단기기억에로 전이된다. 단기기억은, 파지기간이 감각기억보다 길지만, 감각기억과 같이 그 파지용량은 한정되어 있다. 전화부에서 번호를 찾아 곧 다이얼을 돌린 후에는 그 번호가 생각나지 않는 등은 이 기억의 좋은 예이다.

2 단기기억(short-term memory : STM)

① 정보의 전이

기억장치에 저장된 정보가 다른 기억장치에 복사되는 것을 전이라고 하며 감각기억에서 단기기억에로의 전이(轉移)는 자극분석 기제에 의해 자극의 구성을 추출하거나 주사(scanning)한 후 장기기억 정보에 비추어 명령하고 이를 다시 단기기억으로 보내는 과정이 포함된다.

STSS에 있는 정보가 사라지기 전에 그 정보에 주의집중이 이루어진다면, 그 정보의 일부는 STM에 전이될 수 있다. 이 저장에서는, 시각적으로 제시된 글자를 소리로 변화시키는 것과 같이, 원래의 감각정보를 다른 형태로 바꿀 수 있다. 정보군(群) 형성(chunking)기법으로 STM의 힘을 증가시킬 수는 있지만 STM의 파지 용량은 대략 7개의 항목으로 제한되어 있다(제한용량). 기존의 항목이 새로 들어오는 항목에 의해 밀려나거나 능동적으로 반복 암송되지 못할 때, 기존의 항목들은 STM으로부터 사라진다. STM은 의식적 기억으로 생각되어질 수 있다.

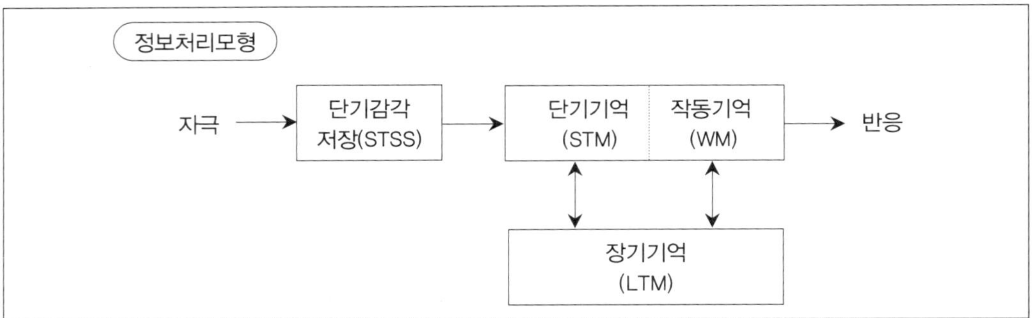

	단기감각 저장	단기기억-작동기억	장기기억
용량	대량 또는 무제한	대략 7 chunk로 기억	무제한
양상	정확한 감각	echo	조직화 및 유의미성
지속	순간적(시각 정보인 경우 0.5초)	일시적(리허설이 없는 경우 1.8초)	영구적
소멸	시간에 따라 소멸	치환, 또는 리허설 실패	인출 실패, 혹은 간섭

② 정보의 기명

단기기억에서도 시 · 청각적 속성뿐 아니라 의미적 속성까지를 포함한 다양한 속성이 처리되고 표상되는 것으로 보인다. 인간은 이 시스템에서는 일반적으로 소량의 정보밖에 파지되지 않는다. 그러나 각 항목을 관계지어(부호화) 기명하면, 기억의 용량이 증대된다. 또 반복연습하면 파지기간을 연장하는 것이 가능하다. 이것은 '반복연습의 효과'이다. 그러나 반복연습이 없는 경우에는 이 시스템에서 저장되는 정보는 보통 20초 안에 소실되고 만다. 즉 파지기간이 0.5초~20초이다.

③ 정보의 저장

단기기억은 그 정보의 수용능력이 크게 제한되어 있다. 그러나 우리는 일상생활에서 많은 단어나 숫자의 정보단위를 기억할 수 있으며, 이는 하위수준의 정보단위를 상위수준의 정보로 조작하고 재부호화하는 군단위(chuck)의 과정에 의해서 가능하게 된다. 군단위의 중요 속성은 첫째, 군단위는 기능적인 단위로 몇 개의 문항이 하나의 군단위를 이루게 되면 그 구성요소들이 거의 동시에 회상되며 둘째로, 군단위는 여러 가지 유형의 정보속성, 즉 언어적, 음운적, 시간적 속성으로 바탕으로 이루어진다는 것이다.

④ 작동기억

많은 이론가들은 단기기억에다 작동기억 또는 중기기억이라는 것을 부가시킨다. 이 기억은 단기기억과 같이 제한된 용량을 가지며 원래의 감각과는 다른 형태로 정보를 저장하며 과부하(overloading) 또는 리허설의 실패에 의해 망각된다.

3 장기기억(long-term memory : LTM)

장기기억은 단기기억에서 파지된 정보가 장기기억으로 수송되어 와서 저장되는 시스템을 말한다. 기억이 장기간에 걸쳐 파지되는 것은 장기기억에 의한 것으로서, 그 용량은 대단히 커서 1000조(兆) 정도의 항목을 수용할 수 있는 정도이다.

① 정보의 전이

장기기억에로의 정보의 전이는 부호화와 암송기제에 의해 이루어진다. 부호화란 단일 문항의 암송을 의미하고 암송은 기억을 위해 효과적인 기억방식, 시각심상, 반복 등을 형성하는 과정을 뜻한다.

② 정보의 약호화(부호화, encoding)

약호화의 과정은 정보를 유별하고 표상하는 과정이다. 정보가 어떻게 표상되는가에 따라 그 정보의 인출의 용이성과 망각의 가능성이 결정된다. 정보를 유별하고 표상하는 과정은 연상적 군집화(associative clustering), 유목별 군집화(categorical clustering) 등과 시간성, 공간성, 빈도, 감각성, 의미성 등 다양한 차원과 융통성을 가지며 약호화의 내용이 곧 파지의 내용을 결정한다.

③ 약호화의 과정

㉠ 기존 지식을 바탕으로 연상을 한다.

㉡ 정보의 인출과정에서 검색해야 할 기억영역을 줄여 준다.

㉢ 정보의 저장량을 증가시킨다.

이와 같은 약호화는 인간이 저장 가능성을 높여 주는 기능을 갖게 하면 자극정보의 기계적인 반복, 암송, 기억술 등의 기제를 사용하여 정보들을 약호화하고 조직하게 된다.

④ 정보의 저장

장기기억에서 정보의 저장은 저장될 정보의 내용 그 자체가 곧 정보의 저장위치 결정에 필요한 정보까지 포함하고 있으며 동일한 정보는 항상 동일한 위치에 저장된다.

⑤ 정보의 인출

흔히 정보의 저장과 인출의 과정을 구분하는 수가 많으나 실제로는 이들은 하나의 연속적인 과정이다.

기억내용은 지각적 분석과 약호화에 따라 결정되고 저장된 내용이 곧 그 저장내용의 효율적인 접근에 필요한 인출단서를 결정한다고 보고 있다. 즉 정보의 성공적인 인출은 약호화과정에 포함되어 있던 정보단서가 있는가의 여부에 의존한다. 피동적이고 자동적인 과정으로 인출되는 경우도 많으나 정보의 인출은 그 인출과정에서 정보의 조직과 구성이 활발히 일어나는 능동적 재구성의 과정도 많다.

(2) 정보처리체계상의 개인차

모든 영아는 동일한 일반적인 정보처리체계, 즉 단기감각저장, 단기기억, 작동기억, 장기기억, 정보를 단기 감각저장에서 단기기억으로 가게 하는 주의집중과정, 정보를 단기기억에 유지시키기 위한 리허설 및 정보군 형성과정, 정보를 단기기억에서 장기기억으로 가게 하는 약호화과정 및 장기기억에서 표적을 찾기

위한 탐색과정을 가지고 있다. 그러나 사람들은 각 기억저장 및 통제과정의 크기 및 특성에 있어서 개인차가 심하다. 예를 들어 어떤 영아는 다른 영아보다 장기기억에서 더 빨리 탐색하며, 어떤 영아는 단기기억에서 일시에 더 많은 정보를 파지할 수 있으며, 또 다른 영아는 정보가 소멸되기 전에 정보를 단기기억으로 가게 하는 주의집중 책략이 다른 영아보다 나을 수 있다.

읽기와 관련된 정보처리체계의 중요한 구성 요소는 단기기억 파지용량이다. 단기기억에 동시에 파지될 수 있는 양은 어느 정도인가? 만일 어떤 영아가 여러 개의 단어들을 순서를 흩뜨리지 않고 동시에 파지할 수 있다면, 읽기의 과제는 그만큼 쉬운 것이 될 것이다. 비록 미소한 용량의 차이라 하더라도 각 주기마다 단기기억에 들어오는 단어들의 비율을 생각하면 전체적으로 엄청난 차이가 생길 수 있다. 단기기억의 파지용량의 차이는 길고 복잡한 문장인 경우 특히 중요한 것이 된다.

제3장

신 생 아

1. 출생 전 태내기의 발달
2. 신생아기의 발달

1. 출생 전 태내기의 발달

1) 인간의 생식과정

(1) 생식세포

정자는 남성의 생식세포로서, 여성의 난자와 달리 스스로 운동하는 능력이 있다. 정액에 포함되어 여성의 질을 통해 체내로 이동하며, 크기는 난자의 1/40 정도이다. 난자는 여성의 생식세포로서 인체에서 가장 큰 세포이다. 난자를 나타내는 ovum은 '알'을 의미하는 라틴어인 ovum으로부터 유래하였다.

(2) 수정

인간의 생명은 남성의 정자와 여성의 난자의 결합으로 시작된다. 이 과정을 수정 또는 임신이라고 한다.

수정은 남성의 생식기에서 생산되는 정자와 여성의 생식기에서 생산되는 난자가 만나 하나의 세포, 즉 수정란을 만드는 과정이다. 여성은 태어나면서 일정한 수의 난세포를 난소에 가지고 태어나는데, 2차 성징이 발현되는 시기부터 월경주기의 중간쯤에 양쪽 난소에서 한 달에 한 번씩 번갈아 난자를 배출하게 된다. 이것을 배란이라고 한다.

인간의 생식과정은 난자와 정자가 만나 수정이 이루어지면서 시작된다. 수정은 먼저 정자가 운동을 하여 난자에 접근하여 난자 속으로 침입해 들어가서 이루어진다. 이때 정자가 난자 속으로 들어가면, 난자 표면에 화학 변화가 생겨 다른 정자의 침입을 막는다. 인간의 난자는 정자와 결합하여 체내에서 수정되고, 이

수정을 통해 배반포를 형성하며 태어날 때까지 자궁 속에서 자라게 된다.

일반적으로 수정은 한 개의 정자와 한 개의 난자의 결합으로 이루어진다. 그러나 한 개의 난자가 이분되어 일란성 쌍생아로 성장하거나 매우 짧은 기간에 두 개의 난자가 방출되어 두 개의 정자와 만나 이란성 쌍생아가 되기도 한다.

(3) 성의 결정 : 염색체

염색체는 모양과 크기가 같은 염색체가 2개씩 존재하는데, 이는 부모로부터 각각 하나씩 받았기 때문이다. 이러한 2개의 염색체를 '상동염색체'라고 한다. 따라서 모든 생물의 염색체 수는 짝수이다. 만약 염색체 수가 홀수가 되면 다운증후군(Down's Syndrome), 터너증후군(Ullich-Turnel Syndrome), 클라인펠터 증후군(Kleinefelter Syndrome)과 같은 병에 걸린다.

정자와 난자가 결합하는 순간 정자와 난자로부터 각각 23개의 염색체가 방출되어 새로운 46개의 염색체 배합이 형성된다. 인간의 모든 유전적 잠재성은 이 46개의 염색체에 의해 결정된다. 23쌍의 염색체 중 22쌍은 상염색체(autosome)이며, 23번째 쌍이 성염색체(sex chromosome)이다. 정상적인 여성의 성염색체는 XX이고, 정상적인 남성의 성염색체는 XY이다. 즉, 이 염색체 속에 유전의 기본 단위인 유전인자(gene)가 들어 있으며, 이 유전인자는 DNA라고 하는 화학물질로 구성되어 있다.

난자와 만나는 정자의 종류에 따라 성이 결정된다. 즉 정자와 난자가 결합할 때 X염색체를 가진 정자가 난자와 만나면 여자 아이가 태어나고, Y염색체를 가진 정자가 난자와 짝지어지면 남아가 태어난다. 남아와 여아의 성결정 확률은 50 : 50이다.

(4) 배종기

정자와 난자가 결합한 수정란이 자궁벽에 착상하는 2주까지의 기간을 배종기라고 한다. 배란에서부터 난자와 정자가 만나 수정하기까지는 24시간 정도가 걸리는데, 이렇게 수정된 수정란은 0.2mm 정도의 크기로 세포분열을 하면서 자궁을 향해 이동한다. 이때 수정란은 급속하게 세포분열을 하게 되는데, 2일 후에는 4개의 세포로, 3일 후에는 32개의 세포로 그리고 수정 후 1주일이 지나면 약 100~150개의 세포로 분열한다.

(5) 배아기

수정 후 약 2~8주까지를 배아기라고 한다. 배아기가 되면 자유롭게 떠다니던 수정란이 자궁벽에 착상하여 어머니와 의존적인 관계를 형성하게 되며, 이 때부터 발달은 매우 빠른 속도로 이루어진다.

배아기 동안 수정란의 내세포 덩어리는 외배엽, 중배엽, 내배엽의 세 개의 분리된 층으로 분화하기 시작한다. 외배엽은 감각세포 · 신경계로 발달하고, 중배엽은 근육 · 골격 · 순환기관 · 배설기관으로 발달하며, 내배엽은 소화기관 · 호흡기관으로 발달하게 된다. 배아기에는 인간이 갖추어야 할 신체기관과 기본조직을 모두 갖추게 되므로 모체의 질병, 영양 결핍, 약물 등의 영향을 민감하게 받는 시기이다.

2) 태아기

(1) 태아기의 발달특성

8주 이후부터 출생까지를 태아기(foetus)라고 부르고 이미 배아기에서 시작된 기관이나 신체적인 구조가 점점 더 커지고 좀더 정교하게 되며, 이들이 5~6개월이 되면 기관과 기관이 연결되어 7개월 이후가 되면 태아가 태반에 의존하지 않아도 생존이 가능할 만큼 발달이 된다. 태아는 태아기부터 조금씩 움직이기 시작하여 7~8주가 되면 전체적인 반사운동을 보이는데 꿈틀거리는 동작은 임신

7~8개월 중에 가장 빈번하게 느껴지고 커갈수록 줄어든다. 태아의 운동은 자신의 반사적인 운동이기도 하지만 외부로부터의 자극, 예컨대 큰 소리나 어머니의 정서적인 상태에 따라 영향을 받아서 어머니가 공포나 불안을 느끼면 태아도 동시에 과잉활동을 보이는 수가 많다.

이 시기는 새로운 기관의 형성보다는 성장이 가속화되는 시기이다. 전 단계에서 기본적으로 형성된 여러 신체조직이 급격히 발달하고 기능하기 시작한다. 지금까지의 태아는 양수에 떠 있는 비교적 수동적인 존재였으나, 태아기에 이르러서는 촉각적 자극에 대해 반응을 하며, 운동기능이 점차 분화되고 복잡해진다. 또한 태아는 신생아와 유사한 수면과 각성의 사이클을 가지게 되며 소음을 들을 수 있고, 큰 소리나 음악은 태아의 움직임을 촉발시킨다.

태아기에 이상이 있으면 모든 발달에 지장을 초래하는데 그 이유는 태아기가 일생 중 가장 활발히 성장하는 시기로서 이 왕성한 성장시기에 어떤 위험성에 부딪치게 되면 그 성장하는 부위가 가장 타격을 받기 때문에 조그마한 상처에도 그 영향이 크다. 태아기가 정신건강과도 밀접한 관계가 있는 것은 태아기에서 출생 후 1~2년까지 다른 기관도 그렇지만 특히 중추신경계통, 즉 뇌의 발달이 다른 기관보다 가장 활발하기 때문이다.

(2) 태아의 발달과정

태아의 월령에 따른 발달과정은 〈표 3-1〉과 같다.

표 3-1 태아의 발달과정

월령	태아의 발달
1개월	• 태아의 크기는 약 3주면 성냥개비 머리보다 작다. • 세포분열을 거듭하는 중요 시기이다.

월령	태아의 발달
2개월	• 태아의 크기는 8주가 되면 머리끝에서 둔부까지 약 14~20mm가 된다. • 태아가 급속도로 성장하며 골격의 구조도 이미 잡혀 있다. • 뇌가 성장 · 발달하며 심장이 좌심실과 우심실로 분리된다. • 머리와 꼬리부분이 생기며 눈이 형성된다.
3개월	• 배아기가 끝나고 태아기가 시작된다. • 손발의 모양이나 머리 부위와 몸통의 구별이 확실해진다. • 성기가 형성되어 남녀구별이 확실하다. • 전체 얼굴 윤곽이 드러난다.
4개월	• 신장이 형성되어 소변을 양수로 보낸다. • 하품을 하고 기지개를 켠다. • 손가락, 발가락이 생긴다. • 성별 구분이 확실해진다.
5개월	• 완전한 사람의 골격을 갖추고 있다. • 엄지손가락 빨기와 전신 운동이 활발하다. • 머리카락이 자라기 시작한다. • 근육과 뼈가 발달한다.
6개월	• 머리카락 색이 짙어지고 속눈썹, 눈썹도 분명해진다. • 폐혈관이 발달한다. • 6개월쯤 눈꺼풀을 움직이기 시작하여 눈을 뜬다. • 아직은 몸전체에 비해 머리가 크다.
7개월	• 태아의 총길이는 35cm, 체중 1.1kg이다. • 차츰 머리를 아래로 향한 자세를 취하기 시작한다. • 발길질하고 주먹질을 하느라 바쁘다.
8개월	• 태아의 전체 길이는 42cm, 체중 1.8kg이다. • 위치와 자세를 일정하게 잡는다.
9개월	• 출생 후 체온을 조절할 수 있도록 피하지방이 생긴다. • 성숙한 태아의 모습이다. • 양수를 들이마심으로써 호흡연습을 한다.
10개월	• 태아의 전체 길이는 50cm, 체중 3kg이다. • 태아가 자궁을 꽉 채우고 움직일 여지가 없을 정도로 자란다. • 태아의 머리는 몸의 1/4을 차지하며, 4등신이 된다. • 몸 전체에 근육이 생긴다. • 머리뼈가 굳어진다.

2. 신생아기의 발달

신생아기는 출생 직후부터 1개월까지를 의미한다. 이 시기는 모체의 자궁 내에서 의존하여 생활하다가 출생 후 새로운 환경에서의 신생아의 발달은 출생 전 발달의 계속이라 볼 수 있으며 출산은 임신 후 280일에 이루어지거나 개인차가 심하고 신생아의 발달 정도도 일정치 않다. 또한 이 시기는 행동발달의 출발점으로 이 때까지는 태내 환경만이 자극요인이 되었으나 출생과 더불어 심리적으로 독립된 존재가 되며 환경자극 영향을 받아 발달한다.

1) 신체적 발달

(1) 신체의 크기

1 신장과 체중

출생시는 머리는 크고 동체(trunk)는 길며, 하지는 비교적 짧고, 팔은 다리보다 길다. 사지는 동체보다 빨리 자라고 머리는 가장 서서히 자란다. 신생아의 신장과 체중은 성(sex)과 인종에 따라 다소 차이가 있지만 평균신장은 50~52cm이며, 체중은 3.4kg으로 남자가 여자보다 약간 우세하며 또한 초산부보다 경산부가 약간 우세한 경향이 있다. 신생아의 신체 비율을 보면 신장은 어른의 1/3~1/4이다. 신생아는 특히 눈 위의 면적과 얼굴과의 불균형이 가장 심하고 두위는 흉위보다 크며 가슴과 배가 크다. 또 엉덩이는 작고 수족이 짧다. 신체의 형과 균형의 변화를 C. H. Strats는 [그림 3-1]과 같이 나타내고 있다.

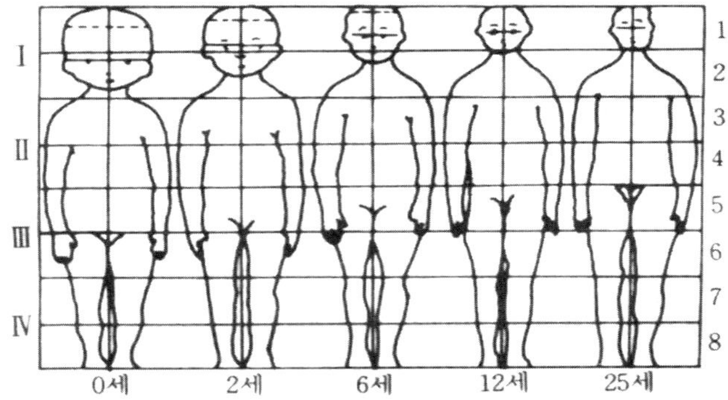

[그림 3-1] 출생에서 성인까지의 신체적 균형

2 머리

머리의 성장은 뇌의 발달과 밀접한 관계를 가지고 있다. 머리 둘레는 33~35.6cm이며, 키의 약 1/4에 해당하며 성인의 1/2 정도이다. 두부는 뇌 부위와 안면 부위로 나눌 수 있는데 신생아기는 안면 1에 대해 뇌 부위가 8의 비율이다. 안면은 연령이 증가함에 따라 상하악골의 발육, 유치, 영구치 등에 의해 발육이 왕성해진다. 신생아는 두개골 상호 간의 봉합이 불충분하므로 두부정중선 전후에 2개의 부드러운 부위가 있다. 전방에 있는 것을 대천문(anterior fontanel), 후방에 있는 것을 소천문(posterior fontanel)이라고 한다. 전자는 생후 10개월경까지 점차 증대되고 그 후 축소되어 생후 16~18개월경에 밀폐되며, 후자는 생후 6~8주에 완전히 밀폐된다.

또한 전측두천문(anterior lateral fontanel)은 생후 6개월~1년 사이에 밀폐되고 후측두천문(posterior lateral fontanel)은 생후 12~18개월 사이에 밀폐된다. 눈은 성인의 반이며 눈물은 생후 2개월 동안 누선에서 배설되지 않는다.

(2) 뇌와 신경계

체중에 대한 뇌의 비율은 출생시에 가장 무겁다. 신생아의 뇌는 두개강의 97%의 용적을 차지하며 수분함량이 많아 매우 부드럽다. 출생시 뇌의 무게는 350gm

이며 성인은 1,350gm이다. 운동 · 감각신경의 발달은 두미방향(cephalo caudle law)에 의해 발달한다.

운동 · 감각신경은 중추신경계의 뇌간(brainstem), 후뇌원피질(archipallium), 신피질(neopallium)에 의해 조절되는데 신생아기에는 뇌간의 수준에서 기능을 한다. 후뇌원피질도 약간 작용을 하는데, 즉 기본정서와 일부 원시적인 운동 및 감각 조절을 맡아 본다. 척수뇌간 및 대뇌반구의 발달수준에 따라 신경단위(neuron)의 myelin 합성과 성숙은 신경기능의 발달과 분화에 연관성이 있으며 또한 정상적인 신경반사와 정신 · 정서 및 운동발달을 나타나게 한다.

다음은 신생아기에 나타나는 정상 신경반사이다.

1 모로반사(Moro reflex)

급격히 가해진 자극으로 인하여 근육이 수축하면서 아기는 등을 벌리고 마치 무엇을 포옹할 것 같은 모양으로 손바닥과 손가락을 펴면서 양팔을 벌리는 반사이다. 생후 3~4개월이면 완전히 소실되며 일생 동안 다시 나타나지 않는 반사이다. 특히 출생시 뇌손상 또는 두개 내 이상이 있으면 모로반사는 나타나지 않는다.

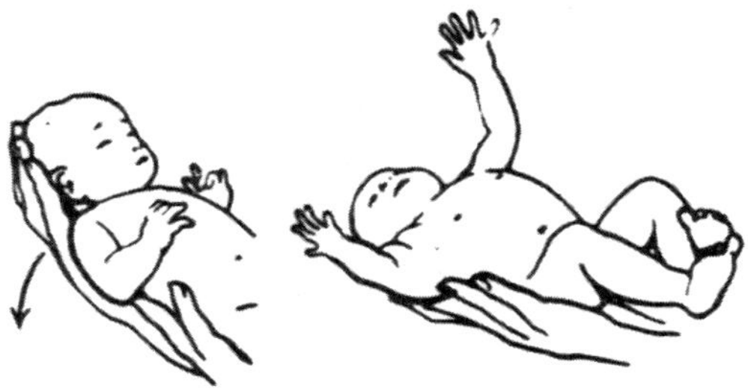

2 목경직 목반사(tonic neck reflex)

안정 상태(supine position)에 있는 신생아의 머리를 한쪽으로 돌리면 돌린 쪽의 굴근 (flexor)의 긴장이 사라져서 팔과 다리를 펴고 반대쪽의 굴근은 긴장을 유지하여 구부린 상태를 나타내는 반사이다. 신생아에서는 이 반사는 완전하지 않으며 신생아 말기에 잘 나타난다. 그러나 영아가 후기에서도 이 반사가 계속 나타날 경우에는 운동장애가 있음을 말한다.

③ **파악반사**(grasp reflex)

손에 잡힌 것을 꽉 쥐어서 놓지 않는 반사이며 쥐는 힘이 매우 강하다. 발바닥을 후방에서 전방 쪽으로 자극하면 발가락을 앞으로 오므린다. 이 반사는 3~4개월이면 완전히 소실된다.

④ **바빈스키 반사**(Babinski reflex)

발바닥 외면을 후방에서 전방 쪽으로 가볍게 자극을 가하면 발가락을 부채 모양으로 쫙 펴거나 구부리는 반사를 의미한다. 이 반사는 2~3개월 후에 소실된다.

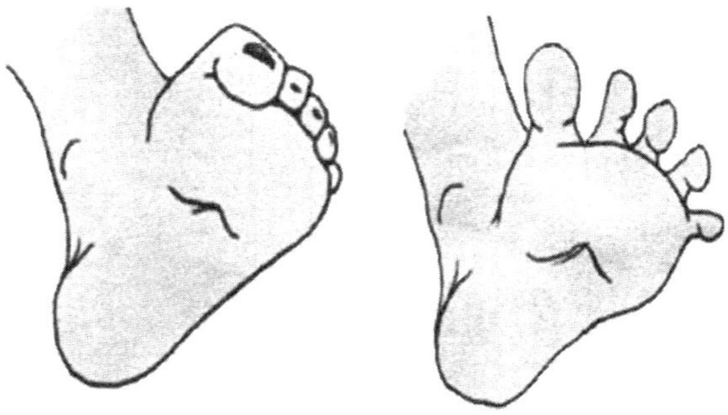

⑤ **근원반사**(rooting reflex)

근원반사는 입 부근에 부드러운 자극을 주면 자극 있는 쪽으로 입을 벌리는 반사이다.

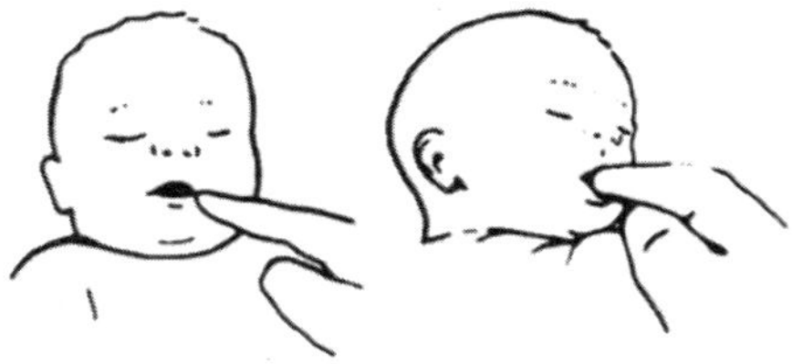

6 **흡인반사**(sucking reflex), **연하반사**(swallowing reflex)

흡인반사는 입에 닿는 것은 무엇이든지 빠는 반사운동이며, 연하반사는 삼키는 반사운동이다. 이들은 신생아가 젖을 빠는데 중요한 반사들이다.

7 **움츠림반사**(withdrawal reflex)

발바닥을 가볍게 긁으면 다리를 오므려뜨리고 엄지발가락이 뒤로 재쳐진다.

8 **척추반사**(spine reflex)

아기 등의 척추 옆을 길이의 방향으로 긁으면 척추가 그쪽으로 구부러진다.

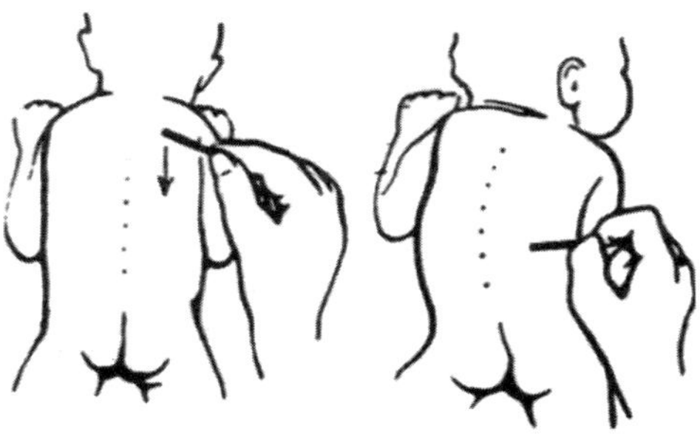

9 **수영반사**(swimming reflex)

생후 첫 1주일에 존재한다. 아기의 배부분을 수평으로 받쳐 주면 아기는 팔과 다리를 교대로 움직이며 입으로 숨을 쉰다. 마치 수영하는 모습과 같이 움직인다.

10 **영속적 반사**

신생아는 동공반사(빛에 의해 동공이 작아진다), 하품, 구토, 딸꾹질 등 많은 반사운동을 보인다.

11 **걷기반사**(walking reflex)

팔을 잡고 발을 바닥에 닿도록 해 주면 발을 마치 걷는 것처럼 교대로 들어올리는 반사운동이다.

(3) 호흡계

자궁 내 생활에서 자궁 외의 생활로의 전환에 있어서 가장 큰 변화를 갖는 것은 호흡계이다. 태생기에도 호흡운동은 있었지만, 첫 울음에 의해 공기가 처음으로 폐까지 들어가서 비로소 산소의 독립적 섭취가 가능하고 동시에 폐순환도 시작된다.

1 **코**

신생아는 코의 연골이 대단히 부드럽고 비강은 좁다. 때문에 호흡이나 포유의 곤란을 일으키기 쉽다.

2 **인두**

연골이 몹시 연하고 성인에 비해 후두부가 상위에 있다. 또한 기관 및 기관지의 내경이 신생아에 있어서는 비교적 넓고 폐와 기관의 용적 비율이 성인은 200 : 1인데 신생아는 20 : 1이다.

3 흉부(chest)

출생시의 흉부는 원상이며 성장함에 따라서 횡경이 전후경보다 길어진다. 출생시의 흉위는 두위보다 1.25cm 정도 작으나 그 후 점차 두부보다 더 커진다. 신생아의 호흡은 비교적 얕고 약간 불규칙한 호흡을 하며 횡경막과 복벽근육을 사용하며 흉식호흡은 거의 없다. 호흡수는 1분에 40~50회이다.

(4) 대·소변

신생아는 생후 1~2일경에 검은 녹색 또는 검은 황색의 태변을 보는데, 태변은 대개 냄새가 없고 암녹색을 띠고 있으며 끈적끈적하고 부드럽고 한번에 다 나오지 않고 조금씩 수차례에 걸쳐 나눠 나온다. 이 때 초유를 먹으면 태변이 더 잘 나올 수 있다.

2~3일이 지나면 정상적인 누런 변을 보게 되며 이를 이행변이라고 한다. 이는 태변에서 정상변으로 넘어가는 중간 단계의 변이다. 배변의 횟수는 보통 하루 1~5회 정도이며 정상적인 소변 양은 하루에 100~300cc 정도이며, 소변 횟수는 하루에 3~30회 정도이다.

(5) 수면

신생아는 포유시 외에는 대부분, 즉 1일 15~20시간 잠을 자고 매번 두 시간 간격으로 잠깐 깼다가 또 잔다.

이 시기는 하루에 대여섯 차례 이상 잠을 자게 되는데, 밤낮 구분 없이 한번에 3~4시간씩 잠을 잔다.

수면은 각성, 뇌파, 운동 상태 및 자율신경계 리듬의 변화가 반복되는 것으로 REM 수면(rapid eye movement sleep)과 non-REM 수면으로 이루어진다. REM 수면(얕은 수면) 때는 빠른 안구 움직임과 함께 몸이 움직이고 호흡과 맥박도 빨라진다. 소리를 내거나 꿈 또는 악몽(nightmare)은 REM 수면에서 잘 일어난다.

non-REM 수면은 조용하고 깊은 수면 상태이며, 몸의 움직임이 덜해지고 호흡과 맥박이 규칙적으로 된다.

2) 운동발달

(1) 신생아의 운동 경향

신생아의 운동 경향은 다음과 같다.

① 운동횟수는 아침에 가장 활발하여 정오에 가장 적고 만복시보다 공복시에 운동량이 많다.

② 운동량은 명암과 관계가 깊은데, 즉 미광에서는 운동량이 많고 밝은 광선에서는 적다.

③ 옷을 두껍게 입혔을 때보다 얇게 입혔을 때 운동량은 많다.

④ 수면시에는 활동시보다 1/9 정도 운동량이 감소한다.

⑤ 남아가 여아보다 더 활동적이다.

(2) 전신운동

신생아의 운동은 전신운동과 신체 어느 특정 부위의 활동으로 분류할 수 있는바, 전신운동은 출생 후 10일 동안 가장 활발한데 이는 신경 근육 계통의 불완전한 발달로 미분화되었기 때문에 신체 전체가 산발적으로 움직인다.

이러한 운동은 극소자극에 대해 신체 전체가 반응을 하기 때문에 신생아는 에너지 소모가 많아 빨리 피로가 온다.

(3) 특수운동

신체 각 부분의 특수운동은 다음과 같다.

1 얼굴과 입의 반응

입을 열고 다물며 촉각자극을 주면 입술을 빠는 반응을 보이며 또한 미각자극에 의해서도 젖빠는 반응을 보인다. 기침, 하품을 하며 뱉기도 하고 상을 찡그리며 반사적 미소(생후 1주)를 나타낸다. 각종 감각 자극을 줄 때, 운동을 방해할 때에는 울기도 하고 자발적으로 울기도 한다. 또한 연하운동이 가능하여 구토반응을 나타내며 딸꾹질, 재채기도 한다. 입 주위에서 가장 예민한 반응 부위는 윗입술, 아랫입술, 볼 순서이다.

2 머리운동

해롭고 아픈 자극으로부터 고개를 돌리는 운동반응이 있다. 특히 엎드려 놓거나 코를 잡거나 눈을 덮을 때, 울 때에 머리운동을 볼 수 있다.

3 팔의 반응

손바닥에 자극을 주면 손을 오므리며 파악반사(grasping reflex)를 볼 수 있다. 급격한 자극에 대해서는 팔을 벌리는 반응(startle response)을 보인다. 팔을 자발적으로 움직이기도 한다.

4 발과 다리 반응

슬개건반사(knee jerk reflex)가 있고 한쪽 다리나 팔을 자극하면 다른 쪽의 다리를 눌려서 그 자극물을 차버리는 데 이를 보호반사(protective reflex)라 한다. 발바닥을 자극하면 Babinski reflex가 나타난다.

5 눈의 반응

자극에 의해 눈을 보호하려는 눈의 개폐운동이 있으며 또한 동공반응이 잘 이루어져 눈꺼풀과 안구가 율동적으로 움직인다.

6 신체 반응

배에 자극을 주면 몸을 움찔하는 반응을 보인다. 또한 등을 뒤로 젖히기도 하고 뒤틀고 꿈틀거리는 반응을 할 수 있다.

7 생식기관

하체에 자극을 주면 고환이 수축하며 자발적으로 음경이 발기하기도 한다.

8 협응반응

쉬거나 수면시에는 다리와 팔을 구부리고 주먹은 턱밑에 있다. 울 때는 머리를 뒤로 젖히고 다리를 뻗치며 등이 활모양으로 휘어 근수축의 자세를 보인다.

한쪽 옆구리를 손으로 찌르면 그쪽이 오목하게 굽어지고 그쪽 다리는 뻗치고 반대쪽 다리는 굽힌다. 이 반사를 등뼈반사(back bone reflex)라 한다. 신생아를 바로 세운 자세로 붙잡고 발바닥을 땅에 닫게 해 주면 마치 걷는 듯한 운동을 나타낸다(stepping response). 배뇨시에는 몸을 쭉 뻗거나 약간 떤다. 급격하고 강한 자극을 받았을 때에도 반사가 나타난다. 신생아는 초기에는 전신운동을 보이지만 점차적으로 부분운동을 한다. 이는 신경계통의 발달이 미성숙하여 중심적 통일이 불완전하고 또 자극과 행동이 직접 결부되어 의식적인 조정이 불가능하기 때문이다.

3) 감각기관의 발달

(1) 감각기관 발달의 의의

신생아의 지적 기능의 발달은 주로 지각기능이 분화 발달하는 과정이고 점차적으로 기억, 상상, 언어, 사고 등의 기능으로 발달하고 제체제화되어 가는 초기단계의 과정이라고 할 수 있다. 신생아의 지각은 주로 감각기관을 통해서 대상의

성질을 인지하고 또한 반응한다. 이 때문에 신생아의 지각은 감각지각(sense perception)의 초기단계이며 감각 자극으로써 환경을 직접적으로 인지할 수 있게 되는 발달단계이다. 이러한 점에서 신생아의 감각기관의 발달은 매우 중요한 의미를 갖는다.

(2) 감각기관의 발달

신생아의 감각은 유전적 영향과 환경, 즉 건강상태와 자극요인 등에 따라서 발달에 개인차가 심하다. 특히 신생아는 약한 자극에 대해서는 반응하지 않는 경향이 있고 강렬하고 갑작스러운 자극이나 고통을 주는 자극에 민감한 반응을 나타낸다.

1 시각발달

① 신생아 시각 기능의 특징

신생아가 들을 수 있는 것은 분명하다. 이미 태내기에서부터 큰 소리에 대해 놀라는 반응을 나타내므로 신생아의 청각은 태어나기 전부터 기능하기 시작한다고 본다. 태내기 동안 엄마의 혈액이 흐르는 소리나 자궁을 통해 들려오는 외부소리를 듣고 기억한다. 출생 직후에는 귓속에 양수 등의 점액질이 차 있기 때문에 청각기관은 양호하나 성인이 들을 수 있는 소리 정도에는 반응을 하지 못하고 큰 소리에만 반응한다. 실험에 의하면, 조용하고 낮은 소리는 성인이 더 잘 듣는다 하더라도, 보통의 높이와 크기의 사람 소리는 신생아도 성인만큼 들을 수 있다고 한다. 출생 후 수일 내에 양수가 제거되고, 양수가 제거되면 청각은 예민해진다.

신생아의 청각체계는 출생시에 완전한 해부학적 구조를 갖추고 있으며, 거의 성인 크기의 고막과 잘 발달된 외우각을 가지고 있다. 그러나 낮은 소리를 들을 수 있는 내이 속의 몇 가지 구조들이 완전하지 못하기 때문에 속삭이는 정도의 낮은 소리는 들을 수 없다. 그 결과 신생아들이 들을 수 있는 가장 낮은 소리는 성인이 들을 수 있는 소리보다 더 큰 10~20데시벨 정도의 소리이다. 그러나 출생 후 며칠이 지나면 내이를 채우고 있던 양수가 빠져 나가기 때문에 20~30데시벨 소리까지 들을 수 있게 된다.

또한 신생아들은 소리의 세기와 높낮이를 구별할 수 있을 뿐만 아니라 소리가 어디에서 들려오는지 식별할 수 있다. 그러나 신생아의 청각이 성인수준까지 도달하기 위해서는 출생 후 약 2년 정도의 기간이 걸린다.

신생아는 소리의 강도에 따라 다른 반응을 보인다. 지속적인 낮은 강도의 소리는 신생아의 활동을 억제하는 경향이 있고, 급격한 높은 강도의 소리는 운동을 유발하며 심장박동을 빨라지게 한다. 어머니가 옆에서 부드러운 목소리로 달래거나 자장가를 불러 주거나 조용하고 잔잔한 음악을 들려주면 잠이 들거나 깨어 있더라도 아기를 진정시키는 효과가 있다. 특히 신생아는 다른 소리보다 사람의 말소리에 더 반응적이다.

② 시각발달의 측정

시각발달의 측정은 시각자극에 따라 눈꺼풀이나 목의 움직임, 눈동작의 고정 및 추적을 관찰하는 것과 자극에 대한 반응으로써 일어나는 혈액순환, 호흡의 변화, 심장박동, 신체의 움직임, 울음 등으로 가능하다. 대부분 출생 직후에는 사시경향이 있으나 점차적으로 눈의 협동작용이 잘 이루어지며, 출생 후 7~8주가 되면 협동과 집중작용이 완전하게 된다. 생후 15일이 되면 색채식별이 가능하며 특히 흰색, 황색, 녹색, 적색, 청색의 순으로 반응을 보인다. 색채식별은 여아가 남아보다 더 잘 한다고 하는데 이는 남아의 색맹에 기인한다고 생각할 수 있다.

③ 시각발달의 특징

신생아의 시각발달의 특징을 세분하여 보면 다음과 같다.

- 안구진탕(nystagmus), 즉 생후 12시간 이내에 눈동자가 상하 좌우로 왔다갔다 하는 반응을 보인다.
- 눈꺼풀의 개폐운동은 의식적으로 가능하고 특히 다른 감각기관을 통한 자극

으로도 나타나며 또한 두 눈이 동시에 반응하기도 하지만 자극된 눈이 더욱 강하게 반응을 나타낸다.

- 동공은 졸리울 때나 밝은 광선에서 작아지며, 반대로 깨어 있을 때나 자극 광선이 약해지면 커진다.
- 수면시에는 동공의 위치가 위쪽에 위치하고 초점이 없는 것은 성인과 같다.
- 신생아 초기에는 두 눈의 협응작용이 잘 이루어지지 않아서 사시 경향을 나타내며 특히 졸리울 때나 피로시에 더욱 현저하게 나타난다.
- 시각자극에 따라 눈을 돌리고 움직이며 물체를 따라가는 추적운동(생후 4주)이 가능해진다.
- 사물의 형태를 식별하는 것은 대체로 가능하지 못하나 색채식별은 생후 15일경이면 가능하고 푸른색은 신생아의 보호색으로서 의미를 갖는다.
- 신생아에 있어서는 눈물은 잘 나오지 않으나 특히 눈, 코를 자극받았을 때는 눈물이 나온다.

④ 시각발달과정

- **생후 1일** : 신생아의 눈꺼풀은 부풀어 있는 경향이 있고, 시야는 출생 직후에 투여한 안약으로 인해 흐릿하다. 신생아가 24시간이 지나면 눈꺼풀과 안구가 율동적으로 움직인다고 하였다.
- **생후 2~3일** : 신생아는 동공반사(pupillary reflex)가 잘 이루어진다. 움직이는 물체를 따라 머리도 움직일 수 있다. 불충분하지만 눈앞의 것을 눈으로 쫓을 수 있다.
- **생후 5일** : 여러 색체나 모양 중 사람의 얼굴을 가장 오랫동안 응시한다.
- **생후 1주일** : 신생아들은 다가오는 물건에 대해 방어할 뿐 아니라 다가오는 물건이 자기에게 부딪힐 것 같은 방향으로 다가오는지 빗나간 방향으로 다가오고 있는지를 식별해 낼 수 있다. 출생 일주일 후부터 신생아의 색깔구분 능력은 빠르게 발달해 빨간색, 노란색, 녹색을 구분할 수 있게 된다. 하지만 파란색이나 보라색을 인지하려면 좀 더 시간이 걸린다. 파란빛은 파장이

짧고 망막에 이를 감지할 수 있는 시세포가 적기 때문이다.

- **생후 10일** : 신생아들은 출생 직후 몇 시간 후부터는 물체가 움직일 때 그 물체를 따라 눈도 움직일 수가 있게 되며, 생후 10일 이후에는 좌우, 상하, 둥글게 움직이는 물체를 눈으로 추적할 수 있게 된다.
- **생후 2주** : 아기들은 비교적 큰 물체가 자신과 충돌할 것처럼 접근할 때 머리를 뒤로 젖히고 팔을 들고 울게 된다. 신생아의 눈은 약 20cm 전방에 초점이 맞추어져 있어 이 위치에 있는 것만을 똑똑히 볼 수 있다.

신생아의 신경조직은 빛의 파장에 따른 차이를 식별하고 약하나마 색을 구별할 수 있게 된다. 명암의 구별이 가능하다.

- **생후 1개월** : 시각 자극에 따라 눈을 돌리고 움직이며 물체를 따라가는 추적운동이 가능하다. 움직이는 사람의 모습을 눈으로 좇을 수 있게 된다. 빛이나 색채, 움직이는 물체에 대해 민감하게 반응하여 주위환경의 변화도 알아차릴 수 있다.

신생아의 시각은 비록 어머니의 얼굴과 중요한 물건은 알아보지만 잘 조직화되지는 않았다. 시선은 흐릿하고 모양이나 색깔대비를 완전히 구별할 수는 없다. 접촉이나 움직임을 통하여 위험을 감지할 수 있으나, 시각을 통해서는 감지할 수 없다.

이 시기엔 전체보다는 부분을, 정지된 것보다는 움직이는 물체를, 흑백보다는 컬러를 잘 지각한다.

2 청각발달

① 청각발달의 특징

출생 직후에는 귓속에 양수 등 점액질이 있기 때문에 청각기관은 양호하나 반응은 잘 나타나지 않는다. 그러나 양수가 제거되고 잔설(debris)이 중이에서 없어지면 청력은 출생 후 수일 내에 예민해진다. 신생아에게 높은 소리나 강한 소리 또는 약하게 변화시켜 보면 신생아는 강한 반응을 보인다. 즉, 신체의 운동이 증가하고 맥박과 호흡이 빨라진다. 이러한 반응은 신생아가 소리의 강약에 차이를 느낄 수 있다는 것을 의미한다. 그리고 지속적인 자극음은 신생아의 활동을 억제하는 경향이 있고 급격한 자극음은 운동을 유발하는 데 효과가 있다. 즉, 어머니의 자장가는 지속적인 음의 자극으로 잠을 자게 하는 효과를 가져다준다. 일반적으로 신생아는 4주가 되면 어머니의 음성을 식별할 수 있다.

② 청각발달의 과정

- **생후 10분** : 10분밖에 안 된 아기의 오른쪽 귀에 찰각거리는 소리를 들려주고 또 왼쪽 귀에 소리를 들려준 결과 오른쪽에서 소리가 날 때는 오른쪽으로 눈을 돌렸고 또 소리가 왼쪽에서 날 때는 왼쪽으로 고개를 돌렸다.
- **생후 5시간** : 장난감 젖꼭지를 빨다가 자극적인 소리가 나면 빨기를 멈춘다. 그러나 다시 빨다가 같은 소리가 나면 멈추지 않고, 음색이 다른 소리가 나면 다시 멈추는 현상을 보인다. 신생아의 청력은 출생 후 수일 내에 예민해져서 일반적으로 4주가 되면 어머니의 음성을 식별할 수 있다.
- **생후 10일** : 남자의 목소리보다 여자의 목소리를 식별할 수 있다. 이러한 현상은 신생아가 출생 직후부터 청각기능이 있으며 또한 소리의 강도나 소리의 성질을 구별할 수 있다는 것을 말해 준다.
- **생후 1개월** : 생후 1개월 된 아기는 무슨 소리인지는 모르지만 딸랑이와 종소리 및 사람의 음성에 대해서 반응하며 고개를 돌리고 웃기도 한다. 이러한 소리에 대한 단순한 반응은 언어 발달의 첫 번째 초석이 된다. 어머니의 목소리와 낯선 사람의 목소리를 구분한다.

3 미각발달

신생아는 냄새에 의해 쾌와 불쾌를 느낄 수 있지만 맛의 차이에 대한 식별은 생후 2주일 후에야 성인과 같은 적극적인 반응을 보인다. 즉, 신생아에게 단 것을 먹이면 입맛을 다시고 빨아 먹으나, 쓰거나 신 것을 먹이면 내뱉고 얼굴을 찡그리며 호흡이나 순환이 불규칙하게 된다. E. Shirley는 연구결과에서 출생

후 2주 내의 14명의 신생아의 혀에 산성이나 쓴 것을 접촉시키면 머리를 흔들거나 안색이 변하고 우는 반응을 볼 수 있었고, 단 것을 접촉시켰을 때 12명의 얼굴에 반응이 나타남을 볼 수 있었다고 한다.

4 후각발달

① 후각발달의 특징

후각은 출생 직후에는 미각과 같이 발달이 완전치는 못하나 그 후 차차 발달하게 된다. 그러나 신생아에게 자극적인 냄새, 즉 초산, 암모니아 등으로 코를 자극시키면 반응을 나타낸다. 특히 신생아는 젖냄새를 맡을 수 있다.

생후 1주일 된 모유를 먹는 영아들은 엄마의 체취와 다른 사람의 체취, 엄마의 젖 냄새와 다른 여성의 젖 냄새를 구분할 줄 안다. 하루에 몇 번씩 엄마의 젖을 먹는 영아들은 엄마의 체취에 빨리 익숙해질 뿐만 아니라 엄마와의 안정애착을 형성하게 되는 것이다. 신생아에게 후각은 엄마를 인식하는 매우 적절하고 민감한 도구라 하겠다.

② 후각발달의 과정

- **생후 1일** : 젖 냄새와 다른 냄새를 구별한다.
- **생후 6일** : 엄마의 체취와 다른 여성의 체취를 구별할 수 있다. 아기는 젖 냄새와 엄마 냄새가 날 때 매우 민감한 반응을 보인다.
- **생후 1주일** : 엄마의 냄새와 낯선 다른 엄마의 냄새를 구별할 수 있다.
- **생후 1개월** : 출생 시 잘 조직화된 후각은 생후 1개월 간 중요한 역할을 한다. 운동 및 접촉 감각과 같이 후각도 동물로부터 진화된 초기부터 나타난 것이다.

5 촉각발달

출생시 신생아에게는 촉각, 특히 온도감각과 통각 등이 발달되어 있다. 촉각은 출생시 가장 잘 발달된 특수감각으로서 입술, 혀, 이마 등에서 잘 나타난다. 통각은 출생 직후에는 발달되어 있지 않다가 3일 후부터는 빠르게 발달한다. 통각에 대한 감수성은 여아가 남아보다 더 민감하며, 신체부위의 통각반응은 하체보다 머리(입술, 속눈썹, 이마) 부분에 더 민감하고 적극적인 반응을 나타낸다. 온도 감각은 신생아가 차가운, 혹은 뜨거운 자극에 의해서 민감하게 반응하는 것으로 관찰할 수 있다. 특히 우유의 온도가 너무 차거나 뜨거울 때 호흡과 맥박이 일정치 않으면서 우는 신체반응을 나타낸다.

신생아는 출생 직후부터 감각적 탐지를 통해서 자신과 환경과 접촉을 시작한다. 그리고 이러한 감각적 경험을 통하여 사물을 판단할 수 있으며 또한 적응능력이 발달한다. 만일 신생아에서 감각기관의 장애가 있을 때에는 지적 발달의 지연을 초래하는 중요인자가 된다.

4) 수유

목적론적 (teleologic)으로 볼 때 각 종족(species)의 젖은 그 종족의 새끼를 키우는데 가장 이상적인 식품이다. 인유(人乳)는 인간이 아기를 키우는데 가장 알맞은 음식이며 우유는 송아지를 키우는데 알맞은 음식이다. 불가피한 경우는 할 수 없겠지만 우리나라 어머니들은 너무나 쉽게 이 귀중한 모유를 포기하고 우유에 의존하고 있다.

(1) 모유의 장점

① 모유는 생후 4~6개월 동안 자라는 아기에게 이상적인 음식이다.
모유 영양을 하는 아기에게는 생후 4~6개월 동안은 물, 주스나 기타 음식을 보충할 필요가 없다. 비타민 D나 철분도 그것이 부족한 모체인 경우에만 선택적으로 주면 된다.

② 한번 수유 동안에도 처음 나오는 모유와 후에 나오는 모유 사이에는 지방 농도에 차이가 있으며 맛의 변화를 준다.

③ 모유에는 생후 미숙한 장관점막의 성숙을 촉진시키는 z인자가 있다. 특히

미숙아에서는 괴사성 장염, 설사, 장관 알레르기를 감소시키는데 관여한다.

④ 모유 알레르기에 대해서 염려할 필요가 없으며 모유영양은 아기의 면역계를 면역 관용으로 바꾸어 놓아서 생후 수년간 식품 알레르기, 호흡기 알레르기, 아토피 피부염, 천식 등 알레르기 발생을 감소시킨다.

⑤ 모유에는 시력과 중추신경 발달에 중요한 역할을 하는 docosahexaenoic acid(DHA)와 arachidonic acid(AA)가 많이 함유되어 있다.

⑥ 감염에 대한 방어작용이 있다(모유는 어린아기의 "첫번 예방접종"이라고 한다).

(2) 초유의 특징

분만 직후에 나오는 모유는 누렇고 진하며 초유(colostrum)라고 한다. 초유는 신생아에게 완전한 음식이다. 1일 10~40mℓ 분비된다. 약 1주가 지나면 성숙한 모유로 된다. 초유가 보통 성숙한 모유와 다른 점은 다음과 같다.

① 단백량이 성숙유보다 많다(약 2배).

② IgA, lactoferrin, 백혈구를 많이 포함하여 신생아 감염방지에 도움이 된다.

③ 지방과 유당(lactose)의 함량이 적다.

④ 비타민 A의 농도가 더 많다.

⑤ Na, Zn이 더 많다.

⑥ 자연적으로 설사작용이 있어 처음 먹이는 음식으로 적합하다(모유황달 감소).

(3) 수유방법

① 모유는 출생 후 되도록 일찍(보통 출생 후 1시간 내에) 빨리기 시작한다.

② 신생아는 24시간 동안 8~12회, 한번에 배가 찰 때까지 10~15분씩 빨리도록 한다.

③ 아기가 배고파하는 징조(입을 우물거리거나 입으로 젖을 찾는 모양)가 있을 때에는 언제나 젖을 물리도록 한다. 배고파서 울 때 비로소 젖을 물리는 것은 너무 늦다.

④ 출생 후 처음 몇 주 동안은 아기가 4시간 이상 자기 스스로 젖을 찾지 않을 때에는 깨워서 빨리도록 한다.

(4) 모유를 빠는 양과 속도

1 모유를 빠는 양

아기가 젖을 충분히 빨았을 때는 2~4시간 잠이 든다. 생후 수 주 동안은 적어도 하루 6번은 젖을 먹게 되며 기저귀도 적어도 6장 이상 적시게 된다. 아기가 양쪽 젖을 빨고 나서도 만족해하지 않고, 잠이 들지 않으며, 체중 증가도 시원치 않을 때는 모유가 부족함을 시사한다.

2 모유를 빠는 속도

어린 아기가 모유를 빠는 양은 처음은 많고 나중에 갈수록 양이 줄어든다(그림 3-2). 즉, 젖을 빨기 시작하여 처음 2분 동안에 전량의 반을 빨게 되고, 처음 4분 동안에 80~90%를 빤다.

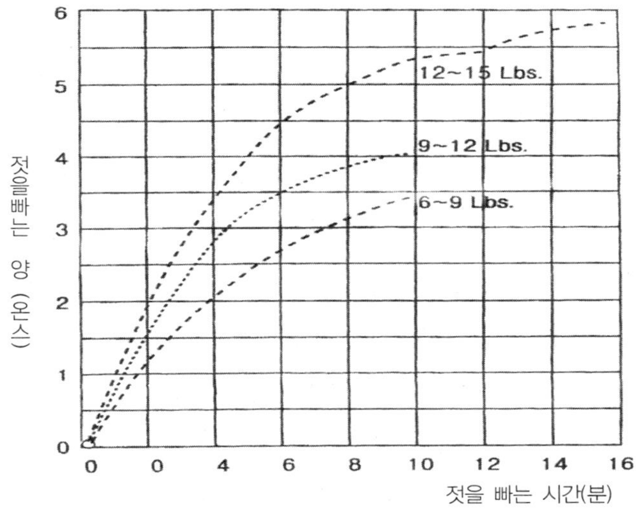

[그림 3-2] 모유를 빠는 양과 속도

10분 후부터는 빠는 양은 거의 없다. 체중이 큰 아기는 체중이 작은 아기보다 같은 시간에 더 많은 양을 빤다.

5) 심리적 육아환경

(1) 신체적 피부접촉의 중요성

신생아의 새로운 세계에서의 가장 중요한 요소는 이제 그가 분리되어 나온 어머니이다. 아기가 어머니에 의해서 외부세계에 잘 적응하며 건강한 감정과 따뜻하고 평안한 환경을 가진다면 가장 바람직한 신생아 환경이다. 인간이나 동물에 있어서 접촉(touch)한다는 것은 관계를 형성하는 데 있어서 가장 중요한 역할을 한다.

태아는 자궁 내 생활 동안 그의 어머니로부터 모든 욕구를 충족할 수 있는 관계에서 안락하게 의존하면서 보호를 받았다. 그러나 출생이란 신생아에게 좌절이고 위협적이다. 왜냐하면 그가 알고 있던 생리적 · 감정적 평안상태로부터 새로운 경험의 세계로 분리되어 나왔기 때문이다. 신생아가 계속적으로 우는 것은 신체적 · 정서적 긴장을 해소하기 위해서 따뜻한 모성애적 간호를 요구하는 것이며, 즉 신체적 · 심리적 분리감으로 어머니와 계속적인 접촉을 못하고 있어 불안감으로 인해 초래하는 것이라고 할 수 있다. 어머니나 대리 어머니는 아기를 포근하게 안아 줌으로써 그가 갈망하는 접촉을 만족할 수 있도록 하여 분리감을 해소하고 평안함을 회복시킬 수가 있는 것이다.

근래에 와서 대부분의 분만이 병원 안에서 이루어지고 있으며 어린이가 출생하면 신생아는 신생아실로 옮겨져서 산모와 어린 아기는 각각 딴 방에 분리되어서 간호를 받는 수가 많다. 이것을 역사적으로 보면 아마도 인류가 수백 만년 유구하게 내려오던 자연적인 생태가 몇십 년 동안에 인공적으로 갑자기 바뀌어 버린 셈이다. 이것이 과연 옳은 것인가 하는데 대하여는 근래에 와서 많은 의견이 나오고 있으며 모자동실(rooming-in)이 점차로 추천되고 있다.

출생 직후에 있어서의 모 · 아 간의 피부의 접촉이 대단히 중요하며 출생 후 적어도 30~60분간 산모 가슴 위에 아기를 놓고 엄마의 피부와 아기의 피부를 접촉하도록 하고 눈을 서로 마주 보는 것은 모 · 아 간의 애착(bonding)을 형성하는 데 도움이 된다.

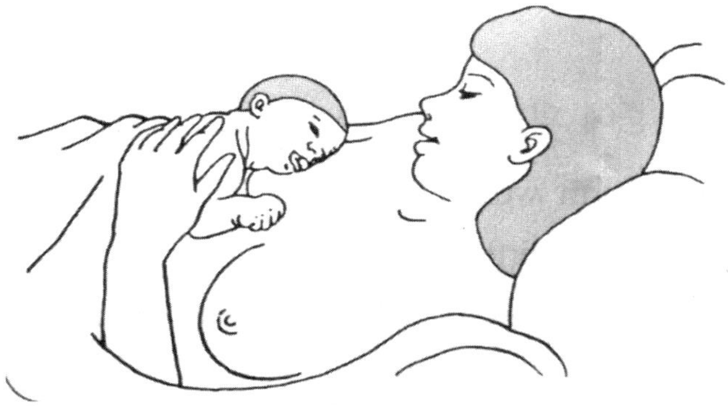

[그림 3-3] 출생 후 모 · 아 간의 피부접촉

(2) 심리적 안정감과 신뢰감의 조성

신생아는 피동적이고 무력한 개체이다. 신생아는 태아기에 가졌던 안정감을 가질 수 있도록 도와 주어야 한다. 안정감은 신생아에게 미지의 세계에 대한 무력감을 극복하게 해 주고 두려움과 분노를 경감시켜 주며 고통을 해소시켜 주어 빠른 성장 · 발달을 도와 준다. 신생아의 여러 가지 욕구에 대한 즉각적인 반응과 만족을 주는 것은 신생아의 신뢰감을 촉진시켜 준다. 만족스러운 경험이 연속되면 그의 요구와 두려움은 진정되며 또한 자신에게 만족을 주는 사람에 대한 기쁨과 신뢰감의 싹이 튼다.

[그림 3-4] 산모와 아기

이러한 관계유지는 타인과 밀접한 관계를 형성할 수 있는 사회화 과정의 가장 중요한 출발점이 된다. 인간생활의 가장 중요한 상호신뢰와 애정이 이 시기에 결핍되면 타인 또는 그 자신에게까지도 안정감 · 신뢰감을 형성하는 기초를 갖지 못하게 되며 사회화 과정은 더욱 어려워진다.

즉, 어머니와 신생아의 첫번째 관계 형성은 신생아의 성격을 좌우하며 또한 신생아의 안정감과 신뢰감의 발달은 좋은 대인관계 형성의 기틀을 마련한다.

6) 발달장애

(1) 수정시 요인

1 상염색체 이상

상염색체(autosomes)는 성염색체를 제외한 22쌍의 염색체를 지칭하며, 이 상염색체의 결함에서 오는 대표적인 장애가 다운증후군이다. 다운증후군은 21번 염색체가 정상보다 많은 경우에 나타나는 질병으로 천사병으로도 불리는데, 이는 이 질병이 있는 아이는 천사처럼 봉사정신과 인내심이 강하기 때문에 붙여진 별명이다. 1862년 영국의 의사인 존 다운(John Down)에 의해 발견되었기 때문에 다운증후군(Down's Syndrome)이라 불린다.

다운증후군은 신체적 장애와 지적 장애를 동반한다. 신체적 장애로는 뒷머리가 납작하고, 목이 짧으며, 작은 머리, 쭉 찢어진 눈, 납작한 코, 삐죽 나온 혀, 짧고 통통한 사지 등이 그 특징이다. 다운증후군의 아동은 평균 지능지수가 50 정도로 심한 정신치제 현상을 보인다. 지적 장애가 있음에도 불구하고 다운증후군의 아동은 속도가 느리기는 해도 정상아동과 비슷한 발달양상을 보인다. 특히, 성격이 밝고 사람을 좋아하기 때문에 사교성이 좋다. 백혈병이나 알츠하이머병에 걸릴 확률이 높은데, 흥미롭게도 21번 염색체는 알츠하이머병과 관련이 있는 것으로 밝혀졌다.

다운증후군은 산모의 연령과 관련이 있다. 즉, 다운증후군의 발생률은 어머니의 연령이 증가함에 따라 급격하게 증가한다. 산모가 40대 후반일 경우 20대 초반 산모에 비해 무려 1,000배 이상의 빈도를 보인다. 그리고 다운증후군의 자녀를 출산한 경험이 있는 경우는 발생률이 더욱 증가한다.

2 성염색체 수의 이상

성염색체의 수의 편차로 결정되는 근본적 장애로 다음 것들이 있다.

① Klinefelter syndrome

이 증후군은 고환형성 부전증(Hodenhypoplasie)으로 제2차 성징과 더불어 나타나며 남성의 유방 돌출이 크고, 불임증, 무정자증, 소고환이 거세된 것 같이 키가 크며 골반의 둘레가 넓고 다리의 길이가 길며 털도 여자같이 적게 나 있다. 이 성염색체의 공식은 XXY(경우에 따라서는 XXXY)로 표시되며 빈도는 R. Lempp의 연구결과에 의하면 1000명 중 1~3명 꼴로 나타난다.

이들은 정신적으로 활기가 없으며 생식불능증이 빈번하며 수동적이고 지능도 정상 이하가 많다.

② Ullich-Turner syndrome

터너증후군은 정상 여성의 성염색체가 XX 두 개인데 반해, X 염색체가 하나밖에 없기 때문에 발생하는 증후군이다. 따라서 난소가 기능을 제대로 하지 못해 여성호르몬이 부족하고 여성호르몬의 부족으로 사춘기가 되어도 2차 성징이 나타나지 않으며 생식능력이 없다. 키가 작고 목이 두꺼우며 짧은 것과 같이 여러 가지 신체의 기형들이 나타나며, 골다공증, 당뇨병 그리고 갑상선기능저하증이 잘 생긴다.

③ Triple-X-syndrome

이 증후는 초여성적이며, 성기능이 미발달하고 불임증을 나타내며, 정신박약자가 많다.

(2) 임신 초기 요인

1 과잉구토증

임신구토가 아동에게 손상을 줄 수 있는 외인성 기질 요인으로 문제가 된다는 것은 R. Mey와 R. Holbein의 연구에 의해서다. 물론 임신 구토가 기형아의 원인이 되는 경우는 비교적 드물지만 뇌세포의 이동 제지의 원인이 될 수는 있다.

2 어머니의 바이러스병

가장 전형적인 예는 Gregg syndrome으로서 정신지체, 소두증, 백내장을 수반한 소안구증, 내이(內耳)의 난청현상, 귀머거리 내지 심장기형을 수반할 수 있다. 빈도는 병든 어머니의 12% 정도이다.

3 약물중독

별로 해가 없는 것으로 알려졌던 수면제며 진정제인 콘테간(손상물질, Thalidomide)으로 인하여 수많은 아동들이 손상을 받은 사실은 [그림 3-5]와 같이 약물로 인하여 어떻게 기형이 생길 수 있는가를 보여주고 있다.

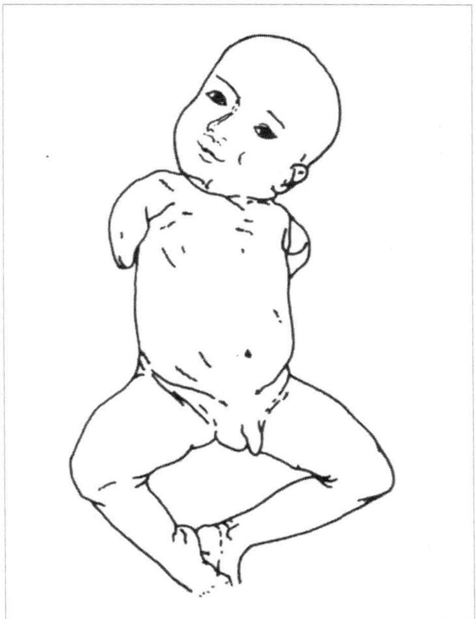

[그림 3-5] Thalidomide의 작용으로 인한 전형적인 신생아 기형

4 방사선

이는 원자탄 폭발 후 히로시마에서 나타난 기형률을 통하여 잘 알려진 사실이다. X-선도 마찬가지여서 H. Verse에 의하면, 임신이 된 것을 알고 있는 경우에 하복부의 X-선 진단지시는 엄격히 통제되어야 한다는 것이다.

5 기타 요인

임신 중 출혈, 양수과다증과 같은 호르몬의 조정 이상, 유산시도 등은 기형아를 유발할 수 있다.

(3) 태아기 요인

태아기의 외인성 손상을 유발하는 직접적인 요인은 다음과 같다.

1 동물 기생체증에 의한 감염

O. Thalharmmer의 연구에 의하면 오스트리아에서는 살아서 출생하는 아동 중 6%가 동물 기생체증인 toxoplasmosis병에 감염되어 있다고 한다. 전염은 보통 개나 고양이, 토끼 같은 가축을 통해서 감염된다. 감염시기에 따라서 출생 때 아동에게 급성뇌염이나 망막의 변화(망막염, 수두증, 뇌수석회화)와 정신박약을 수반하는 결함상태가 나타난다.

진단은 출생 후 특정 혈청검사(예 : Sabin-Feldman검사)로 알 수 있다.

2 매독

매독균은 태반을 통해서 자궁 속의 태아에게 전염되는데 일반적으로 초기전염은 보통 살아서 태어나지 못한다. 후기전염은 피부변화, 코감기, 중이염, 매독성 골증을 수반하게 된다. 치료가 불완전하며 흔히 난청, 수두증 및 정신박약으로 나타나는 수가 많다.

3 어머니의 중독성 손상

임신 중의 연탄가스나 수면제 등으로 아동의 손상이 초래된다. 중독과 비슷하게 심한 빈혈도 영향을 크게 미친다.

4 신장병

신장병, 특히 이것이 급간(Eklampsie)으로 발전하면 신생아에게 위험하다. 이 병은 신장의 기능정지나 기능저하로 어머니의 신체가 중독을 일으키는 경우를 말한다.

I. Gavaller와 그의 동료들의 연구에 의하면 급간아동 중 23.9%가 신경정신적 손상, 특히 정신박약과 간질을 나타낸다고 한다.

□5 어머니의 영양부족

신생아의 중추신경계의 발달에 나쁜 영향을 미친다. 영양결핍이 있는 경우에 뇌세포와 이를 지지하는 여러 가지 형태구조에 큰 문제가 된다. 영양의 부족은 특히 임신 마지막 3달에 큰 영향을 미치고 출산 후 태아가 죽을 가능성도 많으며 살아도 지적 능력 발달에 크게 영향을 미치는 것 같다. 또한 출산시 무게도 작다.

(4) 출생시 요인

출생과정은 신생아에게 부담이 되는데, 이는 커다란 압박 차이에서 오는 진통수축과 또 이 진통수축 동안에 매번 혈액공급이 차단되기 때문이다.

신생아 두개골의 뚜렷한 기형을 초래하는 압박 부담인 외상은 흔히 출생시 뇌손상 가능성이 지적되고 있다.

D. Müller와 A. Treiber의 연구에 의하면 뇌손상이 정신박약의 직접적인 원인이 되고 있음을 시사받을 수 있다.

□1 산소결핍증

신생아는 성인보다 산소결핍 상태를 더 오래 견딜 수 있지만, 그 상태가 3분 이상 경과되면 영구적인 뇌손상을 입게 된다. 이 경우 신경세포가 죽게 되므로 신체적 · 심리적 결함을 초래한다. 만약 신경세포가 너무 많이 죽게 되면 영아는 심각한 뇌손상을 입게 되고(뇌성마비), 심한 경우 사망하게 된다.

□2 조산

임신 28~37주 사이에 아기가 태어나는 경우를 조산이라고 하며, 조산인 경우에는 대체로 체중이 2.5kg 미만인 경우가 미숙아이다. 그러나 임신 40주를 다 채운 신생아도 2.5kg 미만이면 미숙아로 간주된다. 조산의 주된 원인은 가난으로 인한 산모의 영양부족이다. 따라서 경제적으로 부유한 계층보다 가난한 계층의 조산율이 높다. 쌍생아 임신, 임신 기간 중의 흡연, 음주, 약물복용 등도 조산의 가능성을 증가시킨다.

조산아의 가장 큰 문제는 호흡장애증후군(respiratory distress syndrome)과 뇌출혈(brain hemorrhage)이다. 호흡장애증후군은 신체에서 폐를 보호해 주는 물질을 생성하지 못한 결과 호흡이 불규칙하거나 호흡이 정지되는 현상을 말한다. 이와 같은 문제를 해결하기 위해 미숙아는 온도와 산소량이 조절되는 인큐베이터에 들어간다.

제4장

영아 신체발달

1. 신체발달의 영역
2. 생리적 기능
3. 감각기능
4. 신체발달과 가정환경

출생 후 1개월부터 24개월까지를 영아기라고 한다. 이 시기는 걷지 못하고 말하지 못하는 것이 특징이며 주로 전반기에는 감각기관이 현저하게 발달하고 후반기에는 지능의 발달이 뚜렷하게 나타난다.

운동능력의 발달로 인하여 자신의 신체를 조정할 수 있고 또한 성인의 도움으로부터 점차 독립하여 가는 능력이 형성되는 시기이다. 수유(feeding)와 이유(weaning)의 방법 여하는 영아의 발달에 지대한 영향을 미친다.

이 시기는 인간의 어느 시기보다 발달 속도가 가장 빠르며, 즉 신체적 · 지적 · 정서적 · 성격적 발달이 가장 현저하고 왕성한 때이다. 이러한 발달 등은 새로운 환경에 적응해 가면서 발달하기 때문에 자극요인에 따라서 발달의 정도에 개인차가 형성된다.

영아기는 전체 인생 주기의 겨우 2%에 해당하는 짧은 기간이지만 가장 빠른 성장과 발달의 특징을 지니고 있다.

1. 신체발달의 영역

1) 신체의 크기

(1) 신장

일반적으로 영아의 평균신장은 1년 내에 약 50%가 증가하는데, 즉 처음 6개월 동안은 1개월에 2.54cm 정도 증가하여 15~17cm 커지고 그 후는 1개월에 1.2cm 정도 증가하여 약 7cm 커진다. 출생 후 1년이 되면 출생시 신장의 1.5배가 된다. 신장은 남아가 여아보다 발육이 좋다. 한국 소아의 발육 표준치(1996)에 의하면 1개월 영아 중 남아는 57.0cm, 여아는 56.2cm이며, 6개월 남아는

69.2cm, 여아는 67.4cm이며, 12개월 남아는 77.8cm, 여아는 76.2cm이다.

신장은 체중에 비해 환경의 영향을 적게 받으나 정상보다 심하게 신장발육이 나쁠 때는 뇌하수체 혹은 갑상선 등의 장애 유무를 파악해야 한다.

(2) 체중

정상 영아에서는 처음 1년 동안 체중의 증가비율이 매우 빠르다. 영아는 출생 후 6개월 동안은 매주일 5~7oz(150~210gm)씩의 체중 증가가 있으나 출생 후 6개월부터 12개월까지는 매주일마다 3~5oz(90gm~150gm)씩 증가한다. 즉, 월령이 증가함에 따라 점차 감소한다. 영아 1개월 체중은 남아 5.17kg, 여아 4.87kg이며, 6개월이 되면 남아 8.45kg, 여아 7.88kg, 12개월 말에는 남아 10.26kg, 여아 9.49kg이 된다. 남아는 여아보다 체중의 발육이 좋으며 여아의 체중은 신장, 흉위, 두위의 증가보다 더욱 빠르다. 체중 증가는 생후 3~4개월에 출생시 체중의 2배가 된다. 초기체중의 급증은 식욕의 증가로 지방의 축적에 기인하며 생후 6~9개월부터는 왕성한 식욕은 점차 소실되는 경향이 있으며 또한 지방의 축적 대신에 근육과 골격을 형성하는 데 열량이 사용되며 점차적으로 아기는 활동적으로 된다. 특히 영아의 체중은 영양과 질병에 대해 민감하게 반응하며, 즉 영아가 체중이 증가하지 않는 경우는 영양결핍이나 질병에 대한 일시적 현상이라고 할 수 있다.

표 4-1 출생~24개월 영아 신체 크기 발달

개월 수	남자아이 키 (cm)	남자아이 몸무게 (kg)	여자아이 키 (cm)	여자아이 몸무게 (kg)
출생 시	50.8	3.40	50.1	3.30
(1~2)개월	55.2	4.56	54.2	4.36
(2~3)개월	59.0	5.82	58.0	5.49
(3~4)개월	62.5	6.81	61.1	6.32

개월 수	남자아이 키 (cm)	남자아이 몸무게 (kg)	여자아이 키 (cm)	여자아이 몸무게 (kg)
(4~5)개월	65.2	7.56	63.8	7.09
(5~6)개월	66.8	7.93	65.7	7.51
(6~7)개월	69.0	8.52	67.5	7.95
(7~8)개월	70.4	8.74	69.1	8.25
(8~9)개월	71.9	9.03	70.5	8.48
(9~10)개월	73.5	9.42	72.2	8.85
(10~11)개월	74.6	9.68	73.5	9.24
(11~12)개월	76.5	9.77	75.6	9.28
13개월	78.5	10.50	77.4	10.00
14개월	79.3	10.70	78.2	10.23
15개월	80.1	11.00	79.2	10.52
16개월	81.0	11.20	80.0	10.70
17개월	81.8	11.40	81.0	10.95
18개월	82.6	11.72	81.8	11.23
19개월	83.5	11.90	82.7	11.45
20개월	84.3	12.00	83.4	11.73
21개월	85.1	12.30	84.4	12.03
22개월	86.0	12.40	85.2	12.20
23개월	87.0	12.60	86.1	12.35
24개월	87.7	12.94	87.0	12.51

출처: 대한소아과학회(2007). 한국소아발육표준치

2) 두부와 흉부

(1) 두부

출생 때부터 뇌는 다른 어떤 신체 구조보다도 성인의 뇌 크기에 가까울 정도로 발달되어 있고, 영아기에 발달이 급속하게 진행된다.

두개골의 성장은 출생 후 첫 2년 동안 급속한 진전을 보이는데, 영아의 두개골

은 골 형성이 완성되지 않은 몇 부분으로 나누어진 여러 개의 연골들로 구성되어 있어서 출생 시 좁은 산도를 빠져 나오는데 쉽게 되어 있다.

신생아의 두골 중 경골화되어 있지 않은 부분인 천문(일명 숨구멍)은 영아기에 두개골이 성장하면서 점차 닫히게 되어 생후 18개월쯤에는 천문이 모두 닫혀서 머리 전체가 단단한 뼈로 덮이게 된다.

머리둘레의 성장은 뇌의 발육과 밀접한 관계를 가지고 있으므로 출생 시부터 영아기에 이르기까지 뇌의 이상 여부를 알기 위해서는 머리둘레의 측정이 매우 중요하다.

즉, 머리둘레 성장이 정상에서 많이 벗어나 유난히 크거나 혹은 작을 때 여러 가지 원인으로 발생되는 대뇌증 혹은 소뇌증을 의심해 볼 수 있다.

출생시의 뇌중량이 약 350gm(성인의 약 1/4)이던 것이 생후 9개월이 되면 성인의 약 1/2이 되고 1년 후에는 약 3/5, 1년 반에 약 7/10이 된다. 영아기에는 대뇌의 발달보다 소뇌의 발달이 현저하여 운동발달이 활발하다. 그리고 뇌는 지적 활동의 중심이 될 뿐만 아니라 모든 정신기능의 중심이 되므로 영아기의 뇌의 발달은 매우 중요한 것이다.

출생시 두위는 흉위에 비해 1.5cm 크며, 1개월에는 두위가 남아 38.1cm, 흉위는 38.6cm, 여아는 두위 37.4cm, 흉위 37.8cm를 나타낸다. 3~4개월이 되면 두위 42.0cm, 흉위 43.0cm으로 흉위가 약간 크며 그 후 계속하여 흉위가 커진다. 흉위와 두위는 생후 처음 6개월 동안 가장 활발한 증가를 보이는데, 즉 6개월엔 두위 43.6cm, 흉위 44.6cm, 12개월 뒤엔 두위 46.5cm, 흉위 47.2cm로 증가한다. 두개골의 후천문은 영아기 2개월(6~8주)째에 닫히게 되어 만져지지 않는다.

신생아는 태어날 때 약 1,000억 개의 신경세포와 이들 신경세포의 결합으로 형성되는 50조 개 이상의 시냅스를 가지고 있다. 이때 두뇌의 기본적인 신경회로는 부모에게서 물려받은 유전자에 의해 이미 결정되어 있다. 출생 초기 몇 달 동안 시냅스의 수는 20배로 늘어나 1,000천조 개 이상이 된다. 시냅스의 형성은 생후 2개월에 운동피질에서 시작된다. 그때쯤 영아들은 모로 반사와 파악반사를

중단하고 의도적인 동작을 배우기 시작한다.

3개월에 시각피질의 시냅스형성이 절정에 이르면서 아기의 눈은 물체에 초점을 맞출 수 있게 된다. 기억 내용을 분류하고 보관하는 역할을 하는 뇌의 해마상융기는 8~9개월쯤 기능이 완전히 발달한다. 생후 6~12개월에는 논리적 사고의 예견 기능을 담당하는 전두엽 피질에서는 성인의 두뇌보다 배나 많은 에너지를 소모할 정도로 시냅스 형성이 빠르게 진행된다.

이 시기의 심한 영양실조는 신경세포의 수와 크기, 구조형성에 지장을 초래해서 발달지체와 더불어 심각한 뇌 손상을 초래할 수 있다.

환경적 자극이 결핍된 영아는 환경적 자극이 풍부한 영아에 비해 뇌의 무게가 훨씬 무겁고 정교함 면에서도 뒤떨어지는 것으로 나타났다.

뇌의 기본 전달체계인 뉴런과 시냅스의 대부분은 대뇌피질에 있다.

대뇌피질은 두뇌의 가장 큰 구조로서 두뇌 무게의 85%를 차지하며, 호두 속 반쪽과 같은 모습이며 뇌 부분 중 가장 늦게 성장이 멈추므로 뇌의 다른 부분보다 훨씬 더 환경적 영향에 민감한 부분이다.

대뇌피질은 서로 같은 모양의 좌반구와 우반구로 나누어지는데, 각각의 반구는 각기 반대편 쪽의 신체로부터의 정보를 지각하고 통제한다.

좌반구는 읽고, 쓰기 등의 언어능력을 담당하며 우반구는 정서적 반응이나 지각능력과 관련된다.

(2) 흉부

흉위는 위에서 언급한 것처럼 생후 3~4개월쯤 되면 두부둘레와 비슷하며 그 후에는 정상적으로 두위보다 커진다.

폐는 흉곽 내의 다른 기관들보다 빨리 그 크기가 확장되며 그 때문에 호흡수는 30회/1분 정도로 감소한다. 심장도 그 크기는 증가하나 흉곽의 증가에 비해 저조하며, 맥박은 80~160회/1분으로 아직 불안정하고 외부 환경의 영향을 잘 받는다. 혈압은 85/60㎜Hg 정도이나 측정하기가 어렵다.

표 4-2

두위와 흉위

나이 (개월)	남		여	
	두위 (cm)	흉위 (cm)	두위 (cm)	흉위 (cm)
출생시	34.6	33.4	34.1	33.1
1	37.3	36.7	36.6	36.1
2	39.2	49.7	38.5	38.9
3	40.7	41.7	41.0	41.7
4	41.9	42.7	41.9	42.5
5	42.8	43.4	42.6	43.1
6	43.7	44.1	43.2	43.7
7	44.1	44.7	43.8	44.3
8	44.7	45.3	44.4	44.8
9	45.2	45.9	44.7	45.4
10	45.7	46.4	45.4	45.9
11	46.1	47.0	45.4	46.6
12	46.4	47.4	45.6	47.2
24	48.4	50.0	47.4	49.1

출처 : 대한소아과학회(2007)

3) 복부

복부근육의 발달은 미숙하여 영아의 배는 불룩 튀어나와 있다. 간은 촉지할 수 있고 신장의 기능은 출생시에는 오히려 감소되나 점차 그 기능이 회복되어 생후 6~7개월 이후에는 거의 발달된 기능을 갖는다.

4) 피부와 머리털

출생 때 신생아의 피부는 크림과 같은 끈적끈적한 태지로 싸여 있는데 이것은 엄마의 자궁 안에 있을 때 양수로부터 태아의 피부를 보호하고, 출산과정에서 윤활유 기능을 하여 태아가 자궁에서 쉽게 빠져 나오도록 돕는다. 또한 태어난 후에는 세균 감염을 막아 주는 보호막 구실을 하는데 며칠 안에 마른다. 온몸이 솜털로 덮여 있으나 며칠이 지나면 빠진다.

출생 후 3~4일이 지나면 아기의 피부와 안구가 노랗게 되는 신생아 황달을 겪는다. 이 현상은 간의 미성숙 때문에 일어나는데 대개는 심하지 않고 1주일이 지나면 간 기능이 원활하게 되어 회복된다.

피부는 점차적으로 윤활작용을 하는 피지를 많이 분비하게 되며 신생아 시기에 있었던 피부낙설 혹은 피부가 벗겨지는 경향은 사라진다. 영아의 피부는 유연하나 외부자극에 의해 대부분 적응해 간다. 땀샘은 출생 후 1~2개월부터 그 기능이 활발해져 체온조절에 기여한다. 솜털은 생후 1년이 지나는 동안에 모두 소실되며 그리고 머리털도 새로 난다. 머리털이 빠지는 시기나 양상은 개인 차이가 있다. 새 머리털은 일정한 규격으로 솜털처럼 자라난다.

5) 골격

① 영아들의 골격은 성인에 비하여 작을 뿐만 아니라 비율, 형태, 구성에 있어서도 다르다. 태내에서 형성되는 골격 구조는 부드러운 연골로 이루어져 있는데, 출생 시 신생아의 뼈는 작고 유연하며 휘어지기가 쉽기 때문에 앉히기가 힘들고 붙잡고 세워도 균형을 잡기 어렵다. 그리고 영아의 뼈는 매우 약하고 부드러우며 그 수도 성인보다 적다. 그러나 성장하면서 뼈의 크기와 수도 증가하며 신생아기에 부드럽던 뼈의 조직도 단단해지고 뼈 사이의 공간도 좁아지고 있다.

② 손과 손목의 뼈가 가장 먼저 단단해지며, 1세 무렵이 되면 사물을 잡고 집어 올릴 수 있을 정도로 단단해진다.

③ 뼈가 자라고 튼튼해짐에 따라 뼈의 지지 구조도 변하여 마침내 걸음마를 배울 수 있게 된다.

④ 뼈의 성장이나 골격이 단단해지는 속도는 대부분 적절한 영양공급이나 호르몬 물질에 따라 달라지며 골격의 각 부위에 따라서도 다르다.

신장은 골격의 발달에 의존하며 특히 척추와 긴뼈의 성장에 의해 결정된다. 골격의 발달은 뼈의 크기 · 수 · 구성에서의 변화를 의미한다.

영아의 골격은 연골상태가 대부분이며 점차적으로 청년기까지 장골이 가장 늦게 화골화가 되어진다. 생후 1년 동안에 화골화된 족근골은 2~4개, 수근골(hand & wrist)은 0~2개가 된다. 화골화(calcification)는 여아가 남아보다 빠른 편이며 개인차고 심하고 뼈의 종류에 따라서 다르다. 즉 손과 손목뼈는 다른 부위의 뼈보다 일찍 화골화되며 1세 때에는 거의 성인과 비슷하다.

다리뼈는 완만한 속도로 화골화된다. 뼈의 모양을 X-ray로 찍어 봄으로써(연골은 보이지 않고 성골만 보인다.) 뼈의 성숙도 혹은 뼈의 연령을 추정할 수 있다. 뼈의 수는 출생시 270개로부터 14세경에는 350개로 증가하고 그 후로는 감소하여 성인이 되면 약 206개가 된다. 골격발달에 있어서 특히 수족근골의 화골화작용은 전신 골격발달의 지표적인 가치가 된다.

유치(milk teeth)의 발육은 영아의 화골화작용을 나타낸다. 치아의 생성은 태아기에서부터 형성되며 치아의 발생은 출생 후 6~8개월에 나타나는 것이 정상이다. 뼈와 같이 치아도 여아가 빠르다.

유치는 맨 처음 가운데 아랫니가 2개 나오고, 약 2개월 간격으로 가운데 윗니(2), 위아래 양쪽 간니(2 : 2), 위아래 첫 번째 어금니(2 : 2), 위아래 송곳니(2 : 2), 위아래 두 번째 어금니(2 : 2) 순으로 나오게 된다. 유치는 모두 20개이며, 생후 2년 6개월을 전후하여 모두 나온다.

유치가 나오는 시기에 있어서도 성별의 차이가 나타난다. 근육이나 골격의 발달에서와 마찬가지로, 치아발달에도 여아의 발달이 남아와 비교해서 다소 안정된 양상을 보인다. 유치가 여아는 6~7개월경에 나오며, 남아는 7~8개월경부터 나오기 시작하는 경향이 있다. 또한 6개월경 치아가 나기 시작하면서 짜증을 내기도 한다.

6) 근육

근육섬유 수는 출생시 성인이 가지고 있는 것을 다 가지고 있다. 그러나 조직의 섬유수의 크기나 길이는 작다. 근육발달의 방향은 두미법칙에 의존하여 머리부분의 근육에서 꼬리부분의 근육으로 그 섬유수의 크기와 길이, 기능이 발달한다.

영아는 1세까지 골격근이 완전한 기능을 할 수 있을 만큼 발달하지 못하기 때문에 신체활동에 피로를 빨리 느끼고 또한 회복도 쉽게 된다. 또한 근육의 종류에 따라서 성장속도가 다르며 대근육이 소근육보다 일찍 발달한다. 근육의 신체비율은 남아가 여아보다 크다.

① 영아기에는 이미 존재하는 근육섬유에 변화가 일어나며 이러한 변화는 아동기와 청년기 말에 걸쳐 근육의 길이와 두께가 변한다.

② 근육발달도 위에서 아래로의 발달 원칙에 따라 머리와 목쪽의 근육부터 발달하고 점차 몸통, 팔, 다리의 근육으로 발달하여 영아기나 아동기에는 천천히 증가하여 청년기에 정점에 이른다.

③ 신체 크기와 마찬가지로 지방 및 근육의 구성에 있어서도 성차가 있어, 출생 시부터 여아는 근육에 비해 지방의 비율이 높고 이러한 차이는 아동기 내내 증가하여 청년기에 이르면 그 차이가 상당히 커진다.

2. 생리적 기능

1) 수면

(1) 수면시간

1 2개월 미만 신생아

낮과 밤 구별 없이 하루 평균 16~20시간을 잔다. 배가 고프면 깨서 울고, 배가 부르면 다시 자므로, 눈을 뜬 시간이 낮이고, 자는 시간이 밤이다. 그러나

이 때부터 아기의 수면 습관이 형성된다.

따라서 아기에게 밤과 낮을 인식시키고, 그 환경에 적응하게 할 필요가 있다. 낮에 아기가 잔다고 해서 무조건 조용한 분위기를 만들어 주기보단 적당한 소음을 들으며 자게 하고, 저녁시간 때부터는 조명을 낮춰 주고, 밤에는 캄캄하게 만들어 주는 것이 좋다. 이렇게 해야 나중에 낮과 밤을 쉽게 구분하며, 밤에는 깊은 수면을 취하게 된다.

[2] 2~12개월 영아

두 번 정도의 낮잠을 포함, 하루 9~12시간의 수면을 취한다. 생후 8~12주 정도일 때부터 낮잠을 가능한 한 짧게 자도록 유도하고, 생후 9개월 이후엔 가급적 낮과 밤을 구분해서 잠을 재우는 게 좋다.

아기가 졸리다고 울며 보채는 경우 안아 주고 얼러 재워서는 안 된다. 바로 침대에 눕혀 스스로 잠들게 해야 한다. 계속 안아 주고 업어서 재우다 보면 그렇게 해야만 잠드는 습관이 들어 밤에 깨면 누군가 안아 주고 토닥거려 주어야만 한다.

[3] 걸음마를 시작한 아기

생후 18개월 이후엔 하루 두 번 자던 낮잠을 한 번으로 줄이도록 엄마가 유도해 줘야 한다. 수면 습관이 본격적으로 형성되는 시기이므로 잠자리에 들기 전에 항상 규칙적인 일상을 만들어 줘야 평생 건강한 수면 습관을 가지게 된다. 예를 들어 아이가 잠드는 시간을 매일 9시로 정하고, 2시간 전에 우유나 유제품 등의 가벼운 간식을 주고, 잠자기 30분 전에는 항상 양치를 시키고, 잠자리에 들 때는 늘 엄마가 옆에서 책을 읽어 주는 등의 일상이다. 이 같은 일상이 규칙적으로 반복되면 아이는 잠자는 시간을 인식하게 된다.

(2) 아기 재우기 방법

[1] 바로 재우기

아기를 바로 재우게 되면, 아기가 잠을 깨게 될 때 엄마를 바로 발견할 수 있어 심리적 안정감을 주고 엄마는 누워 자는 아기를 수시로 보면서 아기 상태를 체크해 볼 수 있다. 또 기저귀나 옷을 바로 갈아 입힐 수 있는 것이 장점이다. 그러나 뒤통수가 납작해지고 아기가 토했을 때 구토물이 기도로 넘어갈 우려가 있다.

아기는 잘 때 만세를 부르듯이 손을 위로 올리고 자는데 이불 밖으로 손이 나왔다고 해서 억지로 집어 넣을 필요는 없다. 그러나 토할 때를 대비해 머리는 옆으로 돌려놓는다.

2 엎어 재우기

아기를 엎어 재우게 되면 머리 모양이 예뻐지고 목을 일찍 가눌 수 있으며 젖을 덜 토하는 장점들이 있다. 또 목을 일찍 가누게 되면 운동신경이 빨리 발달하게 되고 혈액순환도 원활해진다는 좋은 점들도 있다. 그러나 아기가 목을 잘 가누지 못하는 상태에서 엎어 재우게 되면 질식사할 염려가 있어 세심한 주의를 요한다. 아기가 목을 제대로 가눌 때까지는 아기가 잘 때 가능한 한 자리를 비우지 말고, 이불은 딱딱하고 평평한 것을 쓰도록 하며, 요 커버나 침대 시트는 주름이 잡히지 않게 팽팽하게 잡아당기도록 한다. 아기 옷도 몸에 잘 맞고 소매나 옷깃이 짧은 것으로 준비한다.

아기를 엎어 재울 때는 다음과 같은 방법으로 한다.

① 왼손으로 아기의 머리를 받치고 오른손은 아기의 가슴 위에 얹는다.
② ①의 상태에서 오른손으로 가슴을 받치면서 아기를 엎드리게 한다.
③ 아기 팔과 다리를 자연스럽게 벌려 주고, 고개는 살며시 들어서 한쪽으로 완전히 돌아가게 한다.

3 옆으로 재우기

아기의 머리 모양을 고려해 엎어 재우고 싶지만, 그것이 어려울 때는 옆으로 재우도록 한다. 옆으로 재울 때는 위로 올라간 다리를 앞으로 내려 뜨려 자연스러운 역 V자 모양이 되게 해야 앞이나 뒤로 넘어지지 않는다.

(3) 잠들지 못하는 일반적인 변인

1 배가 고픈 경우

한밤중에 우는 아기 가운데는 배가 고파서 우는 경우가 있다. 자기 전에 젖이나 분유를 충분히 먹지 못해서 깨는데, 이때 젖이나 분유를 주기 시작하면 습관이 될 우려가 높다. 만약 아기가 목이 말라 하는 것 같으면 분유 대신 물을 준다. 그리고 되도록 밤중 수유는 하지 않는 것이 좋은데, 아기가 정말 배가 고파서 밤마다 깨서 우는 경우라면 무엇보다도 밤에 잠이 들 무렵 수유를 충분히 하는 게 좋다.

2 더위와 추위

여름철 혹은 옷을 너무 많이 입혀 더워서 깨기도 한다. 아기의 등이나 배에 손을 넣어 보아 땀이 차지는 않았는지 살펴보고, 더위나 추위를 느끼지 않도록 옷이나 이불을 잘 조절해 주는 것도 중요하다. 그밖에 밤에는 기저귀를 이중으로 채워 밤중에도 기저귀를 갈 필요가 없게 만들어 주는 것도 좋다.

3 분리불안이 있는 경우

생후 6개월에서 12개월 사이 아기들의 수면장애는 분리불안이 가장 큰 원인이다. 눈에는 졸음이 가득한데도 자지 않고 놀려고 하며, 잠은 기분 좋게 휴식하는 게 아니라 엄마로부터 분리되므로 외롭고 무서운 것이라 어떻게든 잠과 싸워 극복해야 한다고 생각한다.

이 분리불안이 아기를 편안히 잠들지 못하게 한다. 그래서 엄마에게 달라붙고 업히거나 안겨서 잠들고 싶어하며, 심지어 고무꼭지라도 입에 물어야 위안을 받는다. 이럴 때는 업어 재우거나 안아 재우는 것도 하나의 방법이며, 불안을 덜 느끼도록 아기가 좋아하는 인형이나 장난감을 끼고 자게 한다. 또한 낮에는 아기를 충분히 안아 주거나 함께 놀아줘 분리불안을 덜 느끼도록 한다.

④ 밤중 수유습관이 있는 경우

수면은 하나의 행동으로 변화하고 발달한다. 신생아는 배가 고프거나 기저귀가 젖어서 깨는 것 이외에는 잘 잔다. 4개월이 되면 수면각성의 리듬이 생겨서 어느 정도 잠자는 시간이 정해지기 시작하며 수면시간의 조절도 가능해진다. 4개월 정도 된 아기가 밤에 자주 깨거나 잠을 자지 않는 것은 수유습관에 원인이 있기 쉽다. 이 때는 이미 밤중 수유가 필요 없는 시기로, 밤에 수유를 계속하면 아기가 저절로 깨 생체리듬으로 고정화될 수 있다.

2) 대 · 소변 가리기

(1) 대 · 소변 가리기의 시기

신경계가 성숙함에 따라 영아는 대 · 소변을 수의적으로 조절할 수 있게 된다. 대부분의 영아에서 18개월에서 2세 사이에 대소변 가리기 연습을 시작할 수 있다. 대변 가리기(bowel control)는 20개월경(16~24개월 범위), 소변 가리기(bladder control)는 24개월경(18~30개월 범위)에 가능하게 되어 대변 가리기를 소변가리기보다 먼저 할 수 있게 된다. 대 · 소변을 가릴 수 있게 되는 시기는 개인 차이가 많고 가족적으로도 차이가 많아 꼭 어느 시기까지 완전히 가려야 한다고 정할 수는 없으나 생후 2년 말까지 대변을 가리고, 여아는 2.5년, 남아는 3년까지 밤에 소변을 가릴 수 있는 것으로 기준을 잡는다.

영아는 생후 4개월을 전후하여 소변과 대변을 규칙적으로 배설하게 된다. 일반적으로 생후 8주 이후부터 약 6개월까지는 하루에 두 번 대변을 배설하고 그 이후에는 한 번의 대변을 배설한다. 그 후 생후 1년까지는 보통 두 시간마다 소변을 본다. 영아들은 잠을 자는 시간보다 수유하는 동안이나 깨어 있는 동안 배설을 더 잘한다. 특히 1년이 지나면서부터 영아들은 자는 동안에는 거의 배설을 하지 않는다. 대 · 소변을 가리는 일은 개인차가 심하지만 대체로 근육 신경계

통이 발달하는 18개월경부터 가능하게 된다. 소변의 통제는 출생 후 약 6개월경부터 시작하여 20개월 정도 지나면 완료되지만 초기에는 실수를 자주 한다.

(2) 대 · 소변 가리기 훈련방법

① 아기가 화장실에 가고 싶어하는지를 부모가 잘 살펴서 적절한 시기에 화장실에 가도록 훈련을 시키는 것이다.
대 · 소변 가리는 법을 지나치게 엄격하게 가르치면 아이가 자란 후에 행동장애가 발생할 수 있다. 그러나 맞벌이 가정이 늘어나면서 부모가 몇 개월씩 계속 아이를 관찰할 수 없는 경우가 많아 이 방법에는 적잖은 문제가 있다. 특히 낮 동안 놀이방이나 아이보는 사람에게 맡겨지는 아이들은 낮과 저녁에 각각 다른 사람에게서 다른 방법으로 대 · 소변 가리는 법을 배우기 때문에 심한 경우에는 대 · 소변 가리는 법 자체를 거부하는 경우도 생겨나고 있다.

② 대 · 소변 가리는 훈련을 언제 시작할지를 결정하는 것이 매우 중요하며, 아이가 대 · 소변 가리는 훈련을 시작할 준비가 됐는지를 살피는 것도 중요하다.

③ 18개월에서 두 살 반 사이의 아이들이 다음과 같은 행동을 보이면 대 · 소변 가리기 훈련을 받을 준비가 됐다고 판단해도 좋다.

- 혼자 걷고 앉을 수 있다.
- 혼자 바지를 끌어 내리고 올릴 수 있다.
- 부모의 행동을 흉내낼 수 있다.

3) 이유

이유(離乳는, weaning)라는 것은 모유나 우유로만 영양하던 영아에게 여러 가지 반고형식 (半固形食)을 주기 시작하여 점차적으로 고형식(固形食)을 늘려나가 유아(幼兒)의 식생활로 이행하는 과정을 말한다. 기능적으로는 빨아 삼키는 행동에서 씹어 삼키는 행동으로 옮겨지는 과정이다.

(1) 이유의 시작

생후 4~6개월까지는 모유나 조제우유만으로 충분한 영양이 된다. 이유를 언제 시작하는 것이 적당한가 하는데 대해서는 아직 여러 의견이 있으나 생후 5개월경부터 시작하는 것이 추진되고 있다. 영아가 발육이 좋고 먹으려고 하면 4개월경에 시작해도 좋다. 늦어도 6개월보다 더 늦어지지 않는 것이 좋다.

(2) 이유의 단계

이유기는 초기(5~6개월), 중기(7~8개월), 후기(9~11개월), 완료기(12개월 이후)로 나눌 수 있다.

1 이유 초기

이유 시작 후 1~2개월 동안, 즉 생후 5~6개월은 하루 한번 미음, 계란 노른자, 으깬 야채 등 반 유동식을 숟가락으로 주어 모유나 분유 외의 음식에 습관을 들이는 시기이다.

2 이유 중기

생후 7~8개월로서 죽, 으깬 야채, 으깬 생선, 계란 등의 반고형식을 하루 두 번 준다.

3 이유 후기

생후 9~11개월로서 죽밥, 잘게 썬 야채, 다진 고기, 빵, 과자 등 고형식을 하루 세 번 주게 되며 이유식이 영양의 주 공급원이 되고 모유나 분유는 감량한다.

4 **이유 완료기**(12개월 이후)

성인의 식사로부터 이용 가능한 것이 많아지므로 잘게 자르거나 부드럽게 삶아서 소화가 잘 되는 형태로 준다.

우유는 400~500mL를 컵으로 먹인다. 생우유는 12개월이 지나서부터 먹인다.

(3) 이유식 내용

이유기의 아기는 신체 및 두뇌 발달이 왕성하므로 각 식품이 지닌 영양소를 고려하여 풍부한 영양가를 가진 식품들을 균형있게 선택하여 공급해야 한다.

표 4-3 이유표

월 령		이유 초기 (5~6개월)	이유 중기 (7~8개월)	이유 후기 (9~11개월)	이유 완료기 (12개월 이후)
횟수	모유나 우유	4회	3회	2회	※
	이유식	1회 → 2회	2회	3회	3회~5회
이유식 시간		10시	10, 18시	8, 13, 18시	8, 13, 18시
이유식의 종류	곡류	미음류	죽류	죽, 묽은밥	밥
	야채류	걸른 것	으깬 것	잘게 자른 것	잘게 자른 것
	계란	완숙 노른자 1/2개	완숙 노른자 1개 → 전란 1/2개	전란 1/2개	전란 1/2→2/3
	생선, 고기류	–	으깬 것	잘게 다진 것	잘게 다진 것
	과일류	걸른 것	긁은 것	잘게 다진 것	잘게 자른 것

※ 우유는 하루 400~500ml 컵으로 준다. 생우유는 12개월 후부터나 준다.

[주] 1. 이유 초기에는 모유나 우유 후에 이유식을 주고 이유 후기에는 이유식 후에 모유나 우유를 준다
2. 유지류(버터, 마가린)는 이유 중기부터 적당량을 포함시킨다.
3. 소금, 설탕 등의 조미료는 가능한 사용하지 않는다.
4. 알레르기가 있는 아기는 계란 흰자를 이유 후기에 시작한다.
5. 이유 후기의 이유식에는 5가지 기본식품이 고루 포함되어야 한다.
6. 생우유는 생후 1년 후부터나 주기 시작한다.

(4) 이유식을 주는 기본원칙

① 음식이 목에 걸리거나 사래드는 것을 막기 위하여 앉은 자세에서 주도록 한다.

② 이유 초기에 반유동식을 숟가락으로 먹인다. 시판되는 이유식을 이용하는 경우 분유와 함께 우유병에 넣어 먹이지 말고 숟가락으로 떠먹인다. 처음에는 혀로 밀어 내는 수가 있는데 이는 음식을 싫어한다기보다 받아먹는 방법에 익숙하지 않기 때문이므로 포기하지 말고 잠시 쉬었다가 다시 시도하면 잘 먹게 된다. 이유 중에는 암죽, 두부 같은 부드러운 고형식, 이유 후기에는 죽밥 등의 고형식으로 점차 진행한다.

③ 이유식은 매일 일정한 시간을 정해 놓고 준다. 처음에는 오전 10시경이 좋다.

④ 이유 초기에는 여러 가지 음식을 함께 주지 말고 한 번에 한 가지 음식을 준다. 양은 한 숟가락에서 시작하여 점차 증량한다.

⑤ 새로운 음식을 첨가할 때는 약 1주일 간격을 두고 시행하며, 설사, 구토, 피부발진 등이 나타나면 중지시킨다.

⑥ 위생적으로 조리 및 보관하여야 하며 소금, 설탕 등의 조미료는 첨가하지 않는다.

⑦ 이유식은 중탕에 의해 체온 정도로 데우는 것이 이상적이다. 가정에서 흔히 사용되는 전자레인지는 음식이 너무 뜨겁게 데워지거나 고루 데워지지 않으므로 바람직하지 않다.

⑧ 한번에 먹는 양이 적으므로 가족의 식사 준비 중 일부를 아기에게 맞게 조리하면 좋다.

⑨ 이유식은 식생활의 틀을 만드는 기본이므로 일정한 장소에서 일정한 시간에 주어 올바른 식습관 형성에 도움이 되게 한다.

⑩ 이유 후기에는 고형식을 주게 되는데 이때 소시지, 당근, 땅콩 종류는 사래

가 들리기 쉽고 기도 내로 흡인되어 호흡곤란을 초래할 수 있으므로 특히 주의해야 한다.

4) 영양

- 영아가 섭취하는 음식물 또한 신체적 성장에 중요한 영향을 미친다.
- 영양을 제대로 섭취하지 못하는 영아는 성장이 느리고 잘 자라지 못한다.
- 영아에게 제공되는 수유량은 개인차가 크기 때문에 반드시 1회 표준 수유량을 따를 필요는 없으며, 수유시간 간격도 영아의 특성에 따라 달리하여야 한다.
- 아기들마다 영양상태, 신체구조, 성장 속도 및 활동 형태가 다르기 때문에 영양 공급에 대한 요구 또한 개인차가 매우 크다는 것을 알아야 한다.
- 생후 첫 6개월은 아기의 주요 영양원이며 에너지원은 모유나 우유를 통해 섭취하지만 이가 나고 활동량이 많아지면서 점차 고형식을 섭취하게 된다.
- 영아의 활동량이 많아지면서부터 필요로 하는 영양소의 섭취량이 증가하고 이가 나기 시작하면 씹고 깨무는 행동이 나타난다. 따라서 영양 보충은 물론 고형 음식에 적응할 수 있도록 씹기 훈련을 시키기 위해 이유식을 먹여야 하는데, 이유의 시기는 3~4개월가량부터 아주 소량의 주스를 주기 시작하는 것이 적절하다.
- 극심한 영양결핍을 겪은 아기들은 신체적으로 왜소하며 두뇌발달에 심각한 영향을 입게 된다. 식량난이나 영양 결핍으로 인한 신체발육의 문제 혹은 높은 영아 사망률은 최근 북한 아동들에 관한 자료에서도 보고되고 있다.
- 이와 반대의 경우, 지나친 섭취로 인한 비만 역시 아동의 신체적 발달, 건강 및 심리적 발달에도 않은 영향을 미치므로 소아비만을 조장하는 식이요법은 주의해야 한다.

영아는 성인에 비해 신진대사가 활발하기 때문에, 섭취해야 할 영양소의 절대량은 적지만 체중 1kg당 에너지, 단백질, 수분의 필요량은 훨씬 크다. 성인과 달리 에너지나 다른 영양소를 저장해 둘 여유가 없으므로 영양의 부족, 영양질의 불균형, 영양섭취 방법이 적절하지 않으면 그 반응이 심각하게 나타날 수 있다. 즉, 면역성의 저하와 생활력의 저하를 가져오며, 영양결핍성 질환을 갖게 되기 쉽다.

영아기는 신생아기에 비하여 성장속도가 둔화되므로 신생아기에 비해 음식 요구량과 식욕이 상대적으로 감소한다. 2세 영아는 이전보다 의사결정권을 많이 요구하고 거부하는 주장을 잘하므로 잘 먹던 음식에 대해서도 먹기를 거부하는 행동을 보이기도 한다. 이는 영아의 신체발달뿐 아니라 사회, 정서적 행동에도 영향을 줄 수 있다. 만일 영아가 배고픔을 느끼면 분노나 짜증이 유발되고 나아가 또래관계에도 부정적인 영향을 미칠 수도 있다.

3. 감각기능

1) 시각

(1) 생후 1개월

두 눈의 협응작용이 잘 이루어져 눈의 사시현상은 사라진다.

생후 1개월이 되면서 아직 형태 식별은 어려우나 색채 식별이 가능하여 흰색, 황색, 녹색, 청색, 적색의 순서로 반응을 보인다.

여아가 남아보다 더 색채를 잘 식별하는데, 이것은 여아의 시각능력이 보다 발달되었기 때문일 수 있다.

(2) 생후 2~3개월

탄생 후 2~3개월 사이에 아기의 시력은 예리하게 발달하고 양눈의 시선이 동일하게 움직이게 된다. 움직이는 물체에 눈이 따라 움직이고 손으로 붙잡으려고 한다. 또 이 시기에 아기는 머리를 움직이지 않고 한 물체에서 다른 물체로 시선을 옮기는 방법을 익히게 된다. 빛에 대한 반응도 민감해져 생후 3개월이 되면 성인보다 10배 많은 양으로 빛을 감지할 수 있게 된다. 따라서 아이가 잠잘 때 밤의 조명을 약하게 하는 것이 좋다.

수직 방향에의 추적이 가능해진다. 출생 후 2개월 반이 되면 어떤 방향으로든 추적이 가능하다.

(3) 생후 4~8개월

생후 6개월경에는 대뇌 시각중추가 빠르게 성장한다. 이때 아기는 사물을 뚜렷하게 구별할 수 있고 사물의 움직임에 따라 눈동자를 빨리 움직일 수 있다. 색상 구분능력은 거의 성인과 비슷한 수준으로 발달해 무지개 색상을 모두 구분할 수 있다. 또 눈과 손의 협응력이 높아져 물건 위치를 재빠르게 찾아내고 집어 정확하게 입으로 가져간다.

생후 6개월은 시력발달에 매우 중요한 시기로 종합안과 검진이 필요하다. 아기가 시력판을 읽을 줄 몰라도 비언어적 검사법을 통해 시력을 측정할 수 있다. 또 안과질환과 근시 · 원시 · 난시는 물론 약시와 사시 유무까지 확인할 수 있다. 특히 사시가 있다면 조기에 치료해야 영구적인 시력 이상을 방지할 수 있으며 시각발달 지연을 막을 수 있다.

① 색 변별이 가능하다.

② 신생아 및 초기 영아의 눈은 각막이 비대칭이기 때문에 생후 1년 동안 난시성의 경향이 있다.

③ 수정체를 조절하는 능력이 부족했으나 이 시기에 이르러 성인수준의 조절이 가능해진다.
④ 성인과 같은 원활한 시각적 추적을 보인다.
⑤ 시각의 정확도가 정상에 이른다.
⑥ 대칭과 비대칭을 구분한다.

(4) 생후 7~12개월

출생 직후부터 망막은 상당히 빠른 속도로 성장하여 이 시기에 이르러 성인과 같은 망막을 갖게 된다.

생후 7개월부터 1년 사이에 아기는 움직임이 활발해지고 기어다니기 시작한다. 거리감각이 향상되고 물건을 정교하게 잡을 수 있으며 던지기도 한다. 이 단계에서 아기는 몸의 움직임과 시력을 잘 조화시키는 방법을 익힌다. 이 시기에 부모는 아기의 움직임을 더욱 세심히 살펴야 한다. 활발한 움직임과 거침없는 손놀림으로 눈의 타박상, 상처나 다른 심각한 외상을 입을 가능성이 높기 때문이다.

아기의 눈과 손 등 신체의 협응력을 조화롭게 발달시키기 위해서는 바닥에 좋아하는 물건을 놓고 기어가 잡도록 하면 도움이 된다. 분해하고 조립할 수 있으며 안전성이 입증된 장난감을 선택하는 것이 좋다.

2) 청각

(1) 생후 2~3개월

어머니가 하는 말에 반응하게 되며 어머니의 목소리가 나는 쪽을 향해서 방긋하고 웃는 수도 있다. 그러나 5개월이 지났는데 목소리나 다른 소리에 반응하지 않는다면 청력검사를 실시하는 것이 필요하다. 귀가 들리는지 어떤지를 가정에서 알아보는 제일 손쉬운 방법은 탬버린이나 북같은 큰 소리가 나는 것을 아기가 보지 못하게 하고 옆에서 두들겨 보는 것이다. 움찔하거나 눈을 번쩍하지 않는다면 들리지 않을 가능성이 있다. 그러나 이 연령의 아기의 청력을 가정에서 검사하는 것은 매우 어려우므로 종합병원이나 전문기관에서 검사를 받도록 하는 것이 바람직하다.

(2) 생후 5~6개월

연령에 따라 향상하는 또 하나의 기본적인 청각 기술은 소리의 위치를 확인하는 능력이다. 신생아는 소리나는 쪽으로 머리를 돌리기 때문에 소리가 나는 방향을 판단할 수 있는 초보적 능력을 가지고 있음을 알 수 있다. 대부분의 영아들이 이 시기에 소리의 위치를 판단하는데 아주 익숙하다.

(3) 생후 24개월

청각이 성인의 수준까지 도달할 수 있다.

4. 신체발달과 가정환경

신체발달은 유전과 환경의 두 가지 요인의 상호작용에 의해서 규정되어진다. 발달에 있어서 환경은 불가분의 요인이고, 유전과 환경, 또는 성숙과 학습 중 어느 쪽이 더 중요한가 하는 것은 오래 전부터의 논쟁이다. 유전적 영향이 크다고는 하지만 체중이나 흉위는 신장에 비해 영양이나 생활양식 등의 환경요인에 의해 많이 좌우된다. 신체발달에 영향을 주는 환경요인에는 영양, 질병과 신체적 결함, 수면과 휴식 등이 있다.

영양섭취(nutrition intake)는 신체발달에 가장 중요한 환경요인이다. 특히 발달이 두드러지는 영아기의 영양결핍 현상은 신체발달을 저하시킨다. 영양섭취는 단순히 영양학상의 문제 뿐만 아니라 수유(feeding), 이유(weaning) 시기와 식습관, 편식 등과 관련이 있다. 오늘날은 영양결핍의 문제보다 편식이나 과식에 의한 비만아의 문제가 심각하다.

질병과 신체적 결함(illness and physical defects)은 발육발달에 직접적인 영향을 미치므로 지속적인 관심을 가지고 미리 예방하여야 한다. 질병은 소아과학회 등에서 제안된 정해진 시기의 예방 접종과 규칙적인 진단으로 예방하고, 이미 감염되었거나 신체적 결함이 있을 때는 의사와 상의하여 해결해야 한다.

수면과 휴식(sleep and rest)은 영아들에게 매우 중요하다. 적당한 휴식과 수면은 발육발달을 위한 필수조건일 뿐만 아니라 건강한 신체를 유지하기 위한 요소이다. 이 밖에도 신체운동, 부모의 양육태도, 사회 · 문화적 환경 등 후천적 요인에 의해 영향을 받는다. 이러한 것은 신체발달을 결정짓는 뇌하수체를 비롯한 성장호르몬 분비를 활성화시키는데 영향을 미치는 요인으로 작용한다. 또한 심리적 상태도 발육발달에 영향을 미친다. 실제로 극도로 불안한 심리적 요인은 발육에 장애를 가져오며 일상생활 중에도 사고나 부상의 확률이 높은 것으로 보고되고 있다. 그러므로 영아들이 즐겁고 안정된 상태를 유지할 수 있도록 주의를 기울여야 한다.

표 4-4 1~12개월 영아기 예방접종표

개월 수	예방접종명	보건소 접종	소아청소년과 접종 종류
1개월 이내	B형 간염 1차	○	
	BCG(결핵)	○	피내용
		×	경피용
1개월	B형 간염 2차	○	

개월 수	예방접종명	보건소 접종	소아청소년과 접종 종류
2개월	DTaP 1차	○	DTaP 3세대 DTaP
	폴리오(소아마비) 1차	○	
	뇌수막염 Hib 1차	×	
	폐구균 1차	×	
	로타바이러스(장염) 1차	×	먹는 약 2회 먹는 약 3회
4개월	DTaP 2차	○	DTaP 3세대 DTaP
	폴리오(소아마비) 2차	○	
	폐구균 2차	×	
	로타바이러스(장염) 2차	×	먹는 약 2회 먹는 약 3회
4개월 영유아 검진			
6개월	DTaP 3차	○	DTaP 3세대 DTaP
	폴리오(소아마비) 3차	○	
	뇌수막염 Hib 3차	×	
	폐구균 3차	×	
	로타바이러스(장염) 3차	×	먹는 약 3회
	B형 간염 3차	○	
6개월 이후	독감 인플루엔자(생후 12개월 이후 매년 9~10월에 접종하되, 첫해는 1차 접종 후 한 달 뒤 2차 접종)	×	보급형(국내형) 고급형(수입형)
9개월 영유아 검진			
12~15개월	수두	○	
	MMR(홍역/볼거리/풍진) 1차	○	
	뇌수막염 Hib 4차	×	
	폐구균 4차	×	

출처 : 대한소아과학회(2010).

제5장

영아 운동발달

1. 운동발달의 원리와 순서
2. 조대운동
3. 미세운동
4. 영아 운동발달의 효과와 저해요인

1. 운동발달의 원리와 순서

1) 운동발달의 기본원리

첫째, 운동발달은 단계적, 연속적으로 이루어진다.

신체기관이나 운동기능의 발달은 앞 단계의 발달을 토대로 하여 다음 단계로 발달해 가는 단계적이며 연속적인 과정을 거쳐서 이루어진다.

둘째, 신체적, 심리적 발달에는 이상적인 시기가 있다.

운동기능이나 심리적인 발달은 급증하거나 정체하는 시기가 있다. 따라서 이 시기를 놓치면 발달에 장애가 올 수 있다.

셋째, 운동발달은 개인차가 있다.

운동발달은 속도뿐만 아니라 발달 유형에도 개인차가 있고 남녀간에도 차이가 있다. 그런데 이러한 개인차는 선천적인 요인보다도 학습기회, 수련방법, 동기유발 등에 의한 차이가 더 크다.

넷째, 운동발달은 다른 영역의 발달과도 관계가 깊다.

영아기의 운동발달은 사회성, 성취동기, 정서적인 안정감, 학업성취 등과 밀접한 관계가 있다. 따라서 성공적인 운동발달은 긍정적인 자아개념을 형성하는데 많은 도움을 준다.

2) 운동발달의 순서와 방향

영아의 운동발달은 중추신경계, 골격, 근육의 성숙 정도에 따라 영향을 받는다. 운동발달의 전개는 시간적 · 계통적으로 일정한 순서가 있다. 미분화의 전체운동에서 분화적 특수운동으로 발달하며, 분화(differentiation)적 특수운동이란 분화,

협응(coordination), 중심화(centralization)가 성립하여 상호간에 통일된 관련·종속의 관계가 발생하게 되는 것을 의미한다.

(1) 두미의 방향

눈운동, 머리운동, 목의 운동, 눈과 손의 협동운동이 먼저 발달되며 상반신, 하반신운동, 다리운동은 제일 늦게 발달한다.

(2) 근처-원처의 방향

신체의 중앙 부분부터 먼저 발달하고 가까운 부분, 팔이나 다리 등의 말초 부분으로 발달한다.

(3) 전체-부분의 방향

신체의 큰 근육이 먼저 발달하고 작은 근육이 점차 발달한다. 최초 미분화의 전체운동으로부터 점차로 분화하여 특수화한 부분운동으로 이행한다.

(4) 양 방향-한 방향

방향의 운동능력이 발달한 후에 한 방향의 운동능력이 발달한다. 그래서 유아기 초기에는 양손을 사용하다가 어느 한 손을 주로 사용하게 된다.

(5) 수평-수직방향

수평운동 능력이 먼저 발달하고 다음에 수직운동 능력이 발달한다.

(6) 동작-억제방향

손의 운동은 척골 측에서 요골 측으로, 회내 운동(pronation)에서 외전 운동(supination)의 순서, 동작의 수행이 먼저 발달하고 나중에 억제 운동이 발달하는데(예를 들면, 물건을 쥐는 동작이 먼저 발달하고 펴서 놓아 주는 동작은 나중에 발달하는 것), 이러한 운동발달의 순서가 바뀌는 일은 거의 없다.

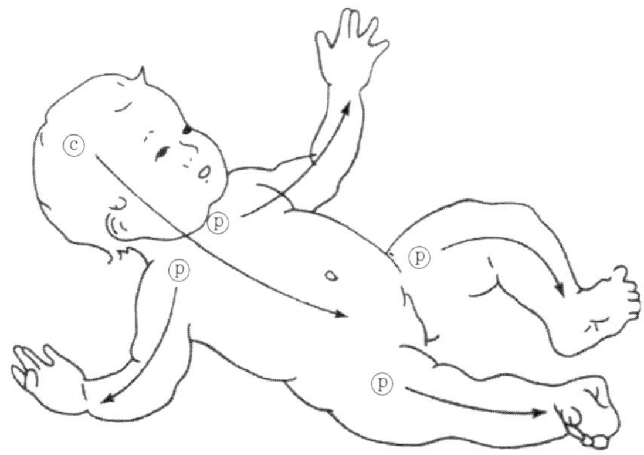

ⓒ: 두미방향　　ⓟ: 중심-말초방향

[그림 5-1] 운동발달의 순서

2. 조대운동

1) 조대운동의 개념

조대운동 발달(gross motor development)이란 자세(posture), 평형(balance), 이동

(movement) 등 전체적인 몸의 움직임의 발달을 말한다.

목을 가누거나 앉거나, 기기, 걷기, 뛰기, 층계오르기 등 몸 전체적인 조대운동의 발달은 머리에서 다리방향(cephalo-caudal)으로, 그리고 몸의 중심부로부터 말초(proximo-distal)로 진행한다.

즉, 머리 가누기(head control)부터 시작하여 엎치기(roll over), 앉기(sitting), 기기(crawling), 서기(standing), 걷기(walking), 뛰기(running), 층계 올라가기(going up stairs) 등의 순서로 발달해 간다.

조대운동 발달이 정상적으로 출현하는 시기(milestone)를 알아 두면 운동발달 지연을 평가하는 데 도움이 된다.

2) 조대운동의 발달순서와 시기

[그림 5-2] 조대 운동발달의 순서와 시기

(1) 생후 1개월

보통 1개월 말쯤 되면 영아는 말보다 빨리 엎드린 자세로 머리를 위로 30도 이상 들 수 있다.

1개월 때에는 엎드려 놓으면 머리를 좌우로 움직일 수 있다. 아직은 반사에 의한 반응이 남아 있는 시기이다. 예를 들어 아기의 입술 주변을 손가락으로 가볍게 자극하면 입술로 손가락을 찾아 빨려고 하는 빨기반사를 볼 수 있고, 손바닥을 건드리면 꽉 붙잡고 놓지 않는 잡기반사를 관찰할 수 있다.

(2) 생후 2개월

바로 누운 자세에서 엎드린 자세로 구부리며, 줄 달린 고리를 보여주면 고리를 따라 머리를 위아래로 움직인다. 그리고 엎드린 자세에서 머리나 가슴을 들고 고개를 돌리거나 다리를 번갈아가면서 차거나 동시에 활기차게 차며 안겼을 때 머리를 똑바로 든다.

(3) 생후 3개월

3개월에는 대부분 반사적인 운동이 사라지면서 자발적인 움직임이 활발해지기 시작한다. 이 시기에는 엎드린 자세에서 팔꿈치로 받쳐 상체를 들 수 있다.

(4) 생후 3~6개월

3~4개월엔 목의 힘이 점점 세져 목을 가눌 수 있으며, 반듯이 누워 있다. 4개월엔 엎드린 자세에서 손이나 손목으로 받쳐 상체를 90도 든다. 최소 5분 정보 베개나 이불 등에 기대어 앉는다. 배밀이를 한다. 서도록 도와주었을 때 발바닥의 대부분을 바닥에 댄다.

4개월엔 허리가 아직 굽은 상태지만 부축해 주면 앉을 수 있고, 부축해서 세우면 발끝으로 서기도 한다. 또한 머리를 똑바로 가눌 수 있어 엎드려 놓으면 머리를 잘 들어올린다. 발달이 빠른 아기의 경우 4개월에 뒤집기를 하기도 하지만, 대개 5~6개월이 되면 뒤집기를 한다. 보통 배에서 등쪽으로 먼저 뒤집고 나중에 반대 방향으로 뒤집기를 한다. 또한 엎드려 놓으면 다리를 뻗을 수 있고, 두 팔로 몸을 지탱할 수도 있다. 6개월에는 누워서 발을 높이 뻗어 올리거나 발을 손으로 잡기도 한다. 스스로 일어나려고 하기도 하고, 부축해서 앉히면 균형을 잡으면서 몸이 약간 앞으로 쏠린다.

(5) 생후 7~9개월

7개월에 들어서면 손놀림과 동작이 활발해지면서 기기 시작한다. 또한 스스로 앉는 법을 배우게 되고, 팔을 잡아 일으키면 다리의 힘으로 일어설 수도 있다. 8개월이 되면 혼자서 앉는 것이 능숙해지고, 9개월에는 뭔가를 잡고 일어서게 되어 이동이 자유로워진다.

조금 발달이 느린 아기도 수개월 내에 혼자서 한두 걸음을 걸을 수 있게 된다.

손으로 짚지 않고 10분 이상 똑바로 앉아 있거나 엎드린 자세에서 앞쪽, 뒤쪽으로 긴다. 그리고 기구나 다른 지지대를 잡고 서 있거나 15cm 정도 높이의 계단 또는 낮은 탁자를 기어오를 수 있다.

(6) 생후 10~12개월

가구를 잡고 돌아다니며 양육자의 도움으로 몇 걸음 걸으며 혼자 선다. 그리고 좌우 60cm 떨어져 있는 물건을 잡기 위해 몸을 자유롭게 돌린다.

(7) 생후 12~18개월

비로소 걸음마를 시작하게 된다. 두 다리를 넓게 벌리고 발끝은 바깥을 향하며, 앞으로 움직일 때마다 좌우로 비틀거리면서 걷는다. 대부분 12개월에는 혼자 걸을 수 있는데, 일부 생후 15개월까지 혼자 걷지 않는 경우도 있다. 활동적이고 겁이 없는 아이는 좀더 일찍 걷는 경향이 있다. 일찍 걷는다고 해서 다른 발달 영역에서도 앞설 것이라고 볼 수는 없다. 18개월에는 서툴지만 뛸 수 있고, 한 손을 잡아 주면 층계를 올라갈 수 있다. 처음에는 진행 속도가 더디지만, 18개월 이내에 빠른 속도로 걷게 된다. 또한 손가락을 이용해 작은 물건을 집을 수 있으며, 낙서를 할 수도 있다. 한편 아기가 걸을 수 있게 되면 집안 구석구석을 돌아다니면서 물건을 이것저것 만지고 높은 곳에 올라가는 등 위험한 행동을 보일 수 있으므로, 엄마는 혹시 모를 안전사고에 늘 대비해야 한다.

(8) 생후 18~24개월

이 시기에는 몸의 균형을 잘 잡고, 민첩하게 움직일 수 있게 되어 제자리에서 두 발로 뛰거나 쪼그려 앉은 자세에서 혼자서 일어나는 것이 가능해진다. 엄마가 한 손으로 잡아 주면 양다리를 함께 움직여 계단을 오르내릴 수 있고, 층계의 맨 아래층에서 바닥으로 뛰어내릴 수 있으며, 잠깐 동안 한 발로 설 수도 있다. 손의 움직임도 더욱 정교해지고 활발해져 나무토막을 3~6개 정도 쌓을 수 있고, 숟가락의 음식물을 쏟지 않고 먹을 수도 있다.

3) 이동운동의 발달

이동이란 생물체가 자기의 몸의 위치를 스스로 움직여 옮기는 현상을 의미한다. 영아의 이동운동(locomotion) 발달은 처음에는 기어다니다가 차츰 앉을 수 있

게 되고, 그 후 서서히 걷게 되는 순서로 이루어진다. 영아가 1개월이 되면 엎드려서 고개를 쳐들 수 있지만 부축해 주지 않으면 머리를 떨어뜨리는 경우가 많다. 2개월이 되면 머리를 30° 정도로 들며 4개월이 되면 머리를 옆으로 돌릴 수 있게 되고 엎치게도 된다. 5~6개월이 되면 머리와 고개의 운동은 자유롭게 할 수 있다. 앉는 자세는 3~4개월에 몸을 받쳐 주었을 때 가능하며, 9개월 때에는 도움을 받지 않고도 혼자 앉아 있을 수 있다. 영아의 최초의 이동운동은 배를 밑으로 대고 누워서 회전을 한다. 3개월부터는 발로 땅바닥을 차고 몸이 머리쪽으로 이동해 간다. 5개월이 되면 엎드리는 운동을 취할 수 있고 8~9개월이 되면 배를 바닥에 대고 기는(crawling) 운동을 하는데 이 때는 아직 손과 팔 · 다리의 근육 등 신체 각 부위의 발달이 신체를 지탱할 정도로 발달되어 있지 못하다. 그러나 10개월이 되면 배를 바닥에 대지 않고 손과 발로 기는(creeping) 운동이 이루어진다. 이 단계는 개인차가 심하며 어떤 영아는 중간 단계를 거지지 않고 직접 기는(creeping) 경우가 있다. 보행의 발달을 보면 10개월 이후가 되면 물체를 잡고 설 수 있고 또한 물체를 잡고 걷기(cruising)도 한다. 12개월 때에는 잠깐 동안 혹은 오랫동안 서 있을 수 있고 도와주면 걸을 수 있다(그림 5-3).

4) 조대운동 발달을 돕는 방법

첫째, 아기가 깨어 있을 때 아기를 엎드려 놓으면 운동발달에 도움이 된다. 아기가 기고 서기 위해서는 엎드려서 자기의 몸을 조종할 수 있어야 한다. 따라서 되도록 빨리 배를 바닥에 대고 머리를 든 상태에서 놀 수 있도록 도와주어야 한다.

둘째, 아기를 일부러 앉히거나 세우지 말고 바닥에서 놀도록 해야 한다. 아기의 운동발달은 목부터 시작하여 어깨, 등, 허리, 다리로 순서에 맞게 발달한다. 일부러 앉히거나 세우면 운동발달의 자연스런 흐름을 막기 때문에 운동발달이 오히려 늦어질 수 있다.

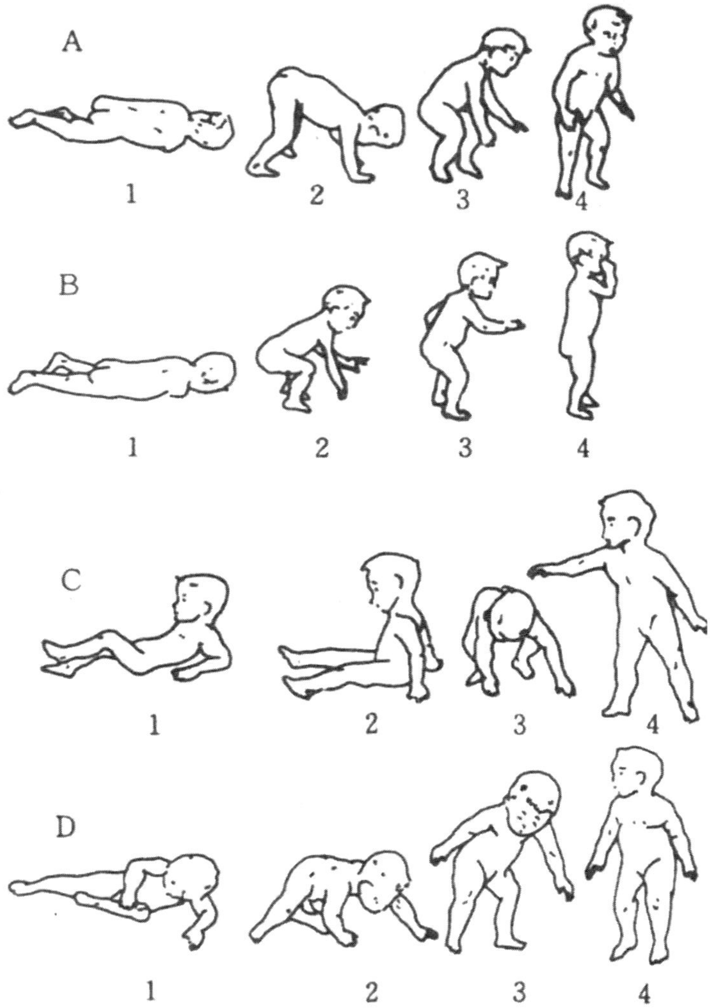

[그림 5-3] 4명의 다른 유형의 아기가 엎드린 자세에서 서 있는 자세로 발달해 가는 모습

셋째, 보행기를 태우지 말아야 한다. 보행기를 타면 아기의 등근육이 긴장되고 양다리를 동시에 사용하게 하므로 뒤집기와 기는 것이 늦어진다. 또한 등근육이 긴장되면 어깨에 힘이 들어가서 팔뻗기를 방해하고, 보행기를 밀 때 발가락을 사용하기 때문에 까치발이 되기 쉽고 아킬레스건이 짧아질 수 있다.

3. 미세운동

1) 미세운동의 개념

앉는다든지 걷는다든지 하는 전신적인 조대운동(gross motor)에 대하여 물건을 손으로 잡는다든지 수저로 음식을 떠먹는다든지 하는 미세운동(소근육 운동, fine motor)은 눈과 손의 협동(coordination)이 필요하다. 이러한 미세운동은 어린이가 손으로 붙잡는 모습(grasp)(그림 5-4), 입방체 쌓아 올리기(building), 그림보고 그리기(copying) 등을 뜻한다.

2) 미세운동의 순서와 시기

(1) 생후 1~3개월

손에 물체가 닿아도 잡을 수 없어 밀기만 한다. 움직이는 물건쪽으로 고개를 돌리고, 잡으려고 어깨를 움직이지만 팔을 뻗지는 못한다. 목가누기가 어느 정도 가능해지기 시작한다. 엎드려 눕혀 놓으면 큰 어려움 없이 머리를 옆으로 돌릴 수 있게 되고, 팔과 다리의 움직임도 보다 유연해진다.

(2) 생후 3~4개월

물체를 주면 두 손으로 잡고 놀다가 아직 미숙한 동작이기는 하지만 한 손에서 서서히 다른 손으로 옮길 수 있게 되기도 한다.

(3) 생후 4~5개월

- 손바닥과 척골 측 손가락을 사용하여 잡는다(ulnar-palmar grasp). 매달려 있는 장난감을 보면 손을 움직거린다.
- 물체를 향해 손을 뻗는 행동(reaching)과 물체를 감싸 쥐거나 움켜잡는 행동(grasping)이 아직 분리되지 못하는 시기이기도 하다. 그래서 손에 물체가 닿기 전이나 물체를 지나친 다음에 손을 오므리는 실수를 하기도 하며, 손을 뻗쳐서 물체에 손이 닿으면 물체 표면에 손을 오므리기도 한다.
- 사물을 잡기 위해 손을 뻗치는 행동도 좀 더 정교해지고 자신이 손에 잡고 있는 물건을 보기 위해 손목을 돌리는 행동을 한다.

(4) 생후 6~7개월

- 손바닥과 요골 측 손가락을 사용하여 잡는다(radial-palmar grasp). 한 손으로 장난감을 잡는다.
- 생후 6개월 때는 손의 척골(ulnar)연으로 접근하여 서툰 동작으로 손바닥으로 붙잡는다(palmar grasp, 그림 5-4의 A).

(5) 생후 7~9개월

- 손바닥에 닿지 않고 요골 측 손가락들로 잡는다(radial-digital grasp). 장난감을 흔든다.
- 손가락들로 바닥을 긁어 움켜쥔다(rake).
- 작은 물체를 엄지와 집게손가락 또는 다른 손가락의 일부로 집는다(scissor grasp).
- 작은 물체들에 흥미를 느끼며 집어서 입으로 가져가거나 손뼉을 친다.
- 다른 장난감을 잡기 위해 쥐고 있던 장난감을 놓거나 원하는 장난감을 1분 이상 쥔다.

• 엄지와 검지를 이용하여 과자조각이나 빵조각을 집어든다.

(6) 생후 8~9개월

• 물체의 크기에 맞추어 잡고, 팔을 몸 중앙선에 교차해서 물건을 잡는다. 의도적으로 물건을 두드린다.
• 우유병을 잡고 입에 넣기 위해 기울일 수 있다.

(7) 생후 9~10개월

• 엄지와 집게손가락의 끝 부분으로만 집는다(mature pincer grasp). 2개의 장난감을 쥐고 맞부딪쳐 소리를 낸다.
• 생후 9개월에는 요골(radial)연으로 접근하여 가위 모양으로 붙잡는다(scissor grasp, 그림 5-4의 B).

(8) 생후 10~12개월

• 종이를 찢거나 고리넣기, 뚜껑열기, 종이 구기기, 책장 넘기기가 가능하다. 숟가락이나 크레용을 잡으려는 시도가 나타난다. 스스로 컵을 들고 마시려 하지만 많이 흘린다.
• 물건을 가리키며 각각의 손가락을 독립적으로 사용한다. 물건을 하나씩 차례로 집어 올리고 떨어뜨리면 다시 집어 올린다. 장난감을 떨어뜨리지 않고 의도적으로 내려놓는다.

(9) 12~18개월

• 생후 12개월이 되면 집게손가락으로 접근하여 엄지손가락과 집게손가락 끝으로 집는다(pincer grasp, 그림 5-4의 C).

• 마주 앉아서 공굴리기 놀이를 한다.
• 낙서형태의 그리기가 가능하다.
• 간단한 탑쌓기 시도가 나타난다.
• 숟가락을 사용하여 밥을 먹는다.
• 양말, 신발, 모자 등 간단한 것을 벗을 수 있다.
• 나무토막 놀이에서 15개월에는 2개를 쌓아올릴 수 있고, 18개월에는 3개를 쌓을 수 있다.
• 15개월에는 크레파스를 손에 쥐고 종이에 이리저리 선을 그을 수 있으며, 작은 물체를 집어들어 유리병에 넣을 수 있다.

(10) 18~24개월

• 18~24개월 무렵에는 소근육 운동발달이 가속화되면서 손가락 및 손목을 조절할 수 있는 능력이 향상되고 잡았던 물건을 놓았다 다시 잡았다가 하는 행동을 자유롭게 할 수 있게 된다.
• 돌려서 손잡이를 열 수 있으며 우세손이 대략적으로 결정된다.
• 사탕종이를 벗길 수 있고, 책장을 한 장씩 넘기며, 원을 그리고 수평선 긋기가 나타나고 큰 지퍼를 스스로 내릴 수 있다.
• 24개월에는 나무토막을 6개 쌓아 올리거나 4개를 옆으로 나열할 수 있고, 종이에 수직선을 보고 그릴 수 있다.

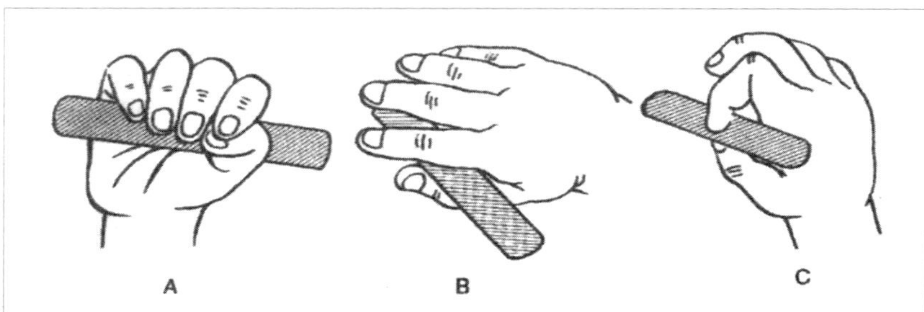

[그림 5-4] 손으로 붙잡기

3) 조작운동

손과 팔은 물체를 쥐거나 조작하는 데 있어서 가장 중요한 부위이다. 영아의 손과 팔의 운동은 눈의 발달과 관련이 있으며 서로 상호 협응되어야 물체를 잡을 수 있게 된다. 손과 팔의 운동은 도달(reaching), 파악(prehension), 손조정(manipulation) 및 손가락 운동으로 발달한다.

팔이나 손의 운동으로서는 신생아기에 이미 파악반사(grasping reflex)가 있지만 자신의 의도적 파악으로서는 생후 5개월 이후에는 시각적 · 공간적 지각이 발달하고 엄지손가락을 쓸 수 있고 몸과 손과 팔이 협응하여 손을 물체 쪽으로 뻗어 잡으려고 한다. 그러나 정확히 파악할 수 있는 시기는 7~10개월이다.

K. Halverson의 조작운동 기능의 발달과정에서 보면, 즉 16주에는 손을 뻗쳐 물체에 가까이 가나 도달하지 못하며, 20주에는 물체에 손이 도달하거나 스치며, 24주가 되면 물체를 손바닥으로 잡을 수 있게 되며, 특히 24주에서 30주까지는 손으로 물체를 파악하는 운동이 발달한다. 36주가 되면 모든 손가락을 이용하여 비교적 정확하게 물체를 잡을 수 있으며, 12개월이 되면 3개 혹은 4개의 손가락 끝으로 물체를 정확하게 잡을 수 있다.

24개월 무렵에 가까워지면서 영아는 눈과 손의 협응능력이 더욱 발달한다. 단순히 만지는 행동뿐만 아니라 누르거나 돌리고, 끼어보는 등 손가락과 손목의 근육을 다양하게 사용하고 이에 따라 탐색적 활동의 범위가 더욱 넓어지고 보다 다양해진다. 5~6개의 정육면체를 쌓을 수 있고 상자 속에 작은 물체를 담거나 쏟아 내는 활동을 즐기기도 한다. 영아기의 눈과 손의 협응능력의 발달 특성을 고려하여 월령단계에 알맞은 장난감을 선택하거나 시지각운동 협응능력을 기르기 위한 활동을 적절히 제공할 필요가 있다.

4. 영아 운동발달의 효과와 저해요인

1) 영아 운동발달의 교육적 효과

(1) 신체 발육을 촉진시킨다.

영아기의 적절한 운동은 근육과 골격, 내장기관 등 신체발육을 촉진시키는 효과적인 방법이다. 특히 영아기의 다양한 운동은 자율신경의 길항작용을 조정하는 역할을 하여, 체온의 변화 등에 대한 적응력을 높임으로써 건강한 사람으로 자라게 한다.

(2) 운동기능을 발달시킨다.

영아기의 운동은 활발한 뇌의 발달을 촉진한다. 특히 신체지배 신경계의 발달을 촉진시켜 소위 운동신경이라 일컫는 신체조정력을 발달시키는 데 이 조정력은 쉽게 소멸되지 않기 때문에 성인이 되어서도 그 능력이 지속된다.

(3) 사회성을 발달시킨다.

영아의 운동은 초기에는 혼자서 하는 놀이를 주로 하지만 차츰 2~3명, 4~5세쯤에는 집단놀이도 가능하며, 이를 통해 지켜야 할 규칙, 상대방에 대한 배려 등 사회생활에 필요한 행동규범을 익히게 된다.

(4) 정서를 순화시킨다.

영아들은 정서가 불안하면 운동이나 언어발달에 장애를 가져온다. 따라서 신체활동에 대한 욕구가 충족되면 억압된 정서가 해소되고, 자신감과 행복감을 증대시켜 정서적 안정을 가져온다. 이와 같이 영아기에는 신체적 특성과 정서적 특성간의 협응작용이 강하기 때문에 신체적 특성과 정서적 특성을 함께 고려하여 교육프로그램을 운영해야 한다.

(5) 정신발달을 촉진한다.

신체 및 운동발달은 정신발달과 상호간에 밀접한 관련성을 지니면서 진행된다. 운동발달에 의하여 앉을 수 있게 되고, 기어다니고 걸어다니게 됨으로써 영유아의 생활공간이나 행동공간은 비약적으로 확대되고 외계의 여러 사물을 인지하고 새로운 경험을 쌓는 기회가 증가하게 된다. 움직이는 공간 확대에 의한 새로운 사물과 미지의 세계와의 만남은 영아의 왕성한 지적 호기심을 자극시킨다.

2) 영아 운동발달의 저해요인

영아기의 운동능력이 평균보다 크게 떨어지면 그 원인을 찾아 균형 있는 발달이 이루어지도록 해야 하며, 장애요인은 대개 다음과 같다.

① 소아마비나 뇌성마비로 신체발달에 장애가 온다. 특히 뇌에 이상이 있어 팔, 다리의 운동능력이 떨어질 경우 대개는 지능발달 장애를 동반하는 경우가 많기 때문에 가급적 빨리 전문가의 치료와 지도를 받아야 한다.

② 미숙아로 출산했을 때 운동발달이 늦어진다. 미숙아의 경우 일반적으로 같이 출생한 영아에 비해 운동 발달이 늦는 경우가 많다. 이는 연령 계산을 수태일로 하지 않고 출생일을 기준으로 하기 때문에 생기는 일종의 착각

현상이기 때문에 대개는 초등학교에 입학할 때가 되면 발달수준이 비슷해진다.

③ 여러 가지 운동기회가 주어지지 않을 경우에도 운동발달이 늦어진다. 그밖에 지나치게 비만해진 경우나 너무 두껍고 빳빳한 옷을 입힐 경우에도 운동능력이 떨어지는 수가 있으므로 세심한 관찰이 필요하다.

제6장

영아 정서발달

1. 정서의 개념
2. 정서의 기능과 발달 요인
3. 영아 정서발달의 이론적 접근
4. 영아 정서의 유형과 특징
5. 영아기 정서의 대표적인 연구사례
6. 정서의 발달과정
7. 영아의 울음

1. 정서의 개념

1) 정서와 감정

정의적(情意的, affective)인 심리과정에서 신체적인 반응을 경험적인 의식보다 중요하게 취급한 이론은 Thomas Hobbes나 B. Spinoza에서 찾아볼 수 있다. 그 후 과학적인 방법이 심리학에 도입되면서부터 감정적 의식보다는 정의적 과정으로서의 신체 또는 행동적인 특성에 관한 연구가 더욱 활발하게 되었다. 모든 정의적 과정에는 신체적 반응이 따르므로 신체적 반응을 문제삼지 않는 순수한 정의적 과정의 의식으로서의 감정(feeling)은 연구될 수 없다는 생각이 점차로 대두하게 되었다.

따라서 정서(emotion)라는 용어가 감정이란 용어 대신에 사용되는 것이 현대심리학의 경향이다.

2) 정서의 개념적 특성

(1) 정서의 개념

정서(emotion)는 감정(feeling), 감성(affect) 등을 포괄하는 상위개념으로 사용되고 있다. 정서는 여러 가지 종류의 욕구(needs)와 결부된 체험으로 인간이 내면으로 느끼는 어떤 것이며 특정한 동기유발적 특성이 있어 인간의 지각, 사고, 행동을 유발, 조절, 안내하는 역할을 한다.

정서는 신체적인 변화를 수반하면서 일시적으로 일어나는 흥분된 강한 감정으로 정의된다. 즉 정서의 한 기본적 특징은 감정이 신체적 변화를 수반하는 것이

다. 이를 쉽게 알 수 있는 경우는 신체가 명백하게 흥분된 경우다. 우리는 사람들이 언성을 높일 때, 얼굴을 붉히거나 창백해질 때, 근육이 긴장되어지거나 떨릴 때 정서변화가 있다고 가정한다. 우리는 비록 겉으로 나타나는 표시는 숨길 수 있다 하더라도 우리가 내적으로 떨리고 있음을 느낄 때, 화가 나 있음을 느낄 때, 혹은 입이 마르고, 맥박이 뛰고, 가슴이 조마조마함을 느낄 때 우리들 자신이 정서적으로 되어 있다는 것을 안다.

그리고 조용한 정서도 있다. 이런 감정은 우리가 일광욕을 즐길 때나, 아름다운 음악을 들을 때나, 좋은 식사 후에 한 잔의 커피를 마실 때 경험하는 차분하고, 평화롭고 만족한 느낌이다. 그러나 이러한 경우에도 신체는 역시 어떤 방식으로든지 영향을 받고 있다.

(2) 정서와 신체변화

우리가 공포와 같은 정서를 경험하고 있을 때, 심장의 고동은 빨라지며, 혈압 역시 급격히 올라간다. 또한 피는 소화기관에서 운동근육이나 몸의 표면으로 전이되어질 것이며, 그 결과로 뺨이 붉어지거나 체온이 올라가거나 한다. 산소를 나르는 적혈구의 숫자도 현저하게 늘어난다. 내분비선에 의한 호르몬의 분비는 혈당 수준, 혈액의 산성량, 그리고 혈액 속의 아드레날린과 노르아드레날린의 양을 변화시킨다.

화가 나거나 격정의 순간에는 위와 장의 움직임은 메스꺼움 혹은 설사를 가져오는 변화를 겪는다. 몸의 신진대사 속도는 올라가는 경향이 있다. 우리는 숨이 막히거나 숨을 할딱거리기도 한다. 타액선은 기능이 정지되기도 하며, 따라서 공포와 불안과 연결되어져서 입안이 마른 느낌을 준다. 반면 땀샘은 활동이 지나쳐져서, 당황했을 때 이마에 땀 방울이 떨어지거나 공포에 떠는 경우 식은땀이 생기기도 한다. 모근의 근육은 오므라들어서 소름이 돋기도 한다. 마지막으로서 눈의 눈동자는 확대되어서 격분, 흥분 그리고 고통의 특징인 눈을 크게 뜬 표정을 만들어 준다.

2. 정서의 기능과 발달 요인

1) 정서의 기능

(1) 신체적 표현기능

모든 인간은 환경에 적응하면서 살아가는데 필요한 기본적 정서는 인종, 민족, 문화권의 차이 없이 공통적인 표현을 가지고 있다. 영유아는 이러한 정서를 몸짓, 얼굴표정, 목소리, 언어, 놀이 등을 통해 표현한다.

신생아도 미소짓고(어른들은 배내 웃음이라고 함), 찡그리고, 울기를 통하여 감정을 표현하고 성장해 가면서 정서의 표현이 크고 분명하게 나타난다.

(2) 환경 통제기능

정서는 자신이 현재 경험하고 있는 느낌과 감정을 타인에게 알려주는 의사전달 및 특정 자극에 대해 특정한 행동을 하도록 하는 동기부여의 기능을 가지고 있다. 특히 영아의 정서는 양육자의 행동에 영향을 미치는 의사소통의 기능도 있다. 즉, 영아의 정서는 부모와의 접촉을 촉진시키고, 부모로 하여금 그들의 행동을 영아의 욕구나 목표에 맞추도록 돕고, 타인과의 거리를 조절할 뿐만 아니라 인적 환경을 통제하는 수단으로도 사용된다. 미소를 짓는 것은 부모와 더 오랫동안 접촉하게 하거나 갈등상황을 완화시키는 역할을 하고, 분노는 낯선 사람의 행동을 제지하며 일정한 거리를 유지할 수 있도록 해 주며, 슬픔과 울음은 주의를 끄는 역할을 한다.

2) 정서의 발달 요인

(1) 생리학적 요인

영아의 정서적 표현이 뇌와 신경조직의 영향을 받는 것으로 알려져 있다. 분노와 두려움, 호기심과 같은 정서가 영아의 심장박동, 호흡, 뇌활동의 변화와 관계가 정서발달과 뇌신경조직의 관계를 분석한 연구 결과에 의하면 뇌조직과 신경조직의 일부가 정서적 행동과 연관된다고 한다. 예를 들어 뇌의 편도체(amygdala)는 분노와 공포 반응을 중개하는 주요 역할을 하고, 신경세포에 작용하는 카테콜아민(catecholamines)과 같은 신경화학 물질과 호르몬의 일종인 코르티솔(cortisol) 등도 영아의 정서 상태와 연관되는 것으로 밝혀진 바 있다. 즉 스트레스 상황이 지속되면 뇌의 코르티솔 수준이 상승되며, 그 결과 뇌세포가 죽거나 신경세포의 연접부가 소멸되어 두뇌의 정서회로(emotional circuitry)가 변경된다는 것이다. 그 밖의 정서적 행동을 억제하는데 중요한 역할을 하는 것으로 대뇌피질이 성숙해짐에 따라 영아가 정서표현을 억제할 수 있게 되고 충동적으로 행동하지 않고 행동을 연기할 수 있게 된다.

(2) 기질적 요인

영아의 정서적 표현 양식은 기질적 특성에 따라 큰 차이를 보인다. 즉 동일한 사회적, 가정적 배경에서 성장한 형제들도 정서를 표현하는 강도나 통제능력 등에 있어서 상당한 개인 차이를 보이고 있다. 예를 들면 기질적으로 수줍어하는 것으로 관찰된 영아들은 심장박동의 리듬이 다른 아이들과 달랐으며, 기질적으로 스트레스에 약한 영아는 기분을 일정하게 유지하는 아이들과는 특정 호르몬의 수준이 다를 수 있다.

(3) 인지적 요인

정서발달은 인지발달과 상호의존적인 관계에 있다. 특히 영아는 정서발달과 인지발달이 밀접한 관계가 있다고 학자들은 주장한다. 영아의 경우 우선 정서반응을 야기시키는 대상이나 상황이 좋은 것인지 나쁜 것인지 판단하는 인지능력에 따라 적절한 정서반응을 할 수 있기 때문이다. 생후 6~7개월이 되면 낯가림을 하는데, 낯가림이란 결국 친숙한 얼굴과 낯선 얼굴을 인지적으로 구별 가능하기 때문이다. 부끄럼이나 죄의식 같은 정서도 자기인식에 관련된 인지적 기능의 영향을 많이 받는다.

(4) 성(性) 요인

많은 학자들은 남아와 여아는 정서발달에 차이를 보인다고 한다. 이러한 성별 차이는 신생아 때부터 나타난다. 갓 태어난 여아는 양육자와 눈 접촉을 많이 하며 다른 아기의 울음소리에 민감하게 반응한다. 반면 남아는 더 쉽게 놀라며 강하게 울며 불안정하고 달래기가 어렵다. 더 성장해서도 여아들이 남아보다 더 잘 웃고 사교적이며 다른 사람의 감정에 민감하고 동물과 같은 실제적인 대상에 대해서 더 민감하게 공포반응을 나타낸다.

정서반응에 나타나는 성별의 차이는 생물학적 차이에서 원인을 찾을 수도 있겠으나 환경적인 영향도 크다.

(5) 가정 문화적 요인

영아의 정서발달은 부모나 양육자의 영향을 크게 받는다. 영유아는 부모의 정서표현을 모방하거나 동일시하는 경우가 많다.

부모의 정서가 자녀의 정서에 영향을 미쳐 거부·방관적인 부모를 둔 어린이는 자신의 정서를 표현하고 다른 사람의 정서를 이해하는데 많은 어려움을 겪는

것으로 밝혀졌다. 부모의 거부적 태도, 모순 불일치적 태도와 자녀의 정서적 부적응 행동간에 높은 상관관계를 보였다.

3. 영아 정서발달의 이론적 접근

1) 기능주의적 접근

최근 관심을 끌고 있는 정서발달이론의 기능주의적 접근은 정서가 인간 활동의 인지과정, 사회적 행동, 신체적 건강 등 모든 측면의 결정 요소라 주장함으로써 정서를 좀 더 포괄적인 관점에서 이해하고 있음을 알 수 있다.

첫째, 정서는 인지과정의 결정요소이다. 정서는 사고력이나 기억력 같은 인지과정에 결정적 영향을 미친다. 극도로 긴장된 상황에서는 사고력을 충분히 발휘할 수 없으며, 몹시 놀라운 사건은 더 선명하게 오래 기억되는 등 정서와 인지과정은 밀접한 관계가 있다는 것이다.

둘째, 정서는 사회적 행동의 결정요소이다. 어린이의 정서적 반응은 다른 사람의 행동에 영향을 미치고 다른 사람의 정서적 반응은 어린이의 사회적 행동을 조절한다.

셋째, 정서는 신체적 건강의 결정요소이다. 어린이의 정서는 신체건강과 밀접한 관계가 있다. 어머니와 자녀 관계가 단절되면 어린이의 면역기능이 떨어져 결국 질병에 감염된다는 것이다.

2) 생리적 접근

생리적 접근은 정서와 관련되어 있는 대뇌피질이 분화되고 시상하부가 발달하면서 정서가 발달한다고 설명한다. 즉, 정서는 중추신경계에서 발생한다는 것이다. Bowlby는 뇌의 여러 부분을 제거시킨 고양이의 실험을 통해 뇌의 시상, 시상하부 및 변연계가 정서를 유발한다는 사실을 밝혀냈다.

3) 발생학적 접근

발생학적 접근은 Darwin의 이론에서 비롯되었다. 그는 정서란 유기체가 생활하는 데 필요한 적응의 의미를 가지고 있으며, 생물학적인 구조 내에 이미 계획된 것이라고 보았다. 진화과정을 통해 얼굴 근육이 점차 분화되어 얼굴표현으로 나타나는 것이 정서라고 설명하며 성숙에 의한 생물학적 요인의 영향력을 강조하였다.

4) 학습이론적 접근

학습이론(learning theory)은 정서적 반응이 어린이 발달에 중요한 역할을 한다고 강조한다. Watson은 신생아 정서에 관하여 연구한 결과, 선천적 정서는 갑자기 의지할 데가 없어질 때의 공포, 자유를 속박당할 때의 분노, 그리고 육체적 쾌락의 세 가지밖에 없다는 것을 발견하고, 인간은 공포, 분노, 사랑의 정서를 선천적으로 가지고 태어나며, 그 밖의 정서반응은 고전적 조건형성과정을 통하여 학습된다고 주장하였다.

한편 조작적 조건형성이론을 주장하는 학자들은 어린이의 정서반응이 강화와 처벌에 의해 학습된다고 주장하며, 사회학습이론에서는 어린이는 다른 사람의 정서반응을 모방한다고 주장하였다.

그러나 학습이론가들의 견해는 어린이 정서반응의 일부를 설명하는 데는 타당하지만 자생적인 정서반응, 예를 들어 낯가림 같은 반응이 왜 갑자기 나타나는지에 대해 적절히 설명하지 못하는 제한점이 있다.

5) 인지적 접근

정서반응을 인지발달의 부산물로 간주하는 인지발달적 불일치 이론(cognitive-developmental discrepancy theory)은 어린이가 새로운 자극물을 경험할 때, 그것을 익숙한 사물의 도식과 비교를 해 보고 불일치 정도에 따라 정서반응을 결정한다고 설명하였다. 즉, 새로운 자극물이 익숙한 사물의 도식과 거의 일치하면 가벼운 긴장 반응을 나타내지만, 불일치하면 긴장감이 고조되고, 만일 극도로 불일치하게 되면 자극물이 오히려 동화되지 않아서 긴장감이 감소된다.

인지발달적 불일치 이론은 어린이의 물리적 세계에 대한 관심과 탐색을 설명할 때 더욱 효과적이다. 영유아는 이미 잘 알고 있는 사물과 적당히 불일치하는 시각적 자극물을 더 오래 응시하는 경향이 있음이 여러 실험에서 밝혀졌고, 익숙한 장난감보다 새로운 장난감을 가지고 놀 때 더 행복해 하는 사실에서도 인지발달적 불일치 이론의 실례를 볼 수 있다.

그러나 인지발달적 불일치 이론도 어린이의 전반적인 정서 반응을 설명하는 데는 제한점을 가지고 있다. 즉 어린이가 낯선 성인에게는 낯가림을 하면서 낯선 어린이에게는 우호적 반응을 보이는 이유, 동화책을 계속 보아도 싫증을 내지 않는 이유 등을 설명하지 못한다.

4. 영아 정서의 유형과 특징

1) 정서의 유형

(1) 쾌정서와 불쾌정서

1 쾌정서

쾌정서에는 만족, 애정, 기쁨과 웃음 등이 있다. 만족은 욕구가 채워져 모자람이 없는 것으로 영아에게 볼 수 있는 막연한 만족의 상태는 근육의 긴장이 풀어짐으로 나타난다. 영아는 11개월경이 되면 어른에 대한 애정이 뚜렷이 나타나고, 사람뿐만 아니라 인형이나 장난감에 대해서도 애착을 형성해 그 물건을 가지고 다닌다. 영아의 애착행동은 18~24개월 사이에 절정을 이룬다.

2 불쾌정서

생후 1개월 정도가 되면 불쾌한 정서가 분화되어 근육의 긴장이 생기고, 크고 높은 소리를 내면서 울고, 주먹을 쥐는 등의 행동으로 나타난다. 5개월 정도가 되면 자기의 욕구가 채워지지 않았을 때 숨이 차서 우는 분노의 정서가 나타나고, 6개월 정도가 되면 싫어하는 것에 대해서 뚜렷한 혐오를 나타낸다.

공포정서도 6개월경에 나타나 재생되면 신체운동을 정지한다.

(2) 일차정서와 이차정서

1 일차정서

일차정서는 인간의 정신작용과 적응행동에 기초가 되는 정서로 기쁨, 미소,

흥미와 같은 긍정적 정서, 슬픔, 분노, 고통, 공포와 같은 부정적 정서를 포함한다.

2 이차정서

이차정서는 한 가지 이상의 정서를 통합할 줄 아는 보다 복잡한 인지능력을 필요로 하며, 18개월 이후에 나타나는 이차정서로는 자부심, 당황, 수치심 등이 있다. 이러한 정서는 각각 우리가 가지고 있는 자아존중감 손상이나 자기감 증대를 포함하고 있기 때문에 자기 의식적 정서(self-conscious emotions)라고 한다.

2) 영아 정서의 특징

영아기 정서발달의 특징은 미분화된 전체적 감정표출에서 점차 분화되어 각각의 자극에 대한 특유의 감정 표출에서 점차 분화되어 각각의 자극에 대한 특유의 감정 표출로 발전한다. 영아기의 정서발달은 연령에 따라 변화하는데, 영아의 정서표현은 다음과 같은 특징이 있다.

첫째, 정서 상태의 지속시간이 짧다. 오랫동안 기쁨을 혹은 슬픔을 간직하지 못한다.

둘째, 자극에 대한 정서표현이 강력하다. 어른이 볼 때 하찮은 일에도 크게 행동으로 쾌와 불쾌를 나타낸다.

셋째, 정서의 상태가 자주 변하고 표현이 빈번하다. 정서표현을 억제하기보다는 자주 표출한다.

넷째, 정서의 강도는 연령에 따라 변화하고, 표출방법도 연령에 따라 변화한다.

정서는 연령이 증가함에 따라 감정의 표출방식에도 변화가 있어 일단 생성된 감정은 전보다 오래 지속되며 변화가 적고, 분노나 즐거움의 감정표현 횟수도 점점 감소한다. 또한 감정의 표현 방식이 부드러워지며 전신을 사용하는 과장된 행동은 감소하는 반면 언어사용이 많아진다.

신생아는 하루의 대부분을 수면으로 시간을 보낸다. 깨어 있다 할지라도 젖을 먹는데 대부분의 시간을 소비한다. 그러나 신생아의 경우에도 수유(授乳) 전후에는 울기나 칭얼대는 등 불쾌감을 표현하고 반대로 욕구가 충족되면 만족감을 나타내는 등 다양한 표현을 한다.

5. 영아기 정서의 대표적인 연구사례

1) Watson의 연구

Pavlov의 조건반사이론을 심리학 주류의 일부로 만드는데 가장 큰 공헌을 한 사람은 John B. Watson이다. 내용이 다른 정서가 어떻게 형성되며 또 언제부터 분화되느냐 하는 것에 관한 연구는 일찍이 Watson이 수행하였다. 그는 생후 3개월 되는 영아를 관찰하여 공포·분노·애정의 3개의 정서 반응이 출생시부터 영아가 가진 기본 정서라고 결론지었다.

(1) 조건자극과 정서반응

Watson의 주요 관심사 중의 하나는 정서의 조건형성이었다. 그의 주장에 의하면, 출생 직후에는 학습되지 않은 세 가지 정서반응—즉 공포, 분노, 사랑—만이 있다고 한다. 사실, 우리가 관찰할 수 있는 것이라곤 세 가지의 서로 다른 신체반응뿐이나 그것들을 간략히 정서라고 부르는 것이다.

1 공포

Watson에 의하면 공포를 느낀 유아는 갑자기 움찔거리거나 깜짝 놀라고, 숨을 가쁘게 쉬며, 주먹을 꽉 쥐고, 눈을 꽉 감거나 뒹굴고, 우는 등의 행동을 한다. 공포를 일으키는 무조건 자극은 단 두 가지 뿐이다. 하나는 갑작스런 소음이고,

다른 하나는 신체를 지탱하는 힘을 상실할 때(아기의 머리가 갑자기 뒤로 젖혀지는 경우처럼)이다. 좀더 나이든 아동들은 낯선 사람, 쥐, 개, 어둠 등과 같은 다양한 종류의 것들도 무서워한다. 그러므로 공포반응을 일으키는 대부분의 자극은 학습된 것임에 틀림없다. 예를 들면, 어린 소년이 뱀을 무서워하는 것은 그가 뱀을 볼 때마다 비명 소리에 놀랐기 때문이다. 즉, 뱀이 조건 자극이 된 것이다.

2 분노

분노란, 처음에는 학습되지 않은 반응으로서 신체동작을 구속하는데 대한 반응이다. 예를 들어, 만약 2세 된 여아를 붙들어서 가고 싶은 곳으로 못 가게 하면, 그녀는 소리를 지르고 몸을 경직시키기 시작한다. 길 한가운데서 막대기처럼 뻣뻣하게 주저앉아 버린 채 얼굴이 새파랗게 질릴 때까지 고함지른다. 비록 분노가 처음에는 한 상황—강제로 붙잡혀 있는—에 대한 반응이지만 나중에는 다른 여러 상황에서도 나타난다. 즉, 아동들은 세수를 하라거나, 변기에 앉으라거나, 옷을 벗으라거나, 목욕을 하라는 등의 말을 들을 때에도 화를 내게 된다. 이와 같은 명령들은, 그러한 상황과 신체적 구속 사이에 연합이 되기 때문에 분노를 일으키게 된다. 예를 들면, 옷을 벗으라는 말에 아동은 화를 내는데, 이는 이 명령이 처음에 강제로 붙잡혀 있던 상황과 연합되기 때문이다.

3 사랑

사랑이란, 처음에는 피부를 쓰다듬거나, 간지럽히거나, 가볍게 흔들거나, 톡톡 건드림으로써 자동적으로 일어나는 반응이다. 이 때 아기는 미소짓거나, 소리내어 웃거나, 즐거운 소리를 내기도 하며, 우리가 보기에 다정하고 유순하며 상냥한 반응들을 한다. 비록 Watson이 Freud의 이론을 빌려온 것은 아니지만, 그런 반응들은 "특히 젖꼭지, 입술, 성기와 같은 소위 성감대라고 부를 수 있는 부위를 자극함으로써 유발하기 쉽다"는 것에 주목하였다.

유아는, 처음에는 어떤 특정인에게 애정을 느끼지 않지만 곧 애정을 느끼도록 조건형성된다. 엄마의 얼굴은 흔히 아기 자신을 톡톡 건드려 주거나, 흔들어 주거나, 간지럽혀 주는 행동과 함께 나타나므로, 엄마의 얼굴은 그 자체로서 엄마에 대해 좋은 감정을 일으키는 조건 자극이 되는 것이다. 후에는, 어떤 식으로건 엄마와 연합된 사람들이면 모두 이와 같은 반응을 일으키게 된다. 그러므로, 타인에 대한 부드럽거나 긍정적인 감정은 2차 조건형성을 통해 학습되어진다.

(2) 공포 조건형성의 실험

사실, 질서에 관한 Watson의 대부분의 글들은 매우 사색적이었으며 게다가 비체계적인 사색이었다. 그의 말에 따르면 세 가지의 기본정서는 다른 여러 자극에도 연합되며, "이러한 반응들과 이것들의 변형들에 덧붙여진 것들이 매우 많다"고 말하였다. 그러나 이 이후의 정서발달이 어떻게 발생하는지에 관해서는 거의 언급하지 않고 있다. Watson의 독특한 점은 그가 한 실험연구인데, 그의 주요 실험은 Albert라고 불리우는 11개월 된 유아의 공포 조건형성에 대한 것이다.

Watson은 Albert가 흰쥐에 대해 공포를 갖도록 조건형성시킬 수 있는지 알아보고자 했다. 실험의 시초에 Albert는 그러한 공포를 보이지 않았다. 그 후, 네 번에 걸쳐 쥐를 보여주면서 그와 동시에 Albert의 머리 뒤에서 막대기를 세게 두드려 놀라는 반응을 일으켰다. 다섯 번째 시행에서, Albert는 쥐만 보고도 얼굴을 찡그리고 울면서 움츠렸다. 즉, 그는 쥐를 두려워하도록 조건형성된 것이다. 보다 충분하게 하기 위해서 다시 두 번 더 쥐와 큰 소리를 함께 제시하고, 다음 시행에서는 쥐만 제시했더니 Albert는 울면서 되도록 빨리 먼 곳으로 기어가려고 애썼다.

며칠이 지난 후에 Watson은 자극일반화에 대해 조사했다. 그들은 Albert가 여러 사물들을 갖고 놀지만 털이 난 것은 모두 무서워하는 것을 발견했다. 즉, Albert는 토끼나 개, 털코트, 면화솜, 산타할아버지 가면 등을 볼 때마다 안달하면서 울었다. 그런데, 전에는 이러한 것들을 무서워해 본 적이 없었다. 따라서 Albert의 공포는 털이 있는 모든 대상에 일반화된 것이다.

2) Bridges의 연구

K. M. B. Bridges는 60명의 신생아를 4개월간 관찰하여 다음과 같은 결과를 얻었다.

(1) 산만한 흥분

출생시의 유일한 반응이다.

(2) 호악 정서발달

쾌정서는 출생시는 없었던 긍정적 반응이며, 불쾌는 싫어하는 반응으로서 출생 시의 흥분 속에도 있었던 정서라 한다. 이 쾌 · 불쾌의 구별은 생후 3개월이 되어야 나타난다.

(3) 분노, 공포, 혐오, 기쁨, 애정 등의 정서발달

생후 5개월이면 분노와 혐오가 분화되고, 7개월이면 공포가 불쾌에서 분화되며, 애정과 기쁨이 10~12개월에 나타나기 시작한다. 정서 과정이 이렇게 발달함에 따라 나타나기 때문에 그것을 학습의 결과라 생각할 수도 있다. 그러나 출생 당시 귀먹고 눈먼 아이는 촉각 이외에는 정서적 표현을 학습할 기회가 없었는데도 해당되는 정서 자극을 주었더니 공포, 분노, 쾌 등에 대한 안면 표정이나 울음 또는 웃음이 정상 유아와 동일했다는 관찰 결과가 보고되고 있다. 이로 보면 몇몇 기본 정서는 성숙에 의하여 발달되며 기본적인 정서는 거의 분화 발달된다.

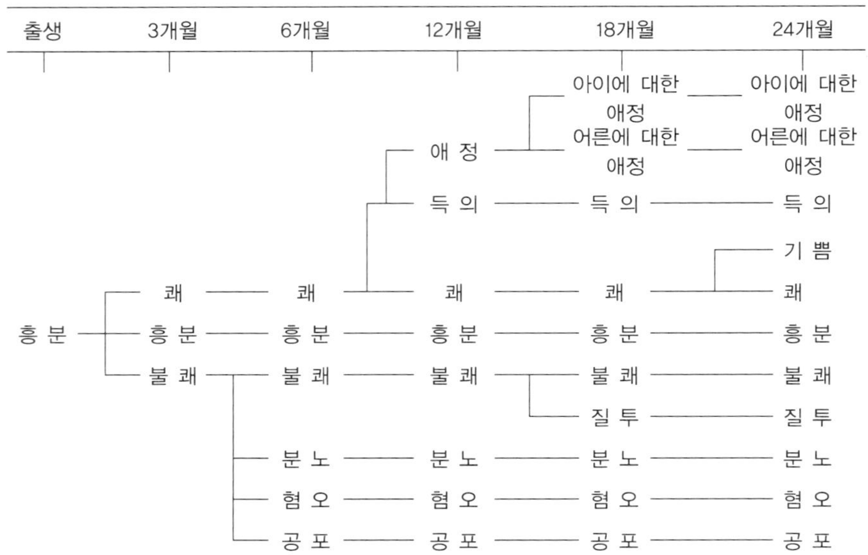

[그림 6-1] Bridges의 정서분화의 도식

6. 정서의 발달과정

1) 일반정서의 발달과정

(1) 0~1개월 : 완전자극 장벽

영아는 비교적 무반응적이고, 외부의 자극에 대해 거의 반응하지 않는다. 막연한 흥분된 상태에 있다.

(2) 1~3개월 : 주위환경에 대해 관심갖기

영아는 자극에 개방되어 있다. 흥미와 호기심을 보이기 시작하고, 사람에게

쉽게 미소짓는다.

이 시기의 가장 중요한 감정 반응은 웃음(smile)이다. 생후 2개월 이전의 웃음은 대개가 배냇짓으로 반사적인 것이지만, 2개월 이후에는 상호작용에 의해서 미소를 짓게 되며 이것을 사회적 미소라고 한다.

생후 1개월 후에 아기는 자신만의 특유한 기질을 나타내고, 주위 세계가 우호적인지 또는 적대적인지를 알게 되며, 주위에 있는 사람들에게 반응하고 그들로부터 반응을 유발하기도 한다. 1개월 후에는 주위환경에 대해 관심을 갖기 시작하는데 자극에 개방적이며 흥미와 호기심을 보이기 시작하고, 사람에게 쉽게 미소짓는다.

3개월이 지나면서 어떤 일이 일어날지를 기대하고 그 일이 실제 보이기 시작하고, 그 일이 실제 일어나지 않을 때 실망을 경험한다. 화를 내거나 불안스럽게 행동함으로써 실망을 나타내며 자주 미소하고 웃는다. 기저귀를 갈거나 목욕을 시키거나 우유를 먹일 때 피부를 마사지해 준다. 쭉쭉이를 해 주거나 안아 주거나 토닥토닥 두드려 주는 것이 모두 도움이 된다.

(3) 3~6개월 : 긍정적인 감정

어떤 일이 일어날지를 기대하고 그 일이 실제 일어나지 않을 때 실망을 경험한다. 화를 내거나 불만스럽게 행동함으로써 실망을 나타낸다. 자주 미소하고 웃는다. 이 때가 사회적 각성의 시기이며 아기와 양육자간의 초기 상호교환의 시기이다.

6개월의 아기는 엄마와 타인을 구분하기 때문에 낯선 사람을 보면 두려워하고 울기도 하는 낯가림이 서서히 시작된다. 아기가 낯을 가리는 기간은 대체로 6개월경에 시작되어 2세경까지 계속된다.

6개월 이전의 영아는 특정인을 선호하지는 않다가 6개월이 지나면서 엄마와 타인을 구분하게 되고, 그에 대한 애착(attachment)이 생기게 된다. 애착은 유아기의 가장 중요한 발달과제로서 아이는 이를 통해서 대인관계의 기초적 신뢰를 구축하게 된다. 엄마와 아이 간의 상호작용이 원활하게 이루어질 경우 아이는 원하고 필요한 것이 충족되어질 수 있을 것이라는 신뢰감을 가지게 되고, 그렇지 못할 경우에는 불신감을 가지게 되는데 이는 타인에 대한 신뢰감, 혹은 불신감으로 확대될 수 있다.

(4) 7~8개월 : 분리불안의 시작

7개월은 아기가 엄마로부터 떨어질 경우 분리불안이 시작되는 시기이다. 아기가 엄마로부터 떨어질 때 느끼는 분리불안 아기와 엄마의 애착 유형에 따라 그 정도가 다르게 나타난다. 안정애착(secure attachment) 유형의 아기는 엄마가 나갔다가 들어오면 반기고, 친숙한 상황에서는 엄마가 잠시 떠나는데 대해 크게 불안을 보이지 않는다. 하지만 불안정한 애착(insecure attachment) 유형의 아기는 엄마와 떨어진 후 엄마가 다시 들어와도 다가가려 하지 않고 무시하거나, 반기지 않으며 엄마와 눈을 잘 마주치지 않는다. 불안정한 애착 유형의 아기들이 보이는 반응들은 아기들이 엄마로부터 사랑받고 싶은 욕구는 강하지만 엄마로부터 무시당하거나 구박받는 데에서 오는 공포가 공존하기 때문이다.

(5) 9~10개월 : 사회화의 시작

사회적이 되며 사람들로부터 반응을 얻으려 한다. 다른 아기들에게 말을 건네거나 부추겨 반응을 얻어 내기도 한다. 정서는 더 분화되는데 기쁨, 공포, 분노, 놀람 등을 보이기도 한다. 어머니와의 애착이 형성되는 시기이기 때문에 어머니에게 강하게 몰두하고, 낯선 사람들을 두려워하게 되고, 새로운 상황에서는 활발히 행동하지 않는다.

뒤집기도 가능하고 짚고 서는 것도 가능한 시기이므로 큰 운동을 자극하는 스킨십놀이가 좋다. 어머니 손을 잡고 서게 하거나 바로 누운 상태에서 아기의 발을 올려 얼굴 쪽으로 가게 하는 놀이는 운동발달에도 도움이 된다. 흉내를 잘 내는 시기이므로 짝짜꿍놀이나 까꿍놀이 등도 스킨십놀이로 응용할 수 있다.

(6) 11~15개월 : 복잡하고 상반된 감정까지 표현

12개월이 되면 정서는 더욱 분화되고 더 분명하게 전달하는데 기본적인 정서 반응뿐 아니라 기분의 변화가 빠르고 하나의 사실에 두 가지의 상반된 감정들이 존재하기도 하며 감정의 질도 심화된다. 자신감을 보이고 독립적이려고 하는 태도를 보이기도 하지만 부모가 옆에 없으면 불안해하는 분리불안의 모습도 보인다. 따라서 부모가 자기 시야에 있으면 혼자서 놀게 되는데 가장 밀착된 사람을 안정기저로 삼아서 환경을 탐색한다. 환경에 숙달될수록 자신을 주장하는 데에 더 자신감이 있고 열정적이다.

부모의 말을 알아듣는 언어가 발달하는 시기이므로 눈, 코, 입 등을 말하고 손으로 가리키는 놀이가 효과적이며 혼자 서게 하거나 걷게 하도록 유도하는 놀이도 큰 운동발달에 좋다.

13개월부터 친사회적 행동의 초기 형태인 정서적 공감(예 : 타인이 울면 같이 울거나 눈물 닦아주기 등)이 나타난다. 이러한 정서적 공감행동은 남아들보다 여아들에게서 더 많이 나타난다(곽금주 외, 2005). 13개월 이후는 모방하기가 활발히 나타나며 주로 자신과 애착관계에 있는 성인의 말이나 행동을 따라 한다.

(7) 16~20개월 : 어리다고 무시하지 마라.

질투의 감정은 18개월에 시작된다. 이 시기의 아이들은 엄마가 다른 아이를 안고 있으면 달려와 자기를 안아달라고 하면서 질투반응을 나타낸다. 이는 외동딸이나 외동아들의 경우가 심하고, 연령으로 볼 때에는 3~4세경에 질투가 가장 심하다.

이 시기 아이들은 자신의 욕구가 존중되기를 바란다. 아이의 행동은 자기를 중심으로 이루어져 때로는 주위 사람들을 괴롭히는 것으로 보이기도 한다. 자기 뜻대로 일이 되지 않으면 화를 내는데, 섣불리 도와주려고 하면 오히려 더 화를 낼 수도 있다. 설득을 해 볼 수도 있지만 사실 어렵다. 그러나 이따금씩 자기 자신이 엄마와 얼마나 많이 떨어져 있는지를 깨닫고는 불안해한다.

아동이 어느 정도 자유스럽고 몸을 마음대로 움직일 수 있으므로 아버지와의 몸싸움이나 말태우기 같은 것이 도움이 된다. 자기 마음대로 안 될 때에는 화를 내는 일이 많은데 이 때에는 야단을 치기보다는 아이를 꼭 안아줘 화를 가라앉히는 것이 훈육에 효과적이다.

(8) 21~25개월 : 자신에 대한 믿음이 확고해지는 시기

이 시기의 아이는 타인에 대한 두려움이 거의 없어지고 자신에 대한 믿음이 확고해졌기 때문에 다른 사람을 물거나 할퀴는 일은 거의 없어진다. 대신 끊임없이 명령하고 그 명령이 받아들여지기를 바란다. 자기 소유물을 소중히 하고 지키려고 하는데, 남이 빼앗을까 봐 두려워서라기보다는 자기가 아끼는 것이기에 나름대로 정리하고 질서를 부여하는 것이다. 자신의 존재를 알리려고 일부러 아니라고 한다. 으스대는 경향도 있다. 자신에 대한 믿음이 커서 이제는 완전히 독립된 존재라고 생각한다.

노래를 부르고 춤을 추고 낙서를 좋아하는 시기이므로 이러한 것들을 북돋워 주는 스킨십놀이가 좋다. 아이와 함께 음악에 맞추어 노래를 부르거나 춤을 추는 것, 박자에 맞춰 아이와 함께 손뼉을 치는 것도 효과적이다.

아이가 자신의 의지를 나타내기 시작하면서 어떤 말을 하더라도 “싫어”라고 한다. 아이가 ‘싫다’고 하는 것은 아이가 성장했다는 증거이다. 아이의 안전과 관련된 것이 아니라면 아이의 의견을 존중해 주는 것이 좋다. 지적, 사회적, 정서적 발달이 빠르게 나타난다. 아이를 격려하고 존중해 주면 심리적인 안정감을 느끼게 된다.

무엇이든지 혼자 하려고 하고 원하던 것이 이루어지면 성취감을 맛보는 시기이다. 아이를 격려하는 방법으로 스킨십을 사용하면 좋다. 아이를 칭찬할 때 아이의 손이나 몸을 잡거나 피부접촉을 통하여 마음을 전달할 수 있다.

2) 특정정서의 발달과정

(1) 애정

아기는 자기와 함께 놀아 주거나 옷을 갈아 입혀 주고 목욕을 시켜 주는 등 생리적 욕구를 만족시켜 주는 사람을 알아보고 따르게 된다.

기어다니게 되면서부터는 엄마를 졸졸 쫓아다니고 엄마가 보이지 않으면 마루에서 방으로 부엌으로 걱정스러운 듯이 찾아다닌다. 장난감에 대한 욕심이 생기고 인형을 즐겨 안고 다니며 자기 물건에 대해서는 애착을 가지게 된다.

따라서 가까운 시장을 보러 갈 때에는 유모차에 태워서 산책하는 기분으로 같이 데리고 가게 되면 아기는 더욱 깊은 정을 느끼고 풍족한 마음을 갖게 된다. 정서적으로 안정되어 있는 아기가 빨리 독립을 할 수 있으므로 될 수 있는 대로 아기의 기분을 소중히 여겨 함께 있고 싶어하는 마음을 채워 주도록 해야 한다.

또한 아기는 대인관계, 언어, 운동기능, 주의력 등 여러 부분에 걸쳐서 긍정적인 태도를 갖게 하는 터전을 마련해 준다는 생각을 갖고 애정 어린 마음으로 아기를 돌봐야 한다.

잠자기 전에 머리맡에서 이야기를 들려주는 것도 한 가지 방법이다. 아기들은 옛날 이야기를 좋아하고 똑같은 이야기라도 싫증을 내지 않고 재미있어 하며, 이야기의 내용뿐 아니라 이야기하는 사람의 목소리, 표정 등 분위기에 따라 아기의 반응은 달라진다.

항상 포근하고 만족감을 느끼고 싶어하는 아기에게 음악적인 분위기를 만들어 주는 것도 좋다. 엄마와 함께 듣고 좋아하던 음악은 엄마가 곁에 없을 때에 아기 혼자만 들어도 감동을 그대로 느낄 수 있다.

애정은 혈연관계가 있는 가족에 대한 정서적인 반응이라기보다는 함께 어르고 하는 양육과정을 통해서 형성되는 것이다. 엄마 품에 안겨서 재롱을 피우는 등 적극적인 애정표현을 하는 것을 좋아하고 즐거워한다.

(2) 기쁨

아기는 태어난 직후에도 혼자 웃는 모습을 볼 수 있다. 그러나 이것은 즐거워 웃는 웃음이 아니라 본능적으로 뱃속에서 하던 행동이다. 그래서 흔히 신생아들의 웃음을 배냇짓이라고 한다.

그러나 3개월 정도가 지나게 되면서 아기는 엄마와의 교감을 통해 옹알이를 하거나 할 때 까르르 웃는 것을 볼 수 있다. 점차 웃음이 사회적 의미를 지니게 되는 것이다. 재미있는 일이 있으면 가족과 더불어 웃고, 다른 사람을 웃기게 하는 것에도 다소 흥미를 느끼게 된다.

6개월 정도가 지나게 되면 예쁘다고 볼을 살짝 건드리면 방실방실 웃고, 웃는 모습이 귀여워서 어른이 웃으면 자기도 따라 웃게 된다. 애정표현에도 구별이 생기고 낯가림을 하게 되어 친숙한 사람에게는 함박웃음을 지으며 달려가서 품에 안겨 재롱을 피운다.

웃음이란 기쁨이나 만족감을 나타내는 적극적인 표현이다. 아기는 예민하기 때문에 울고 웃는 표정에도 보다 관심을 기울인다면 다소 나쁜 버릇이 있더라도 효과적으로 교정할 수 있다.

(3) 분노 및 떼쓰기

운동이 방해되거나 요구가 좌절되었을 때 분노를 표현하게 된다. 분노의 표현은 울거나 물건을 던지고 떼를 쓰고 소리를 지르기도 하는데, 심하면 몸을 마루에 내던지고 울부짖으며 숨을 멈추는 분노발작을 일으키기도 한다.

그러나 공연히 에너지만 소모시키는 것이지 자기의 욕구를 만족시키려는 의도에서 그런 행동을 보이는 것은 아니다. 아기가 화를 낼 때마다 달래 줄 필요는 없다. 잘못된 일은 안 된다고 확인시키고 못하게 하며 뒹굴고 울어도 내버려 두도록 한다.

약 6개월경이 되면 큰 소리로 싫은 말을 하거나 꾸짖으면 분노를 울음으로 크게 나타낸다. 12개월이 되면 여러 가지 형태의 행동으로 분노를 나타내는데, 즉 투덜대기, 토라지기, 발버둥질, 떼쓰고 울기, 반항 등 강하게 분노를 터뜨린다.

영아기와 걸음마기에 가장 많이 나타나는 분노의 형태는 떼쓰기이다. 이 때 유아들은 울부짖고 발을 동동 구르거나, 땅바닥에 나뒹구는 행동을 한다. 이러한 형태가 가장 많이 일어나는 시기는 18개월에서 36개월 사이이다. 유아가 몹시 화가 남으로서 드러누워 발버둥치면서 달랠 수 없을 만큼 소란을 피우기도 한다. 누구나 표출될 수 있는 분노의 감정을 사랑과 수용으로 대응치 않고 확대한다면 영아는 공격성을 갖게 된다.

(4) 공포

영아가 가지는 공포는 개인에 따라 다르고 개인이 가지는 경험에 따라 다르게 나타나지만 출생 후 6개월경에 나타난다. 출생 직후에 나타나는 공포는 갑작스러운 강한 자극에 대한 반사적인 놀라움이지만 약 8개월쯤이면 공포를 분명히 나타내는데 특히 낯가리기에서 찾아볼 수 있다. 약 1세까지는 갑자기 나는 큰 소리나 처음 본 사람, 이상하고 신기한 물건 등을 보면 무서움을 느낀다. 특히 1세가 지나면 엄마가 눈앞에서 사라지는 것을 두려워한다. 2세가 되면 공포의 대상이 더 넓어져서 음흉하고 놀라운 소리나 어두운 곳을 무서워한다.

(5) 낯가림

젖먹이 때 가졌던 막연한 두려움과는 달리 7~8개월 정도가 되면 큰 소리가 들리거나 낯선 사람이 다가와 얼러주면 무서워하면서 울거나 달아난다. 그러면서 엄마에게서는 한시도 떨어지려 하지 않는 것을 볼 수 있다. 이제는 자신을 돌봐주는 사람을 기억하고 애착을 표현하는 반면, 낯선 얼굴에 대해서는 공포심을 갖고 낯가림을 하게 되는 것이다.

이러한 애착과 공포심은 아기의 정서발달에 꼭 필요한 과정으로, 특히 애착은 아기가 이후 엄마에게서 심리적으로 독립하고 사회성을 발달시켜 갈 수 있는 바탕이 된다. 하지만 이때 엄마와 떨어지는 경험을 많이 하게 되면 아기가 분리불안이 생길 수 있다. 또한 반대로 전혀 엄마와 떨어지는 경험이 없어도 너무 의존적이 될 수 있으므로 주의해야 한다.

낯가림으로 처음 나타나는 아기의 공포심은 지나칠 경우 아기의 정서에 나쁜 영향을 줄 수 있다. 따라서 낯가림을 심하게 할 때는 갑자기 낯선 상황에 두는 등 아기가 불안감을 느끼지 않도록 해 주는 것이 좋다. 그러나 낯가림을 한다고 낯선 사람과 접촉할 기회를 너무 갖지 않게 하는 것도 사회성이 발달하는데 문제가 될 수 있으므로 여러 사람 속에서 어울릴 기회를 많이 갖게 하면서 엄마가 언제나 옆에서 돌봐 준다는 안정감을 갖게 해 주는 것이 좋다.

낯가림으로 나타나는 공포심은 아기의 기억력이 좋아지면서 점차 구체적인 경우로 나아간다. 높은 곳에서 떨어진 경우가 있는 아기는 높은 곳에 올라가게 되면 놀라서 몸을 떨고 몸을 움츠린다. 또 생후 12개월 정도가 지나면 병원에 가거나 흰 가운만 보면 울면서 싫어하게 된다. 아픈 주사를 놓는다는 사실을 기억하고 병원에 가는 것을 싫어하고 의사선생님을 두려워하게 되는 것이다.

(6) 반항

생후 18개월 정도가 지나면 대부분의 아기들은 자의식이 생기면서 자기가 하고 싶은 대로 하려고 엄마에게 반항하기 시작한다. 때문에 엄마는 아기를 돌보는데 훨씬 어려움을 느끼게 될 수도 있다.

자기의 능력을 과시하고 싶어서 스위치를 만져서 방안을 밝게 했다가 금방 어둡게 하고, 서랍을 뺐다가 닫는다든지, 문을 쾅 소리가 나게 닫고 물건을 집어 던지고 부시기 때문에 엄마는 불안하고 안절부절하게 된다. 그러면서 아이가 왜 이러나, 아이 성격에 문제가 있는 것은 아닌가 당혹스러울 수 있는데, 자연스러운 발달과정이니 너무 걱정하지 않아도 된다.

그러나 그렇다고 아이의 반항을 모두 받아 줄 수는 없는 일이다. 이런 때는 해도 좋은 일과 해서는 안 되는 일을 명확하게 구분지어 주어야 한다. 그러나 이러한 엄마의 태도를 지나치게 엄격하게 해도 좋지 않은 경우가 있다.

엄마에게 반항을 하면서도 한편으로는 특별한 관심을 보이기도 한다. 이것은 일생 동안 다른 어느 시기보다 강하여 엄마가 어디에 있는가를 늘 확인하려고 한다. 그런데 엄마에 대한 관심을 너무 충족시켜 주다 보면 다른 곳으로 향해야 할 관심이 줄어들어서 균형잡힌 성장을 할 수 없게 되는 경우가 있으므로 세심한 주의가 요구된다.

(7) 질투

두 살쯤 되어 동생이 태어나면 엄마는 지금까지 해왔던 것보다 아기에게 더 주의를 기울여야 한다. 이제까지 혼자서 귀여움을 독차지하고 있었는데 동생이 태어나서 사람들의 관심이 그쪽으로 가버렸다고 느껴지면 아기는 외로운 심정이 된다.

동생에 대한 질투심에서 토라지기도 하고 침을 흘리는 등 퇴행적인 행동을 하기도 하며 자기 몸에 상처를 입히기도 한다. 또 동생을 때리거나 꼬집는 등 부모가 보지 않는 곳에서 동생을 괴롭히기도 한다.

이런 경우에 엄마는 첫째, 자기 몸을 학대하는 것은 좋지 않다는 것을 따뜻한 말로서 이해시켜야 한다.

둘째, 동생이 낮잠 자는 시간을 이용해서 매일 적어도 1~2시간은 엄마와 단 둘이 있는 시간을 가져서 엄마는 예전과 마찬가지로 자기를 생각하고 있다는 것을 느끼도록 해 주어야 한다.

셋째, 관심을 다른 방향으로 돌리도록 하는 것이 좋다. 또한 이런 기회에 친구와 함께 집밖에서 노는 놀이에 관심을 돌리도록 해서 자연스럽게 사회적 관심을 길러 주는 것도 좋다.

넷째, 동생이니까 양보하라거나 잘 대해 주어야 한다고 하지 않는 것이 좋다. 아직은 누군가를 배려할 정도로 자란 것이 아니기 때문에 부모의 칭찬을 받기 위해 동생에게 잘 대해 주게 되면 오히려 아이 스스로에게 지나치게 스트레스가 쌓일 수 있다.

다섯째, 동생을 괴롭힐 경우에는 절대 못하게 해야 한다. 엄마가 모른 체하고 지난다 해도 아이 스스로 자신이 한 일을 알고 있기 때문에 죄책감을 가져 스스로 못된 아이라고 생각할 수 있다. 따라서 질투심이 생길 수 있다는 것은 인정하되 잘못된 행동은 하지 않게 하는 것이 좋다.

7. 영아의 울음

1) 영아울음의 의미

인간은 태어나면서 울음으로 시작한다. 웃기 시작하는 것은 그보다 훨씬 후부터이다. 울음에는 그 원인과 목적이 있다. 신생아의 울음은 폐를 빨리 확장시키는데 도움이 된다. 배가 고플 때나 어디가 아플 때도 울음으로써 의사를 표시한다. 울음이 없다면 말 못하는 갓난아기는 바늘에 찔려도 이것을 알리는 아무런 방법도 없을 것이다. 배가 고플 때, 어디가 불편하거나 아플 때, 혼자서 적적할 때, 피곤할 때, 모든 것을 울음으로 표현한다.

이와 같이 울음은 그 원인이 있는 것이지만 때로는 왜 우는지를 알 수 없을 때가 적지 않다. 어떤 아이는 이렇다 할 만한 이유도 없이 몹시 울어대는 아이가 있고 어떤 아이는 순해서 거의 울지 않는 아이가 있다.

아이가 $1\sim1\frac{1}{2}$개월 가량 되면 울 때는 눈물이 나기 시작하고 2개월부터는 눈물

이 흘러나오게 된다. 4~6개월이 지나면 한참 울고 나서는 흐느끼게 된다.

근래에 와서 울음을 spectrographic한 방법으로 분석함으로써 여러 가지 유용한 재료를 얻을 수 있게 되었다. 예를 들면 자극을 주었을 때 정상적인 어린이는 뇌에 이상을 가진 아이보다 훨씬 빨리 울기 시작한다는 것을 알게 되었다.

경험이 많은 어머니나 간호사나 소아과 의사는 아기의 울음소리만 들어도 그것이 배가 고파서 그런지 적적해서 그런지를 알아차릴 수 있다. 이러한 울음의 차이는 주로 그 울음의 강약의 차이 때문이라고 생각되어 왔는데 전기 기록법에 의하면 이런 여러 가지 울음들 사이에 차이가 있다는 것이 알려졌다.

2) 시기별로 본 울음

(1) 신생아의 울음

같은 건강한 아기라도 어떤 아기는 많이 울고 어떤 아기는 적게 운다. 황달이 있는 아기는 적게 운다. 주산기에 cerebral anoxia가 있은 아기는 무욕상태(apathy)인 수도 있고 흥분상태인 수도 있다. 날카로운 소리를 지르는 것(screaming)은 뇌손상을 받은 것을 시사한다. 우는 아기에게 계속적으로 낮은 울음소리를 들려주면 우는 것을 멎는 수가 많다.

(2) 생후 수개월간의 울음

이 시기에는 우는 것이 특징이라고 할 수 있을 만큼 많이 운다. 우는 것이 유일한 의사표시의 방법이다. 배가 고파도 울고 아파도 울고 모든 것을 우는 것으로 표현한다.

이 시기에 있어서의 아기가 우는 흔한 원인을 들어보면 다음과 같다.

① 배가 고플 때, ② 너무 덥거나 추울 때, ③ 젖은 기저귀를 오래 채워 두었을 때, ④ 혼자 내버려 두었을 때, ⑤ 배에 가스(wind 또는 gas)가 찼을 때, ⑥ 어딘가

몸이 아픈데가 있을 때(감기, 중이염 등), ⑦ 피곤할 때, ⑧ 이가 날 때(teething) ⑨ 버릇(어린 아기가 울기만 하면 즉시 안아 주면 어린 아기는 언제나 그렇게 해 주는 것을 기대하여 우는 것이 버릇이 되는 수가 있다.) 등이다.

제7장

영아 사회성 발달

1. 사회성 발달과 심리적 환경
2. 사회성 발달의 과정
3. 애착의 발달

1. 사회성 발달과 심리적 환경

1) 사회성의 개념과 모자간의 관계

(1) 사회성의 개념

영아는 성장하면서 자신이 속해 있는 가정이나 사회에서 옳다고 인정하는 방식으로 느끼고, 생각하고, 행동하면서 사회 속의 한 개인으로 성장해 간다. 사회성(socialization)이란 영아가 사회의 한 구성원으로 성장·발달하는 동안에 그 사회에서 공인된 생활양식을 학습하여 타인과의 상호접촉을 통한 건전한 사회생활을 할 수 있는 성향을 의미한다. 즉, 사회성이란 영아가 태어난 사회의 문화 속에서 한 사람으로서 살아갈 수 있는 생활양식을 습득하는 것이다. 다시 말하면 사회 공통의 지식 등을 습득하게 하는 사회화의 과정이라고 할 수 있다.

(2) 영아기 모자관계의 중요성

1 사회성 발달의 결정적 시기

사회성은 일평생 동안 발달하고 변화하지만, 영아기는 일생을 거쳐 지속적인 영향을 미치는 결정적 시기이므로 생애 초기에 맺는 사회적 관계와 사회적 행동의 발달은 이후 아동기와 청소년기를 거쳐 성인기까지의 사회적 관계와 사회적 행동의 근간이 된다는 점에서 영아의 사회성 발달은 매우 중요하다.

특히 출생 후 최초의 환경인 어머니의 영향은 매우 크다. 어머니와의 관계가 영아의 사회적 상호작용의 내용에 직접적인 영향을 미치며, 이후의 성격과 인성 형성에도 지속적인 영향을 미치게 된다. 그러므로 영아의 사회성 발달의 개인차

역시 부모-영아 상호작용에 의해 영향을 받는다.

2 모자간 상호작용의 중요성

세상에 태어난 인간은 수많은 사람과의 만남을 경험하게 되는데 그 가운데 가장 최초의 만남은 어머니와의 만남이다. 영아의 사회화는 모자간의 상호작용 및 부모의 양육태도에서부터 시작된다. 사회화란 인간관계를 통한 학습과정이라 할 수 있다. 초기의 모자 관계가 사회성 발달에 미치는 영향의 중요성은 많은 연구결과 인정되는 바이다. 영아는 가정 내에서 부모, 형제 등 가족과의 상호작용을 통하여 사회적 규범과 사회적 행동, 성 역할, 도덕성 등의 기초가 형성된다. 생활 범위가 확대되면 이웃의 또래들과 어린이집 등 유아교육기관에서의 생활태도 및 규범을 통해서도 사회화를 이루게 된다.

(3) 영아기 애착형성의 중요성

아기가 세상에 태어나 처음으로 만나는 사람은 대개 어머니이다. 여기에서 전개되는 모자 간의 인간관계는 아기에 대한 어머니의 일방적인 자극만 있는 것은 아니다. 아기는 생득적으로 어머니의 젖을 빨거나 울거나 웃는 등의 행동을 보이는데, 이는 모두 어머니가 자기에게 관심을 갖도록 하는 자극역할을 한다.

출생 시 아기는 모든 것이 미숙하여 부모에게 완전히 의존할 수밖에 없다. 생후 3개월이 되면 대상을 변별해서 미소를 짓는다. 사람이든 사물이든 보다 새로운 자극에 주목하는 경향성이 있고, 자기의 요구를 응답적으로 충족시켜 주는 대상을 변별해서 미소반응이나 애착행동을 표현한다. 생후 6~8개월이 되면 미소를 보내는 대상은 극히 한정된다. 이 시기에는 낯선 대상에 대해서는 명확한 불안을 표현하는 낯가림 현상이 나타난다. 이 시기의 영아는 특정인과의 애착관계를 구축해서 대인관계의 기반을 형성해 간다.

부모는 규범을 가르칠 때 언어적으로 지시할 뿐만 아니라 칭찬과 벌을 통하여 바람직한 행동을 조장하기도 한다. 또한 부모는 모델로서 어린이의 사회화를 돕는다. 강화(보상과 벌)는 사회화과정에서 기본적인 방법이다. 부모는 아이가 바람직한 행동을 했을 때 격려해 주고 바람직한지 못한 행동을 했을 때 벌을 줄 수 있다. 이러한 부모의 반응에 따라 아이의 행동은 강화될 수도 있고 소거될 수도 있다.

2) 영아기의 사회 심리적 환경의 중요성

(1) 정서적 상호일체적인 모자관계와 사회성 발달

영아는 일반적으로 그의 생활 전부를 어머니에게 의존하고 있다. 그러나 단순한 수동적인 존재는 아니다. 어머니의 특정의 행동을 기대하면서 적극적으로 행동해 나가는 것이다. 영아기의 초기에는 울음, 미소, 몸짓 등의 신호행동이 주로 나타나지만 이동능력이 몸에 배면서부터는 어머니에의 보다 적극적인 접근행동이 보이기 시작하며 또 이 때에는 낯가리기도 나타난다.

영아와 어머니 사이에는 이러한 애착관계를 매개로 하여 '정서적인 상호일체적 관계'가 형성되는 바, 이것은 영아가 최초로 경험하는 대인관계이며 사회성이 싹튼 것이라 하겠다.

다시 한 살쯤부터는 상호 일체적인 모자관계 중에서 모친에 대한 절대적인 '기본적 신뢰감'을 갖게 된다. 다른 사람에 대한 신뢰감은 인간관계를 형성하는 초석이기 때문에 유아기에 들어가면 아버지나 형제 등의 가족에게, 또는 이웃 사람 등에 이것을 '일반화'시켜 나가게 된다. 아동기 이후가 되면 교사나 친구 등의 관계에, 다시 청년기 이후에는 사회에 있어서의 일반적 인간관계로 일반화시켜 나가게 된다. 이러한 과정을 거쳐서 인간의 퍼스낼리티나 사회성은 차츰 발달해 나가는 것이다.

인간의 발달에 있어서 이렇게 중요한 의미를 갖는 영아기의 상호 일체적 모자관계의 형성에 있어선 모친이 수유나 배설의 뒷바라지 등 영아의 생리적 욕구를 충족시켜 주는 일은 가장 중요한 것이며 이러한 상호작용을 배제하고 사회성 발달을 논할 수는 없는 것이다. 이와 더불어 피부접촉이나 사회적 접촉(애무, 이야기, 미소짓기, 영아의 반응에의 응답, 환경자극의 풍부화)을 충분히 베푸는 일도 영아의 사회성 발달에 있어선 불가결의 중요한 요인으로 작용한다.

(2) 영아의 신뢰감과 안정감 형성의 중요성

영아의 사회성은 어려서부터 주양육자와의 애착관계 형성과 기질의 조화 적합성에 따라 점진적으로 형성되며, 영아를 둘러싼 환경과의 끊임없는 상호작용을 통하여 계속적으로 발달한다.

Eriksons에 따르면, 영아는 출생 후 첫 1년 여 동안 기본적 신뢰감을 형성하게 되며, 그렇지 못할 경우 불신감을 갖게 된다. 그러나 영아 스스로가 안전감과 신뢰감을 발달시킬 수는 없으며, 주변의 의미 있는 타인들이 영아에게 보여주는 행동과 태도를 통하여 안전감을 형성할 수 있게 된다. 그러므로 주양육자는 영아가 안전감을 발달시킬 수 있도록 정서적 유대감을 갖도록 하고 긍정적인 상호작용 경험을 제공하는 역할을 해야 한다. 그 결과 형성된 안전감이나 신뢰감은 다른 사람과의 안정적 관계를 발달시키는 데 도움을 준다. 이때 가장 중요한 양육행동은 영아의 기쁨뿐 아니라 요구나 고통의 신호에 즉각적이고, 일관적으로 반응하는 것이다.

출생 후 1년 동안의 삶의 첫 과제는 신뢰와 불신의 위기를 다루는 것이다. 막 태어난 어린아이는 돌보는 사람(특별히 어머니)과의 관계를 통해서 자신들이 필요한 것을 가지려고 애를 쓴다. 이 때 돌보는 사람의 행동에서 일관성과 예측성, 그리고 의존성을 발견하게 되면, 영아는 부모에 대한 기본 신뢰를 형성하게 된다. 만약 아기가 수용적이고 따뜻한 사랑을 받는다면 신뢰하는 것을 배우게 되고 이 신뢰의 결과는 다른 사람에 대한 개방적 자세, 삶에 대한 긍정적 관점, 자신에 대한 신뢰가 형성된다. 인생의 가장 중요한 자긍심을 배우고 얻는 시기이다. 그러나 이 위기가 성공적으로 해결되지 못하면 다른 사람이나 자신, 또는 세상을 신뢰하는데 어려움을 겪게 된다. 이 때 신뢰와 불신은 어머니와 영아가 접촉하는

시간보다는 질에 의존한다.

Eriksons이 이 시기를 인생의 초기 단계 중 가장 비중있게 취급했던 이유는 발달 특성으로서의 기본적 신뢰감이 인생 후기에서 갖게 되는 사회적 관계에서도 미치는 영향이 지대하기 때문이다. 사실 사물과 대인적 신뢰감이 결손되면 아무것도 할 수 없는 상황이 될 수 있다. 의자에 안심하고 앉는다든지 사람을 처음 사귀거나 같이 자리에 동석하는 것조차도 불가능하게 되기 때문이다. 그러나 이러한 신뢰감의 중요성과 함께 상대적 불신감 또한 전혀 쓸모 없는 요소로 받아들여지는 것은 아니다. Eriksons은 어느 정도의 불신감이 충실한 성숙함을 만들어 내는 필요요건이 되기도 한다는 점을 인정하고 있다. 물론 이 두 요소 사이의 균형 중 신뢰감이 차지하는 비중이 우세해야만 정상적인 발달이 된다.

2. 사회성 발달의 과정

1) 0개월~2개월

아직 사회성을 보이기에는 이른 시기이다. 이제 겨우 엄마라는 존재에 대해 익숙해지는 단계이기 때문이다. 가끔 가까이에 있는 엄마나 다른 사람의 얼굴을 빤히 쳐다보는 정도이다. 안아 주면 조용해진다.

2) 3개월

이 시기의 영아는 사람의 목소리를 들으면 고개를 돌려 소리 나는 쪽으로 향한다. 예를 들어 사람의 웃음소리를 듣고 아가는 같이 웃는다. 자기 팔을 흔들어 주거나 웃어 주면 즐거운 표정을 짓는다. 이렇게 사람을 향한 웃음은 영아의

빰이나 입술을 만질 때 나타나는 반사적 미소와는 다르다. 찡그리거나 화난 얼굴보다는 웃는 얼굴에 시선을 오래 고정시키고 경우에 따라 아기도 역시 방긋방긋 웃는 얼굴을 보이기도 한다. 사람을 보고 짓는 이 미소가 사회적 발달의 시초가 되는 것이다. 생후 3개월이 되는 영아는 혼자 있으면 운다. 그러나 누가 옆에서 말을 하거나 또는 장난감 같은 물건으로 소리를 내면서 주의를 끌어 주면 울음을 멈춘다. 영아는 엄마와 자주 접촉하는 다른 사람들을 알아본다. 그리고 낯선 사람을 접하면 무서워서 울거나 머리를 돌려 버린다.

3) 4~8개월

5~6개월경에 영아는 선택적인 사회적 미소를 보이기 시작한다. 선택적인 사회적 미소란 얼굴을 식별해서 미소를 짓는 것으로, 주변 사람들의 반응과 관심을 유도하며 사회적 교류의 기초가 된다. 6개월경에는 자신과 비슷한 또래에게 관심을 갖게 되어 다른 영아를 만나면 미소짓거나 손으로 만지고 옹알이를 한다.

이 시기의 영아는 어머니나 주양육자에게 강한 애착을 발달시키게 되어 6개월경에는 친숙한 사람과 낯선 사람을 구별하고 다르게 반응한다. 7개월경에는 애착대상에게서 반응을 유도하기 위해 손과 발을 자발적으로 사용하며, 적극적인 접촉행동으로 따라하기, 접근하기, 매달리기 같은 신호를 보낸다.

영아가 특정 대상과 애착을 형성하는 과정에서 낯가림과 분리불안을 나타내는데 이러한 행동들은 영아가 애착을 잘 형성하고 있다는 증거이기도 하다. 낯가림(stranger anxiety)은 낯선 사람에 대한 불안을 말한다. 주양육자가 아닌 친숙하지 않은 사람이 영아에게 다가오거나 안으면 영아가 심하게 우는 것을 볼 수 있다. 이러한 낯가림은 6개월 무렵에 시작하여 돌이 되면 절정에 이르다가 만 2세까지 지속된다. 영아가 낯가림을 한다는 것은 친숙한 사람과 친숙하지 않은 사람을 구분할 수 있음을 의미하는데, 친숙한 사람인 주양육자와 애착을 형성하기 위한 준비과정으로 볼 수 있다. 따라서 이 시기에 나타나는 낯가림은 일반적인 발달과정으로 간주되기도 하지만, 낯가림행동의 반응이 지나치게 강렬하다든지 오랜

시간 지속된다면 영아의 사회 정서발달을 저해할 수 있다.

한편 분리불안(separation anxiety)은 친숙한 사람과 헤어지는 것에 대한 불안이다. 영아가 양육자와 함께 있다가 눈앞에 보이지 않거나 떨어지려고 하면 불안해하면서 우는 행동이 분리불안 행동이다. 분리불안은 8개월 무렵에 시작되어 10~18개월 정도에 절정에 달했다가 24개월이 되어야 심한 불안행동은 어느 정도 감소한다. 낯가림과 마찬가지로 분리불안도 발달과정에서 대부분의 영아에게서 나타나는 행동으로 양육자와 분리되기 싫어하는 행동을 통해 양육자와 더 가까이 있으려 하고 특별한 유대관계를 맺을 수 있으므로 애착형성과 밀접하게 관련되는 행동이라 할 수 있다. 그러나 양육자와 분리되는 경험을 전혀 하지 않거나 분리불안이 지나치면 독립성을 지닌 존재로 성장하기 어려우며, 영아기가 지난 이후에도 심한 분리불안 증상을 보일 경우 분리불안장애로 진단되기도 한다.

4) 8~12개월

8개월이 되면 분리불안이 심해져 엄마와 잠시도 떼어 놓기 힘들어진다.

9개월에는 물체가 눈에 보이지 않아도 존재한다는 사실을 알게 된다. 물건을 떨어뜨린 후 안 보이면 계속 찾으려 하고, 보는 동안 손수건 밑에 숨긴 물건을 찾아내기도 한다. '까꿍'놀이를 통하여 눈에 보이지 않게 된다고 물체가 없어지는 것이 아니라는 것을 반복해서 확인하게 된다.

자율성이 새로 나타나 식사를 고분고분 받아먹지 않고 고개를 돌려 숟가락을 피하거나 자기가 직접 숟가락을 잡으려고 한다.

8~12개월경에 영아는 상호작용기술(예: 쳐다보기, 말하기 등)을 적극적으로 사용하면서 보다 유능한 사회적 존재가 되어간다. 부모의 소리나 동작을 모방하기도 하고 타인과의 상호작용도 증가한다. 그러나 아직까지는 또래와의 상호작용보다는 성인과의 상호작용이 많으며, 까꿍놀이와 같은 단순한 사회적 놀이는 10개월경에 시작된다. 주양육자가 일관성 있고 친숙하며 영아의 요구에 민감하게 반응해 줄 때 영아가 안정감을 가지고 세상에 대한 신뢰감을 발달시켜 갈 수 있으므로

양육자의 역할이 매우 중요하다고 할 수 있다.

5) 13~18개월

이 시기의 영아는 자기중심적 관점에서 세상을 이해하며, 대상영속성 개념이 발달하여 자신과 타인 또는 사물을 구별할 수 있게 된다. 사회적 관계망이 주 양육자에서 다른 가족원이나 또래로 확장됨에 따라 자아개념도 확장되고 타인과의 상호작용에 적응한다.

이 때 영아의 놀이는 단독놀이로 주로 혼자 말하고 놀이한다. 다른 영아를 쳐다보기도 하고 옆에서 함께 놀기는 하지만 상호작용은 이루어지지 않는 병행놀이도 나타나기 시작한다.

18개월경에는 술래잡기와 같은 상호작용을 하는 게임을 즐긴다. 특히 이 시기의 영아들은 다른 아동들의 웃음이나 울음을 모방한다. 이 시기의 그들의 관심은 장난감으로부터 다른 아동에게로 바뀌면서 전보다는 덜 싸우고 어울려 놀이할 수 있다.

영아들은 13개월 이후부터 정서적 불편함을 표현하는 단서에 대해서 공감적인 표현을 하는 친사회적 행동이 점점 두드러지게 발달한다. 이 시기의 영아들의 공감적 행동은 주로 정서적 불편함을 표현하는 단서에 대해서 단지 공감적인 표현을 하는 행동으로 나타난다. 이 시기 친사회적 행동의 예로는 엄마, 아빠, 낯선 타인 등과 물건 나누기, 엄마를 도와 어린 동생 돌보기, 자발적으로 집안일 돕기 등이 있다. 공감형성은 13~18개월에 나타난다.

6) 19~24개월

이 시기의 영아는 자아개념을 계속 발달시키면서 타인과의 관계를 점차 확장시킨다.

타인의 감정을 인식하며 웃거나 편안해하고 우는 등의 반응을 보이고, 타인의 행동을 모방하려고 한다. 다른 영아들과 함께 놀기는 하나 상호작용은 별로 없고 여전히 놀잇감이나 물건을 다른 영아들과 나누기는 힘들다.

3. 애착의 발달

1) 애착의 개념과 기능

(1) 애착의 개념

애착이란 영아기에 발생하는 가장 중요한 형태의 사회성 발달현상이자 영아와 주양육자(주로 어머니) 간에 형성되는 친밀한 정서적 유대감을 의미한다. 애착은 종족을 보존하기 위해 주위환경에 적응하는 데 필요한 요소로서, 애정이나 사랑과 같은 긍정적 정서를 지닌다. 영아가 특정 인물에게 애착을 형성하게 되면 그 사람과 있을 때 기쁨과 편안함을 느끼고, 불안한 상황에서 그의 존재로 인해 위안을 받는다.

애착행동은 영아의 행동 중 젖 빨기, 매달리기, 따라다니기, 울기, 미소짓기 등 구체적인 반응이 어머니와 영아를 결속시킴으로써, 모자간의 상호작용을 통해 사회성 발달을 촉진시킨다.

(2) 애착의 근원

John Bowlby의 애착이론에 의하면, 애착발달은 사회적 학습에 의해 촉진되기도 하지만, 근본적으로는 생존유지 및 보호를 위한 본능적인 반응의 결과로서 이미 생래적으로 계획되어 있다. 즉, 애착행동은 인간의 생득적인 반응인 빨기,

울음, 미소, 매달리기, 따라다니기와 같은 초기 사회적 신호체계를 모체로 하며, 어머니 또한 영아를 마주 보고 안거나 영아와 접촉하는 것을 통해 만족감을 느끼는 것과 같은 특별한 내재적 반응양식이 있기 때문에, 모자간의 사회적 상호작용을 통해 애착이 발달한다고 본다.

사회적 상호작용을 강조한 Bowlby의 애착이론은 애착이 배고픔과 같은 일차적 욕구 충족에 관계없이 발달한다고 밝힌 Harlow의 연구 결과에 기초하고 있다. Harlow의 원숭이 실험에서, 원숭이 새끼들은 어미와 격리되어 '철사엄마'와 '헝겊엄마'라는 두 대리모에 의해 양육되었다. 철사엄마와 헝겊엄마에게 우유병을 부착해서 새끼들 중 반은 철사엄마에게서 그리고 나머지 반은 헝겊엄마에게서 우유를 얻어 먹었다. 연구 결과, 원숭이 새끼들은 어떤 엄마에게서 수유를 받았건 간에 모두 헝겊엄마를 더 좋아했다. 철사엄마에게서만 젖을 먹을 수 있었을 때조차도 젖먹는 시간을 제외하고는 대부분의 시간을 헝겊엄마와 함께 보냈다. 또한 낯선 물체가 나타났을 때에도 두려워하는 반응을 보이면서 모두 헝겊엄마에게로 달려가 매달렸다. 이는 수유가 애착형성에 결정적 요인이 아니라는 것을 시사해 준다.

영아기에 형성된 애착은 이후 인지, 정서, 사회성 발달에 중요한 영향을 미친다. 일반적으로 안정된 애착관계를 형성한 영아는 유아기에 자신감, 호기심 그리고 타인과의 관계에서 긍정적인 성향을 보이는 것으로 나타났다. 또한 아동기에 접어들어서도 도전적인 과제를 잘 수행하고, 좌절을 잘 견뎌 내며, 문제 행동도 덜 보이는 것으로 나타났다. 뿐만 아니라 영아기에 형성된 애착은 이후 주변세계에 대한 신뢰감으로 확대되기도 한다.

(3) 애착의 기능

애착이론은 영아 시절의 모자 관계가 후기 기능에 큰 영향을 미친다는 것을 가정한다. Bowlby를 포함한 애착이론가들에 의하면, 어린아이가 엄마의 접근 가능성을 적절하게 충족하지 못했을 경우 아이들은 불안정 회피애착이나 불안정

저항애착을 형성하게 됨으로써 엄마를 더 이상 안전지대로 믿지 않게 된다. 일반적으로 애착은 안정대상에 대한 신호나 미소 그리고 울음 등과 같은 행동을 유발하여 애착대상과의 근접성을 증가시키며, 애착관계를 통해 아이들은 생존을 위해 필요한 최소한의 사회화, 사회관계 등을 배우게 된다. 낯선 상황에서의 불안감은 애착 체계를 가동시켜 애착행동이 증가하고 애착행동을 통해 안정적이 되면 탐색활동이 증가하면서 애착체계는 다시 휴지기에 들어간다.

이러한 일련의 과정은 자동화되어 하나의 고리가 시작되면 자연스럽게 작동되어 후기 행동에도 내적 작동모델의 형태로 아동의 행동에 끊임없이 영향을 미치게 된다.

반대로, 어머니와의 분리나 정서적 유대의 박탈이 가지는 부정적 효과는 박탈의 시간적 기간과 박탈의 시기인데, 일반적으로 6개월에서 2세까지의 박탈이 다른 시기에 비해 더 부정적인 결과를 가져오는 것으로 나타났다. 또한, 박탈의 기간이 길수록 부정적인 효과가 더 컸다. 이 때, 애착의 대상이 누구인가가 중요하다기보다는 애착의 질이 문제의 핵심이다. 소위 모성본능 이데올로기에 따르면, 생모와의 애착이 아동의 발달에 필수적이지만, 경험적인 연구에 따르면 이것은 사실과 다르다. 또한, 취업모에 대한 연구도 양육의 물리적 시간보다는 양육의 질이 중요함을 증명하고 있다.

2) 애착유형과 결정요인들

(1) 애착유형

어머니와 헤어지고 재회하는 영아의 반응에 따라 애착유형은 다음 네 가지로 구분된다.

1 안정애착(secure attachment)

안정애착아는 부모를 안전기지로 활용한다. 탐색을 위해 부모와 쉽게 분리되고, 부모가 돌아왔을 때 적극적으로 접촉을 추구하고 쉽게 편안해진다.

2 회피애착(avoidant attachment)

회피애착아는 부모가 있을 때도 반응적이지 않다. 부모가 방을 나가도 괴로워하지 않고 부모에게 하는 것과 같이 낯선 사람에게 반응한다. 부모와 재회하였을 때 부모를 피하거나 그다지 반가워하지 않는다.

3 저항애착(resistant attachment)

저항애착아는 분리 전에 부모와 붙어 있으려 하고 종종 탐색을 하지 못한다. 이들은 부모가 떠났을 때 괴로워하고 돌아왔을 때 분노나 저항하는 행동을 보이는 데 가끔 때리거나 밀기도 하며, 안아 주어도 울음을 멈추지 않고 쉽게 달래지지 않는다.

4 혼란애착(disorganized or disoriented attachment)

혼란애착 유형은 가장 큰 불안정성을 보여, 재회하였을 때 영아들이 혼란되고 모순된 행동을 보인다. 혼란애착아는 부모가 안고 있는 동안 시선을 돌리거나 무감정 혹은 우울한 정서로 대하며, 멍한 표정으로 자신의 정서를 전달한다. 소수의 영아는 진정된 후에도 소리 내어 울부짖거나 이상하고 움츠린 자세를 보인다.

(2) 애착유형의 결정요인

일반적으로 이러한 애착형성에 영향을 미치는 요인으로는 영아의 기질, 영아와 부모의 기질, 그리고 양육의 질 등을 들 수 있다. 조산이나 발달지체, 신체장애 또는 심리적 장애가 있는 영아의 경우, 불안정 애착과 상관이 있으며, 영아의 기질적 특성 또한 애착유형과 상관이 있는 것으로 보인다. 일반적으로 영아의 적응성은 안정애착과 정적 상관이 있으며, 영아의 활동성은 불안정 애착과 정적 상관이 있는 것으로 나타났다. 다시 말해, 아동의 적응력이 낮고 활동적일수록 어머니는 영아를 까다로운 것으로 인식하며, 어머니가 까다롭다고 인식하는 영아는 불안정애착 유형을 보일 가능성이 높다.

다음으로 영아의 기질이나 특성뿐만 아니라 어머니의 특성 역시 애착 형성에 영향을 미치는 요인으로 작용한다. 어머니의 특성으로는 어머니의 성격, 연령, 사회 경제적 지위, 어머니 자신의 양육과정 등이 애착형성에 영향을 미치는 요인이다. 연구결과에 따라 다소 차이는 있으나, 어머니의 성격 특성 가운데 애착형성에 영향을 미치는 요인은 영아가 보내는 신호에 대한 민감성과 반응성이다.

안정된 애착을 형성한 영아의 어머니는 아기의 신호에 빨리 반응하고, 적절한 도움을 주는 등 민감한 상호작용을 한다. 이와는 반대로 불안정애착이나 회피애착 영아의 어머니는 화를 잘 내고 아기와의 밀접한 신체접촉을 회피하며 자신의 감정을 표현하는 데 어려움이 있는 것으로 나타났다. 어머니의 연령이 어리거나 사회 경제적 지위가 낮은 경우 또는 직장이나 경제적 사건에서 오는 스트레스가 많은 경우 불안정 애착이나 회피애착이 많은 것으로 나타났다.

어머니와 마찬가지로 아버지의 특성 또한 애착형성에 영향을 미친다. 아버지가 영아에게 보이는 애착행동은 어머니와는 사뭇 다른데 어머니는 주로 수유와 양육을 담당하고, 아버지는 영아와 놀이는 하는데에 시간을 많이 보낸다. 뿐만 아니라, 부모가 영아와 함께 하는 놀이의 본질도 서로 다르다. 어머니가 장난감 놀이, 까꿍놀이 또는 언어를 사용하는 놀이를 주로 하는데 반해, 아버지는 영아를 거꾸로 들거나 공중에 던졌다 받기 또는 무등 태우기 등의 신체적 놀이를 주로 한다. 이와 같은 차이로 인해, 영아는 스트레스를 받는 상황에서는 어머니를 찾고, 재미있는 자극을 원할 때는 아버지를 찾게 된다.

3) 애착형성의 단계

(1) 생후 0~3개월

이 시기는 인간에 대한 비변별적(indiscriminate) 반응성의 단계이다. 생후 처음 몇 달 동안 아기는 사람에 대해 다양한 반응을 보인다. 그러나 이 반응은 비선택적이다. 아기는 대부분의 사람에게 아주 비슷하게 반응한다.

출생 직후 아기는 사람의 목소리를 듣고 싶어하며, 사람의 얼굴을 보고 싶어한다. 예를 들어 최근 한 연구에서, 출생한 지 10분된 아기는 보통 잠에 빠지려 할 때 눈을 감은 채로 미소를 짓는다.

처음 3주 동안 아기는 보통 잠에 빠지려 할 때 때때로 눈을 감은 채로 미소를 짓는다. 이러한 미소는 아직 사회적인 것은 아니다. 이것은 사람을 향해서 하는 것이 아니다. 약 4주경에는 사람의 목소리를 듣고 미소짓기 시작한다. 이를 사회적인 미소라고 할 수는 있지만 아직도 뚜렷한 것은 아니다.

약 5주 초쯤에는 매우 강렬한 사회적 미소가 시작된다. 사람의 얼굴 모습을 보고 행복하게 그리고 활짝 미소짓는다. 또한, 이러한 미소는 눈마주치기를 포함한다. 사람들은 이러한 시각적 미소가 시작되리라는 것을 미리 짐작할 수 있다. 4주쯤 아기는 조사하듯 의도적으로 얼굴을 빤히 쳐다보기 시작한다. 그리고 나서 유아는 함빡 웃음을 터뜨리게 된다. 이 때가 종종 부모에게는 흥분된 순간이다. 부모들은 이제 아기의 사람에 대한 '증거'를 가지게 된 것이다. 아기가 눈을 깊이 쳐다보다가 웃음짓는 모습을 바라보는 것만으로도 가슴 속으로부터 사랑스럽다는 감정이 솟아나게 된다.

실제로 3개월이 될 때까지 아기의 미소는 어떤 개인적 신호를 보이지 않는다. 아기는 어떠한 모습의 얼굴—비록 종이 위에 그려진 얼굴일지라도—이라도 그것을 보고 미소짓는다. 중요한 조건은 그 얼굴이 완전하게 정면으로 제시되어야 한다는 것이다. 옆모습은 그다지 효과가 없다. 목소리와 쓰다듬기 역시 이 단계에서는 미소를 짓게 하는 유발인자로서는 비교적 약하다. 이상과 같이 아기의 사회적 미소는 매우 특수한 시각적 자극에 의해 유발되는 것 같다.

Bowlby의 견해로는, 미소는 돌보는 이를 가까이 있도록 하기 때문에 애착을 증진시키는 것이다. 아기가 미소지을 때, 돌보는 이는 즐거이 아기와 함께 있으려 한다. 돌보는 이는 아기에게 미소를 지어 주고 말을 건네고, 토닥거리기도 하며 안아 올려 주기도 한다. 미소는 그 자체로서 사랑을 주고 돌봐 주는 상호작용—아기가 건강하게 생존할 수 있는 기회를 높여 주는 행동—을 촉진시키는 유발자인 것이다.

아기가 얼굴을 보고 미소짓기 시작할 때쯤 되면 또한 옹알이가 시작된다. 아기는 주로 사람의 목소리를 듣거나 얼굴을 보았을 때 옹알거리는데, 특히 사람의 얼굴을 보았을 때 그러하다. 미소와 같이 옹알이도 처음에는 비선택적이다. 아기는 주위에 있는 사람이 누구이건 가리지 않고 옹알거린다. 아기의 옹알이는 돌보는 이를 즐겁게 하며, 돌보는 이로 하여금 되받아 이야기하게끔 한다. "미소와 같이 옹알이도 아기와 어머니간에 사회적 상호작용을 증진시킴으로써 어머니가 영아 가까이에 있게끔 하는 기능을 가진 사회적 유발자극인 것이다."

울음 역시 돌보는 이와 아기를 가까이 붙어 있게 한다. 울음은 고통스런 부르짖음과 같다. 이것은 아기가 도움이 필요하다는 신호이다. 아기는 고통스럽거나, 배고프거나, 춥거나, 불편할 때 울게 된다. 그들은 자신들이 쳐다보고 있던 사람이 시야에서 사라져 버릴 때에도 울게 된다. 생후 첫 주에는, 사라지는 사람이 누구인가 하는 것은 문제가 안 된다. 마찬가지로 아기는 안아서 흔들어 주거나 자신들의 요구에 주의를 기울이는 사람들이 누구인가는 상관하지 않는다.

아기는 붙잡는 행동에 의해서도 부모와 가까이 있을 수 있다. 신생아는 두 가지의 붙잡는 반응을 갖추고 있다. 한 가지는 파악반사(grasping reflex)이다. 열린 손바닥에 어떤 물건이 닿았을 때, 그 손을 자동적으로 꽉 쥐게 된다. 다른 한 가지는 모로반사인데, 이것은 큰 소리에 놀라거나 혹은 갑자기 지탱하는 힘을 잃었을 때 나타난다. 이 때의 반응은 팔을 짝 펼쳤다가 도로 가슴 주변으로 가져오는 것이다. 이 행동은 마치 어떤 것을 껴안으려는 듯이 보인다. 이러한 반사는

아기를 돌보는 양친을 붙잡으려고 하는 것으로 생각된다. 예컨대, 만약 아기의 위험을 보고 어머니가 갑자기 달려갈 때, 아기는 손으로 어머니의 아무 부분이라도 붙잡아야만 한다. 그리고 만약 아기가 붙잡는 것을 놓쳤다면, 아기는 다시 어머니를 껴안아야 할 것이다.

아기는 또한 입으로 더듬거나, 빠는 반사를 갖추고 있다. 뺨이 닿았을 때는 자동적으로 머리를 자극이 온 쪽으로 돌리며, 입에 어떤 것이 닿을 때까지 '더듬어' 찾는다. 물론 더듬기반사와 빨기반사는 아기가 보다 용이하게 젖을 먹을 수 있도록 해 준다. 하지만 이들 반사가 아기와 어머니간의 상호작용을 가져오기 때문에 이들을 또한 애착패턴으로 간주할 수 있다.

(2) 생후 3~6개월

이 시기는 낯익은 사람에게 초점맞추기 단계이다. 약 3개월 초부터 아기의 행동은 변한다. 그 하나로, 모로반사 · 쥐기반사 · 더듬기반사를 포함하여 많은 반사들이 사라진다. 그러나 Bowlby에 있어 보다 중요한 것은 아기의 사회적 반응이 좀더 선택적으로 시작된다는 점이다. 3~6개월 사이에 아기는 차츰차츰 낯익은 사람을 보고서야 미소를 짓는다. 낯선 사람을 볼 때는 단순히 응시하기만 한다. 옹알이에서도 보다 선택적으로 된다. 4~5개월 된 아기는 자신들이 알고 있는 사람이 있을 때만 옹알거린다. 또한 이 무렵부터 아기는 낯익은 사람이 달래야만 울음을 잘 그친다.

5개월쯤에는 마침내 사람에게 손을 뻗쳐 머리카락 등 신체의 일부분을 만지고 붙잡기 시작한다. 그러나 이것 역시 아기가 그 사람을 알고 있을 때에만 그렇게 한다.

이와 같이 이 단계에서 아기는 주로 낯익은 사람에게만 반응한다. 그들은 보통 두세 사람을 좋아하며, 그 중에서도 특히 어느 한 사람을 좋아한다. 이 사람이 가까이 있을 때는 잘 웃고 잘 옹알거린다. 주요 애착 인물은 보통 어머니가 되지만, 아버지나 다른 돌보는 이가 될 수도 있다. 아기들의 신호에 가장 잘 반응해

주고, 아기들과 가장 잘 놀아주는 사람에게 강한 애착을 발달시키는 것 같다.

(3) 생후 6~30개월

이 시기는 능동적 접근 추구의 단계이다. 약 6개월경에 아기는 애착인물이 있고 없음에 깊은 관심을 보이는데, 종종 애착인물이 떠나려 하면 울기 시작한다. 초기에는 쳐다보고 있던 누군가가 떠나기만 해도 운다. 그러나 이제 아기가 당황하게 되는 경우는 주로 애착 인물 한 사람이 떠날 때이다.

그러나, 아기는 울거나 무력하게 기다리기만 하지는 않는다. 7개월경에는 보통 기어다닐 수 있으며, 그 때문에 떠나가는 양친을 능동적으로 뒤따라갈 수 있게 된다. 이 때부터 아기의 행동은 목표수정 체계를 구축하기 시작한다. 즉, 양친이 어디에 있는지를 지켜보다가 만약 떠나려 하면 재빨리 뒤따라가서 양친과 다시 가까이 있게 될 때까지 자신의 움직임을 수정하고 적응한다. 아기가 다시 양친 가까이 있게 되면, 이들은 전형적으로 두 팔을 뻗쳐 안아달라는 몸짓을 하기도 한다. 안아 주면 다시 마음을 가라앉힌다.

아기는 또한 새로운 방식으로 소리쳐 부르기 시작한다. 그리고 부르는 것 역시 목표수정의 특성을 지닌다. 즉, 양친의 위치와 움직임에 따라 달리 소리쳐 부른다. 만약 양친이 멀리 떠나간다면, 다급하게 소리쳐 불러댄다. 만약 가까이 있거나 가까이 오고 있다면 보다 여유 있게 부른다.

이러한 행동체계에서, 애착대상이 떠나는 것은 아기들로 하여금 접근 추구를 활성화시키는 자극으로 간주된다. 양친이 천천히 그리고 조용히 떠날 때보다는 갑자기 떠날 때, 또는 익숙하지 않은 환경에 놓여 있을 때, 아기들은 다시 양친과 가까이 있으려고 더 큰 노력을 경주할 것이다. 다른 유발자극으로는, 큰 소리나 갑작스런 어둠과 같이 아기를 놀라게 하는 사건들을 들 수 있다.

아기는 애착인물을 향하여 다가갈 뿐만 아니라 종종 그들로부터 멀어져 가기도 한다. 이것은 특히 아기들이 돌보는 이를 탐색하기 위한 출발점으로 삼을 때 분명히 나타난다. 만약, 한두 살 먹은 아기가 어머니와 공원이나 놀이터에 갔을 때, 아기는 대개 잠시 동안 어머니와 가까이 붙어 있다가 과감하게 탐색을 하러 나선다. 하지만 수시로 되돌아보며 어머니와 시선이나 미소를 교환한다. 심지어 모험을 하기 위해 앞으로 더 나아가기 전에 어머니에게 다시 되돌아올 때도 있다. 이렇듯 아기는 어머니와 계속해서 가까이 있다는 것을 자신에게 확인시키기 위하여 짧은 접촉을 시도해 본다. 만약 어머니가 반응하지 않거나 혹은 떠난다고 위협하면, 아기는 보다 다급한 전략을 쓰거나 찰싹 매달리는 작전을 쓰게 된다.

이 단계 동안 애착은 점점 더 강해지고 배타적으로 된다. 애착의 강도는 양친이 떠나갈 때 아기가 우는 정도를 알 수 있다. 이것은 때로 격리불안(separation anxiety)이라고 불리운다. 관찰자는 또한, 어머니가 잠깐 사라졌다가 나타날 때 어머니를 맞이하며 기뻐하는 정도에도 주목하였다. 어머니가 되돌아왔을 때, 아기는 보통 미소를 지으며 가까이 가서 안기려 하며, 어머니 팔에 안길 때 즐거워서 까르르 웃게 된다. 어머니도 역시 재결합에 대해 행복해 한다.

아기의 애착의 새로운 배타성은 7~8개월경에 가장 명백하게 나타나는데, 이때 아기는 낯선 사람에 대해 두려움을 보인다. 낯선 사람을 보았을 때, 아기의 반응은 약간 경계를 하는 것에서부터 울음을 터뜨리기까지 다양하다. 보통, 아프거나 혹은 낯선 환경에 처했을 때는 보다 강한 반응이 나타난다. 낯선 사람에게 겁을 먹을 때 아기는 양친에게 매달리는데, 만약 양친이 그때 아기를 낯선 사람에게 건네주려고 한다면 더욱더 바싹 매달릴 것이다.

제8장

영아 인지발달

1. 영아기 인지발달의 중요성
2. 인지발달의 과정

 1. 영아기 인지발달의 중요성

1) 인지발달의 개념과 중요성

(1) 인지의 개념

인지(cognition)는 인간의 정신적 사고과정을 의미하는 광범위한 개념으로 사용되고 있다. 인지(cognition)란 라틴어의 'cognosco'에서 유래된 용어로서 '알다'라는 의미를 가지고 있다. 인지는 통상적으로 사고(thought)나 지적 능력(intellectual ability)과 같은 의미로 사용되기도 한다.

인지란 감각적 자료를 해석하고 이것을 기억해 두었다가 필요할 때 재생시켜서 사고, 추리, 문제해결 등에 이용하여 환경과 자신에 대한 지식을 획득해 가는 과정을 말한다. 영아기는 감각을 통해 획득한 정보를 조직하고 환경적 자극에 반응하는 도식(schema)을 형성함으로써 인지적 발달을 꾀한다고 할 수 있다.

(2) 영아기 인지발달의 중요성

영아기의 인지발달을 위해서는 시각, 청각, 미각, 촉각, 후각 등의 다양한 감각적 자극이 필요하다. 인지발달은 다양한 감각자극에 대한 지각능력뿐만 아니라 사회 · 정서발달 및 언어의 발달과도 밀접한 상관관계를 가지고 있다. 특히 언어활동은 일종의 인지작용이라고 해도 과언이 아니다. 인지작용은 개인이 속한 환경 속에서 지각하는 모든 자극을 능동적이며 무의식적으로 구조화하고 상호작용한다. 특히 영아기는 인지발달(cognitive development)에 있어서 결정적인 시기이므로 매우 중요하다고 볼 수 있다.

2) 영아기 인지기능의 특징

생명을 유지하고 자기의 주어진 환경에 보다 잘 적응하기 위해서는 환경으로부터의 자극이나 정보를 선택적으로 수용하고 그것을 적절히 처리해 나가는 일이 필요하다. 이것을 '인지기능'이라 부른다.

시각의 발달은 손놀림의 조작적 기능발달의 도움을 받아서 5~6개월쯤 된 영아에게는 '보이는 것'에 대해 손을 뻗쳐 '잡으려고 하는' 등 감각과 신체운동의 협응에 따라 목적적 행동이 나타나게 된다. 이것은 지능의 싹트기인 것이다. 그 후의 반년간 손의 조작과 보행 등 이동능력의 발달이 이루어지면서 영아는 자기 주변의 흥미를 끄는 대상에 접근하여 잡기도 하고 입에 집어 넣거나 던지는 등 자유스런 탐색행동을 활발히 행하면서 지능을 발달시켜 간다.

이와 같이 영아기의 특징 중 하나는 감각과 운동의 협응을 통한 지적 행위의 되풀이인데, 이른바 감각운동적 지능의 시기에 해당되는 것이다.

2. 인지발달의 과정

Piaget는 인지발달을 환경에 대한 적응이라고 보고 이 적응은 동화(assimilation)와 조절(accommodation)이라는 과정을 통해서 형성된다고 하였다. 여기서 동화과정이란 새로운 환경의 자극을 친숙한 것으로 여기고 친숙치 못한 것은 그의 조직에 맞도록 적응하여 과거에 친숙했던 것처럼 반응하는 것이다. 조절과정이란 동화과정과는 반대 작용으로 이미 전부터 가지고 있던 개념을 새로운 지각내용에 맞추어 변경시켜서 지니게 되는 것을 의미한다.

요컨대 Piaget에 따르면, 인지발달이란 영아가 새로운 경험을 기존의 도식에 동화시키거나 혹은 기존의 도식을 조절하고, 새로 알게 된 지식을 새롭고 더욱 복잡한 도식으로 조직화하는 적극적 과정이다.

인지발달은 지능(intelligence)과 이해력(comprehension), 논리(reasoning) 및 지식(knowledge)의 성장을 의미한다. 최초로 '인지'를 발달단계를 통해 분석한 사람은 Piaget이다. Piaget는 인지발달 단계를 크게 제1기를 감각운동기(출생~2세), 제2기를 전조작기(2~7세), 제3기를 구체적 조작기(7~12세), 제4기를 형식적 조작기(12~15)로 구분하여 인지발달의 개념화를 설명하고 있다. 영아기는 제1기, 즉 감각운동기인데, 이 시기에 이루어지는 가장 특징적인 성취는 대상영속성 개념(concept of object permanence)의 발달이다.

대상영속성 개념이란 대상물이 시계(視界)에서 사라진다 해도 그 대상은 어딘가에 영속적으로 존재한다는 사실을 이해하는 것이다. 출생 후 1개월 이내에는 대상영속성의 개념이 전혀 발달하지 않다가 1~4개월경에는 방금 보았던 물건이 시계에서 사라지면 잠시 그 지점을 응시하나 물건을 찾지 않는 행동을 보인다. 이것은 대상영속성의 개념이 곧 나타나려는 징후로 볼 수 있다. 4~8개월이 되면 천에 부분적으로 가려져 있는 장난감을 찾아내는 반응을 보이는데 이것은 눈앞에서 사라진 장난감이 어딘가에는 있을 것이라는 사실을 알기 시작하는 것이라고 볼 수 있다. 8~12개월이 되면 시계에서 사라진 장난감을 계속 찾으려는 행동을 보이지만 여러 번 장소를 바꾸어 가며 장난감을 숨겨도 처음에 찾았던 지점에서만 찾으려는 행동을 보인다. 12~18개월이 되면 영아의 눈앞에서 장난감을 숨기는 위치를 여러 번 바꾸어 감추어도 찾을 수 있게 된다. 그리고 18~24개월이 되면 대부분의 영아들에게는 대상영속성 개념이 완전히 발달하여 장난감을 숨기는 과정을 지켜보지 않았어도 찾을 수 있게 된다.

감각운동기의 인지발달의 특징을 알아보면 다음과 같다.

1) 출생~1개월 : 반사기

이 시기 영아의 활동은 주로 빨기, 울기, 미발달된 운동 등과 같은 반사활동으

로 이루어진다. 영아는 여러 가지 물체를 입에 닿는 대로 빨음으로써 자신의 빨기 도식을 연습하고, 물체에 대한 정보를 동화시키고자 노력한다. 한편으로, 젖을 빨기 위해 고개를 드는 등 음식을 획득하기 위해 열심히 자신의 행동을 수정하는 조절의 과정도 아울러 발견된다.

2) 1~4개월 : 1차 순환기

한 번 보거나 만져 본 대상에 대해서 아기는, 다시 보고 만질 수 있다는 약간의 기대를 하고 있음이 나타나기 시작한다. 예를 들면, 집 앞에 서 있는 엄마를 쳐다본 아기는 엄마가 사라져도 대문을 다시 바라본다. 그러므로 대상영속성 개념이 어렴풋이 나타난다고 볼 수 있다.

이러한 반응은 반복적이기 때문에 '순환'이라고 부른다.

3) 4~8개월 : 2차 순환반응기

2단계의 1차적 순환반응은 영아의 신체를 중심으로 일어나지만 3단계의 2차 순환반응은 외부 환경이나 사건에 초점을 둔다. 영아는 기어다니며 주변의 사물을 다루면서 우연히 발견한 흥미로운 사건을 되풀이한다.

이 시기의 영아는 사라진 대상물을 찾는 행동을 보이게 되는데, 대상영속성 개념이 형성되기 시작된 것이다. 그러나 이 단계 영아의 대상영속성 개념은 한계가 있다. 예를 들면, 인형의 발을 조금 보이도록 담요로 덮으면 찾아내지만 완전히 덮으면 시야에서 사라진 대상인 인형을 찾으려고 하지 않는다. 이에 비해 사람에 대한 영속성(person perpetuity)은 대상영속성 개념이 일어나기 전에 나타난다. 이 시기의 대부분의 아기들은 부모가 완전히 숨어서 보이지 않아도 끝까지 찾으려 한다.

4) 8~12개월 : 2차 순환반응의 협응기

이 시기에는 계획적이고 의도된 행동이 나타나기 시작한다. 영아의 행동은 분명히 목표지향적이며, 이런 이유에서 이전 단계보다 더 '지능적'이고 '인지적'으로 보인다. 이 시기 영아는 단순한 목표를 달성하기 위해 두 개 이상의 행동을 협응시키기 시작한다.

예를 들어, 영아는 뒤에 놓인 막대기를 갖기 위해 인형을 밀어내고 막대기를 잡을 수 있다. 이때 인형을 밀어내는 행동은 우연한 행동이 아니라 장난감을 잡기 위한 의도적 도식의 일부이다. 즉 전혀 관련 없는 두 가지 행동(밀어내기와 잡기)이 목적을 위한 수단으로 통합된 것이다. Piaget는 이 같은 도식들의 통합이 목표지향적 행동의 초기 형태라고 믿었다.

5) 12~18개월 : 3차 순환기

전 단계의 유아는 새로운 상황에 직면해서 기존의 도식들을 수단으로 사용한다. 이 단계의 유아는 새로운 문제를 해결하기 위해서 새로운 수단을 사용한다. 여기서 유아는 다양한 실험을 통해 사건들의 인과관계를 검토하려고 하며 활발한 시행착오 행동을 보인다. 피아제의 어린 아들은 어느 날 새 탁자에 관심을 가지고 탁자를 두들겨 보았는데 어떻게 두들기느냐에 따라 소리가 달라진다는 것을 알고 여러 가지 실험을 해 보았다. 걷기 시작하면서 실험행동과 시행착오 행동을 통한 새로운 경험의 기회는 증가한다.

한편 영아는 대상물을 어디에 숨기든지 가장 최근에 본 공간에서부터 대상을 찾는 능력을 보이게 된다. 그러나 영아의 대상영속성 개념에도 한 가지 한계가 있다. 영아는 자신이 볼 수 있는 공간 이동에서는 대상영속성이 가능하나, 볼 수 없는 공간 이동에서는 대상의 숨겨진 위치를 정신적인 표상만으로 정확하게 추적하는 능력을 갖고 있지 못하다.

12~18개월의 영아는 우연히 수직선을 긋는 경험을 하게 되고 이후에 의도적으

로 수직선을 그어 보려고 끄적거리는 행동을 많이 하게 된다.

6) 18~24개월 : 내적 정신적 표상기

이 시기의 아기들은 대상이 완전히 숨어 버려도 정신적인 표상을 통해 이동과정을 추적하여 대상을 찾아낸다. 이것은 아기들은 대상영속성 개념이 생겼기 때문이다. 우리는 영아가 대상영속성의 개념을 획득할 때, 지적 발달에 있어서 엄청나게 진전된 것을 볼 수 있다. 생후 초기에, 그들은 사물이 그들의 시각과 행동에 관계없이 존재한다는 것을 알지 못한다. 감각운동기 말에 가서야 비로소 대상들은 자신의 존재와 분리되고, 또한 영속적인 것이 된다.

이제 영아는 사물이 눈에서 사라졌다고 해서 존재하지 않는 것은 아니라는 것을 깨닫는다. 대상영속성은 정신적 표상으로 가기 위한 기초 단계이다.

이러한 정신적 표상이 가능해지면서 이전 단계까지는 불가능했던 지연모방(deferred imitation)이 가능해진다. 지연모방이란 어떤 행동을 본 후에 그 행동을 바로 모방하지 않고 일정한 시간이 지난 후에 그 행동을 재현하는 것을 의미한다. 지연모방이 이루어지기 위해서는 그 행동을 기억해야 하고(정신적으로 표상할 수 있어야 하고) 그것을 정확하게 표현할 수 있어야 한다. 엄마가 입술에 립스틱을 바르는 모습을 본 영아가 이후에 립스틱처럼 생긴 통을 가지고 자신의 입술에 바르는 흉내를 내는 것도 지연모방의 한 예이다. Piaget는 이러한 정신적 표상은 감각운동기의 후반부가 되어야만 발달하는 것으로 보았다.

19~24개월 영아는 '쓴 것'과 '그린 것'을 구별하고 연필이나 볼펜 등의 필기도구의 기능을 알고 있다.

표 8-1 감각운동기의 하위 6단계의 인지발달 개요

감각운동기의 하위단계	월령	주요 발달특징
반사운동기	0~1개월	• 빨기, 잡기와 같은 반사적 행동을 통해 지식 습득
1차 순환반응기	1~4개월	• 자기의 신체에 관심이 있음 • 빨기, 잡기와 같은 감각운동을 통해 우연히 재미있는 결과를 초래하면 그 행동을 반복함
2차 순환반응기	4~8개월	• 자신의 외부에 있는 대상과 사건에 관심 있음 • 우연히 수행한 행동의 결과가 흥미 있을 경우, 같은 결과를 다시 유발하기 위해 의도적으로 반복행동을 함 • 외부세계에 존재하는 사건들을 의도적으로 통제할 수 있음을 알게 됨
2차 순환반응의 협응기	8~12개월	• 관심이 주위환경에 관심이 있으며, 목표를 달성하기 위해 두 가지 행동을 협응함 • 인과관계 이해를 위한 초보적 개념형성이 시작됨
3차 순환반응기	12~18개월	• 목적지향적 탐색행동을 함 • 실험적 사고가 시작되어 새로운 결과를 얻기 위해 다양한 방법을 시도 해봄
정신적 표상적 사고기	18~24개월	• 눈 앞에 없는 사물이나 사건들에 대해 정신적 표상을 가짐 • 행동하기 전에 먼저 상황에 대한 생각을 함 • 지연모방(deferred imitation) 기능

제9장

영아 언어발달

1. 영아기 언어발달에 관한 이론적 접근

1) Skinner의 관점

대표적인 행동주의자 B. F. Skinner는 인간의 언어학습 과정을 '조작적 조건형성' 과정으로 설명하였으며 '강화'를 언어학습기제로 보았다.

영아가 옹알이를 통해 의사소통을 하다가 어느 날 갑자기 '맘마', '엄마', 우유를 '우'라고 하는 등 언어적 표현이 나타났을 경우, 부모는 아기의 단어 사용이 너무나 기특하고 사랑스러워 안아 주고 뽀뽀해 주거나 토닥거리고 환히 웃는 표정 등 아기의 언어적 행동을 정적으로 강화(reinforcement)시켜 주면, 아기는 그러한 언어적 표현 행동의 발생 확률이 증가된다. 이때 부모는 아기의 이런 표현의 발생 확률을 증가시키는 강화자(reinforcer)가 된다.

이와 같이 Skinner는 인간의 언어행동을 관찰 가능한 환경조건(자극)과 언어행동(반응)과의 관계로 설명하였는데, 외부에서 주어지는 자극과 반응은 강화에 의해 연합된다고 보고 있다. Skinner의 강화 이론에서는 영아가 한 말의 의미가 적절할 때는 강화를 받고 적절하지 않은 표현을 산출했을 때는 수정이 가해짐으로써 아동의 언어습득이 이루어진다고 주장한다.

2) Bandura의 관점

사회학습이론자인 A. Bandura는 직접적인 강화에 의해 영유아가 단어를 학습한다는 Skinner의 주장을 비판하고, 영유아의 언어습득에 '모방'이 주된 역할을 담당한다고 주장하였다.

영유아의 경우 모델이 되는 대표적인 성인으로 부모를 들 수 있으며, 부모의

언어행동을 관찰하고 모방하여 언어행동을 학습한다.

즉, 주위 사람들이 내는 소리를 듣고 관찰하면서 이를 그대로 모방함으로써 언어를 배우며, 모방한 소리가 정확할 때 주변 사람들로부터 강화를 받게 되어 언어발달이 더 촉진된다고 주장한다.

3) Lenneberg의 관점

E. Lenneberg의 결정적 시기 가설(critical period hypothesis)에 따르면 언어 습득은 생물학적으로 규정된 특정한 시기에만 일어나며, 이 시기에는 환경에 자연스럽게 노출되는 것만으로 언어 습득이 성공적으로 이루어진다. 언어 습득에 최적화된 이 시기는 출생부터 생후 몇 년까지, 길게 잡아 아동기까지이다. 이 시기가 지나면 언어 습득은 매우 어렵고 대개의 경우 성공적으로 이루어지기 힘들다는 가설이다. 결정적 시기 가설은 캐나다의 신경학자 Wilder Penfield와 Lamar Roberts에 의해 처음 제안되었고, 1967년 Eric Lenneberg의 저서 「Biological Foundations of Language」를 통해서 널리 알려지게 되었다.

원래 결정적 시기 가설은 언어 습득에만 적용되는 가설이 아니고, 생물학적으로 결정되는 모든 행동 습득에 적용되는 가설이다. 예를 들어, 오리가 처음 태어나서 생후 9~10시간 이내에 처음 본 물체를 따라다닌다든지, 새들이 특정 시기에만 자신의 종이 부르는 노래를 성공적으로 배울 수 있다든지 하는 등의 행동 양상은 결정적 시기 가설을 지지하는 증거로 볼 수 있다.

모국어 습득의 경우 결정적 시기 가설을 지지하는 여러 증거가 발견되었다. 야생아(feral children) 연구가 그 중 하나이다. 야생아는 인간 세계와 격리되어 동물들과 함께 자라거나 야생에서 홀로 자라난 아이들을 말한다. 이들은 아동기에 적절한 언어 환경에 노출되지 않았고, 결정적 시기 가설에서 예측한대로 매우 많은 노력에도 불구하고 결국 언어 습득에 실패하였다. 또 다른 증거로, 건청인 부모에게서 태어난 농아가 수화를 너무 늦게 접한 경우 완전한 수화 체계를 습득하는데 실패하였다는 보고도 있다.

4) Chomsky의 관점

생득주의 이론은 언어획득의 선천성을 주장하고 어린이가 언어습득 능력을 선천적으로 가지고 태어난다고 주장하였다. 대표적인 학자로 Lenneberg와 Chomsky를 들 수 있다.

A. N. Chomsky는 인간은 누구든지 언어획득장치(LAD: Language Acquisition Device)를 선천적으로 가지고 태어난다고 가정하였다. 영아는 타고난 언어획득장치를 통해 주변 환경으로부터 투입된 언어자료들을 분석하고 종합하여 문장을 산출하고 이해하는 창조적 능력으로 문법체계를 처리한다고 주장한다. 즉, 영아는 언어획득기제로 주변에서 말하여진 언어에 포함된 문법적 규칙들을 하나의 법칙으로 인식하고 추출하여 여과시키게 된다는 것이다.

5) Vygotsky의 관점

사회적 · 문화적 환경 요인을 강조한 L. S. Vygotsky에 따르면 영아는 몇 가지 기초정신 기능(주의집중, 감각, 기억 등)을 가지고 태어나지만 결국은 그가 경험하는 문화를 통해 고등정신 기능으로 변형되고 발전된다. 즉, 영아에게 기초정신 기능을 적응적으로 사용할 수 있게 해 주는 해당 문화의 신념, 가치, 도구에 의해 개인의 인지발달이 영향받기 때문에 인지발달은 본질적으로 사회 문화적이라고 주장했다. 또한 신념, 가치, 도구가 문화에 따라 다를 수 있기 때문에 인지발달의 과정이나 내용이 Piaget와는 다르게 보편적이 아니라고 생각했다.

Vygotsky와 Piaget는 아동을 능률적인 유기체로 보았다는 점에서는 유사하지만, 인지발달에 관한 견해에서는 차이가 있다. Piaget는 아동이 혼자 힘으로 세상을 탐색해서 지식을 구축해 가는 '어린 과학자'로 묘사하는 반면에, Vygotsky는 아동이 타인과의 상호작용으로부터 영향받으며 성장하는 사회적 존재임을 강조한다. 즉 인간의 정신은 독립적인 활동이 아닌 사회학습의 결과이며, 일상의

문제해결은 성인 또는 능력 있는 또래로부터 영향을 받는다. 이 같이 사회의 성숙한 구성원과 상호작용하는 동안 자신이 속한 문화에 적합한 인지기술이 영아에게 전수된다. 따라서 Vygotsky는 사회적 상호작용에 필수요소인 언어를 인지발달의 가장 중요한 변인으로 간주한다.

Piaget는 영아들이 종종 자신에게 중얼거리는 자기 지향적 대화인 '자아 중심적 언어'가 타인의 관점에서 세상을 보지 못한다는 것을 보여주는 하나의 지표라고 생각했다. 즉, 영아는 듣는 이의 요구나 관심을 고려하지 않고 자신과 관련된 것들을 혼자서 이야기한다는 것이다. Piaget는 영아가 성숙해감에 따라, 특히 또래들과 의견의 불일치를 경험하면서부터 사회화된 언어(socialized speech)를 발달시킨다고 믿었다. 반면에 Vygotsky는 자아 중심적인 언어를 음성언어(vocal speech)가 내적인 언어적 사고(inner verbal thought)로 이행해 가는 과정에서 양자를 연결해 주는 것으로 보고 있다. 그는 이에 관해 다음과 같이 설명하고 있다.

① 발달의 초기에 있어 자아 중심적인 언어는 후사고(after thought)로서 영아의 행위 뒤에 나타난다.
② 그런 다음, 자아 중심적 언어는 영아들의 행위와 동시에 일어난다.
③ 나중에 자아 중심적인 언어는 영아들의 행위에 선행하게 되고 그들의 행위를 통제하고 주문하며 지도하는 외현적 사고형태(externalized thought form)를 띠게 된다.
④ 그 후 학교교육을 받아가면서 자아 중심적 언어는 내적 사고로 변하게 된다.

Vygotsky는 자아 중심적 언어의 발달을 영아들이 그들이 그리는 그림에 이름을 붙이는 과정과 유사한 것으로 간주하였다. 영아들은 맨 처음 먼저 그림을 그리고 나중에 그 그림에 대해 이름을 붙인다. 이러한 단계를 거친 후에는 그림을 그리면서 동시에 그 그림에 대해 이름을 붙인다. 그런 다음 마지막 단계로 아동들은 그림을 그리기 전에 무엇을 그릴 것인가를 먼저 결정한다. 이 마지막 단계에서 언어는 행위에 선행하게 되고 아동들로 하여금 아이디어를 계획하고 형성할 수 있게 만들어 준다는 것이다. 이와 같은 방식으로 영아들은 문제를 해결하고 충동적인 행위를 억제하며 사전에 문제해결을 모색하고 그들의 행동을 숙달시키기 위해 언어를 사용하게 된다는 것이다.

영아의 언어발달을 촉진하기 위한 개념으로써 Vygotsky가 강조한 근접발달영역(zone of proximal development: ZDP)이란 특정의 언어 발달 시점에서 영아가 혼자서 독립적으로 성취할 수 있는 것과 좀 더 유능한 상대자(부모, 또래 등)의 도움과 격려로 성취할 수 있는 것 간의 간격을 의미하며, 언어 발달의 촉진이 가능한 영역이다. 즉 근접발달영역은 부모의 가르침이나 언니나 또래의 협동학습이 성공적으로 이루어질 수 있는 영역으로서, 영아에게는 진정한 언어 학습이 일어날 수 있는 영역이다.

Bruner는 이러한 유능한 파트너의 도움을 건설 현장에서 인부들이 일을 쉽게 할 수 있도록 도와주는 비계설정(scaffolding) 또는 발판이라 불렀다(Wood, Bruner & Ross, 1976). 이 용어의 의미는 영아가 자신의 힘으로 문제를 해결해 가기까지 유능한 파트너의 도움을 지지의 발판으로 사용할 수 있다는 것이다. 가정에서 영아들의 학습을 도와주거나, 학습 참여를 유도하기 위해서는 비계설정이 요구된다. 즉, 적절한 시점에 적절한 양의 정보, 격려, 힌트 등을 주고 점진적으로 학습과제를 혼자 해결할 수 있도록 이끌어야 할 것이다.

2. 언어발달의 과정

영아의 언어발달은 인지발달과 밀접한 관련을 가지는 발달영역으로 영아와 타인의 언어적 상호작용은 다른 발달영역의 토대가 된다는 측면에서 그 중요성을 찾을 수 있다.

영아기 음성언어의 발달과정은 크게 두 단계로 구분한다. 첫 단계는 언어 이전의 발달 기간으로 분화되지 않은 울음소리에서부터 의미있는 첫 단어를 말할 때까지의 1년 동안이며, 두 번째 단계는 언어획득 기간으로 단일 언어의 사용에서부터 완전한 단어를 말할 수 있게 되는 생후 1년에서 영아기 말기까지이다.

이와 같이 울음에서부터 시작된 영아의 음성언어는 출생 후 9개월이 되면 성인의 목소리를 모방한 언어를 사용할 수 있으며, 1세 말경에 이르면 대부분의 영아들은 한 개의 단어로써 의사소통을 하게 된다. 또한 2세경이 되면 영아는 두 마디 문장을 말하면서 차츰 성인의 말을 따라하게 된다.

1) 전 언어시기(Pre-linguistic period)

(1) 울음(crying)

아기는 태어나면서 울음으로 최초의 발성을 한다. 태어난 그 순간부터 나타난 '반사적 울음'은 소통하기 위한 의도적인 계획은 아니더라도 소통의 표현 기능을 발휘하게 되는 것이다. 울음은 의사전달의 수단으로 아기의 요구를 표시할 수 있는 유일한 방법이지만 초기의 울음은 의미가 분화되지 않은 미분화된 울음(undifferentiated crying)이다.

울음은 출생 직후 호흡 시작의 신호인 아기의 최초 발성으로 주변환경과 의사소통하는 유일한 방법이며, 최초로 형성되는 음성언어라 할 수 있다. 왜 우는지 구분이 되지 않는 울음에서 이유를 알 수 있는 울음으로 바뀐다. 영아들이 처음부터 울음이라는 음성수단을 통하여 효과적인 의미를 전달하지는 못하지만, 주변 인물들과의 상호작용을 통하여 생후 첫 달 안에 세 가지의 기본적인 울음을 한다.

1 정상울음

- 정상적인 울음소리는 높낮이가 규칙적이며 숨을 쉴 때 끊어진다.

• 배가 고프거나 놀아달라는 표시를 할 때 우는 방식이다.

2 통증울음

• 아프거나 괴로울 때 숨을 깊이 들이쉰 후 길게 높은 음으로 비명을 지르듯, 일정한 간격을 두고 운다.
• 출생 후부터 3주까지는 반사적인 소리와 유치한 몸짓을 하지만, 3주 이후부터는 최초의 울음과는 성격이 다른 생리적 · 정서적 상태를 알려주는 도구로서 표현한다.

(2) 목 울리기(cooing)

• 생후 2개월쯤 된 영아의 신경근육 기제가 발달하면 소리 내기가 목 울리기로 변한다.
• 영아가 꾸르륵하고 목 울리는 소리를 낸다.
• 식사 후 아기가 좋아하는 대상물이나 미소짓는 얼굴을 바라보면서 '꾸르륵' 소리를 내며 좋아하는 경우가 많다.
• 따라서 이와 같은 영아의 발성은 기쁨이나 즐거움의 표현인 것으로 간주된다.
• 목 울리기는 영아가 편안하고 만족감을 느낄 때 내는 소리이며, 사회적 상호작용에서 특히 많이 나타난다. 울음과 비슷하지만, 6~8주경이면 영아들은 목 울리는 소리를 내기 시작한다. 보통 영아는 '으~, 아~, 크~, 흐~' 등과 같이 자음 또는 모음으로 구성된 웅얼거리는 듯한 소리를 만들어 낸다. 최초의 목 울리는 소리는 모음과 비슷하나, 생후 3~4개월경에 이르면 자음이 삽입된다.

(3) 옹알이(babbling)

• 옹알이란 목 울리기 이후에 나타나는 영아들의 발성의 한 형태로, 영아가

생후 3~4개월 사이에는 자음과 모음이 합쳐 한 음절로 된 소리를 내는 것이다. 이와 같은 영아의 음성적 행동에 부모들이 영아의 얼굴을 보며 민감하게 반응하고 소리 내어 주면 영아의 언어발달에 중요한 자극제가 될 수 있다.

- 옹알이는 영아에게 나타나는 의사소통의 수단으로, 영아들에게는 일종의 언어인 셈이다. 발달과정을 보면 3~4개월이 되면 혼자 소리로 옹알거리며, 주로 모음이 여러 가지 형태로 표현된다.
- 5~6개월부터는 옹알이다운 것이 나타나 제법 옹알거리며 음마음마, 마마, 나나 등의 의미 있는 옹알이를 하며 자신의 귀로 들으면서 활동을 계속한다.
- 8개월이 되면 옹알이는 그 절정에 이른다.

(4) 몸짓말(gesture language)

9~11개월부터는 옹알이와 함께 자신의 감정을 몸짓으로 보충한다. 예를 들면 손을 벌리고 웃는 것은 안아달라는 의사 표시이며, 잉하면서 그릇을 밀어내는 것은 먹기 싫다는 의사 표시이다. 월령이 증가함에 따라 몸짓은 다양해지며 어른들은 어느 정도 어린이의 뜻을 이해한다. 영아는 언어로서 의사소통을 완전히 못하지만 대신에 타인의 말을 이해하는 것은 먼저 발달한다. 즉 타인의 안면표정, 음성, 몸짓에 의해 그의 말 뜻을 짐작한다. 만일 영아의 울음이나 몸짓말을 주위 사람들이 너무 잘 들어 주는 경우에는 언어발달의 지연요인이 될 수 있으므로 어머니나 그의 보호자는 매번 말로 응답을 하여 언어발달을 촉진시킬 수 있도록 해야 한다.

2) 단어 사용시기

(1) 한 단어 시기(one-word stage)

아기들은 생후 12개월 정도가 되면 한 마디 말을 사용하기 시작한다. 이는 영아의 의사소통 발달에 있어서 첫 단어가 나타나는 중요한 전환점이다.

옹알이 시기 동안 정확한 발음을 내지 못하던 아기들은 이 시기가 되면, 몇 가지 단어를 분명히 발음할 수 있다. 이 때의 아기들이 말할 수 있는 단어들은 '엄마', '아빠', '마마', '까까', '멍멍' 등 자신과 함께 지내는 가족들의 명칭이나, 동물이나 사물의 소리를 나타내는 의성어가 대부분이다.

영아들은 한 개 단어를 한 단어문장(one-word sentence)으로 사용하는 경향이 있다. 보통 한 단어문장은 단어 한 개로써 문장을 구성하기 때문에 듣는 사람은 말하는 사람의 억양과 제스처 및 얼굴 표정과 같은 신체언어(body language)를 참조하여 의미를 이해하여야 한다.

'엄마, 아빠' 등 의미 있는 단어를 3개 이상 사용한다. 짝짜꿍이나 까꿍놀이와 같은 구어-제스처 게임을 자발적으로 시도한다. '우유'를 '우'라고 하는 등 간단한 물체를 부분적인 단어들로 표현한다.

조음행위는 더욱 정확하고 자신감이 더해지며, 다양한 음절 연쇄체들의 수가 늘어난다. 같은 음절을 반복해 산출해 내는 것이 대부분인, '전형적'이라 일컬어지는 옹알이 시기를 거친 후 어느 순간에 아기는 다음절 연속체를 많이 산출하게 되는데, 그 안에 포함되는 모음과 자음들이 체계적으로 다양화된다.

옹알거림이나 몸짓말에서 벗어나 단어를 나열하는 것을 들을 수 있게 된다. 아이는 어른의 목소리처럼 음성에 고저가 생기지만 아직 아이가 무엇을 말하는지 명확히 밝히는 데에는 어려움이 있다. 보통 50여 개 내외의 단어를 말할 수 있으며 성인이 응시하는 것을 좀 더 정확하게 이해하는데, 똑같은 두 개의 목표 앞에서 성인이 고정시킨 것이 무엇인지를 찾아내고자 한다. 그러나 단지 눈길의 지시에 의거하여 자신의 뒤나 혹은 시야를 벗어난 곳에 있는 사물의 위치를 알아내는 것은 여전히 불가능하다.

(2) 두 단어 시기(Two-word stage)

생후 1년이 지나면서 영아들의 단어 수는 급격하게 증가하며, 두 개의 단어를 조합하는 능력과 언어모방 능력이 빠르게 증가한다. 특히 두 개의 단어를 연결한

이어문은 전치사나 동사를 빼고 중요한 단어만 나열하기 때문에 마치 전보와 같다 하여 '전보식' 언어라고 한다. 영아들은 주변에서 들리는 소리를 열심히 듣고 따라 하며 전에 들어 본 적이 없는 소리도 따라해 보려고 노력한다.

15개월이 되면 영아는 1주일에 2~3개의 단어를 배우고, 18개월이 지나면서 1주일에 10개 이상의 단어를 배우게 된다.

1 16~18개월

- 말을 하는 것은 아이에게 가장 중요한 자극의 형태이다. 아이의 두뇌는 12개월이 되면 이미 모국어를 배우기에 적합해진다.
- 아이는 단어를 이해하기 시작하면서, 사람과 물체와 행동에 이름을 붙여 나가기 시작하고 "안녕"과 같은 사회적 표현을 하기도 하며 "싫어요"와 같은 불편한 감정을 표현하기도 한다. 약 18개월에서 20개월이 되면 아이는 20개에서 50개의 단어를 주저없이 말할 수 있게 된다. 그러면서 아이들은 물체를 가리키면서 "저건 뭐에요?"라고 질문하게 되는데 이것은 마치 아이가 그 물체의 이름이 무엇인지 배우길 원하는 의도라 할 수 있다. 게임을 통해 조금씩 사물과 언어의 깊이를 이해하게 된다.

2 19~21개월

- 대화에서 들은 단어를 구사하기 시작하여 2~3개의 문장을 따라 한다.
- 자기가 원하는 것을 표현하기 위해 몸짓보다는 단어를 사용하기 시작한다.

3 20개월

- 50단어 정도를 말할 수 있다.
- 동물 소리 등 환경음을 모방할 줄 알게 되고 간단한 질문을 한다.
- 두 단어를 연결할 수 있다.

4 20~22개월

선별하여 듣는 능력은 아직 자신이 골라서 주의를 기울이는 대상에 한해서만 작동한다. 아이는 청소기 소리나 가까운 사람의 목소리 등 일상에서 듣는 수많은 소리의 의미를 점차 알아간다.

5 22~24개월

어휘가 급속도로 증가하면서 평균 250~300개 정도의 단어 산출, 단어 발음에 대한 재조직화, 음운적인 어휘집에 대한 준비작업, 2~3개의 단어로 된 초기 문장형태가 출현한다. 매일 새로운 단어를 배우고 말로 시키면 5개 또는 그 이상의 다양한 항목 중에서 지시한 물건을 고를 수 있다. 약 200~500단어 정도를 이해한다.

또한 2~3개 이상의 단어가 결합된 간단한 문장을 만들며 자기 자신의 이름을 사용하여 자신을 언급 혹은 강조한다. "이게 뭐니?" 등 간단한 질문에 정확한 대답을 할 수 있다.

3) 부모와의 언어적 상호작용의 중요성

부모와의 언어적 상호작용은 가장 중요한 언어발달 변인이다. 타고난 언어능력이 발달되기 위해서는 적절한 시기에 양질의 언어적 자극과 상호작용이 주어져야 한다. 특히 어머니와의 언어적 상호작용이 영아 언어능력의 질적 수준을 좌우하는 주요 요인이다. 어린 영아와 눈을 맞추면서 정성어린 대화를 나누고, 이야기를 들려주는 것은 구어능력뿐만 아니라 초기 언어표현 능력을 계발하는 데도 효과가 있다.

제10장

영아 행동장애와 발달장애 및 평가검사

1. 행동장애
2. 영양장애
3. 발달장애
4. 영아발달 평가검사

1. 행동장애

1) 퇴행행동

18개월에서 24개월에 해당하는 영아들은 만족을 얻지 못했을 때 고착되어 발달진행이 방해를 받는다. 즉, 이것은 어떤 욕구불만이나 내적 갈등, 또는 일반적인 불만사태를 이전의 발달단계로 소급시켜 돌아가는 퇴행행동이다.

이에 속하는 것으로는 엄지손가락 빨기, 여러 가지 형태의 율동적 흔들거림, 콧구멍 쑤시기, 머리카락 꼬기(trichotillomanie), 손톱 물어뜯기 등 행동장애가 나타난다. 이 모든 행위는 영아에게서 무의식적으로 진행되고 환경에 의해 야기될 수 있는 것이다.

2) 접촉장애

접촉 가능성의 장애는 영아를 돌보는 사람이 계속 바뀌거나, 정도는 약한 편이지만 어머니가 직업을 가져서 조모가 돌보는 경우도 포함된다.

수용소(탁아소) 환경에서 오는 결과상태를 'hospitalism'(시설증)이라 하는데, 이는 수용 환경의 결과에서 생기는 정서적 위축이다. 즉, 이것은 영아의 정신적 · 정서적 및 신체적 발달장애를 초래할 수 있다. 이러한 영아들은 늦게서야 웃는 것을 배우거나 영 배우지 못하는 수도 있으며, 무표정, 무감각하게 되고, '머리를 끄떡이는'(체머리 흔드는) 것과 같은 상동적(常同的, stereotypical) 운동을 나타내는 경향이 있다.

이러한 현상은 영아가 스스로 외부자극을 만들어서 율동적 움직임과 접촉으로 자기의 감각적 체험욕구를 스스로 만족시켜서 생기는 것이다. 이러한 'hospital-

ism'의 결과, 영아들은 흔히 욕구가 좌절되는 느낌이 커지는데, 가벼운 정도 또는 심한 기관의 손상을 나타내기도 한다. 이러한 기관손상은 다시 이러한 상동적 · 율동적 운동형을 형성시킬 수 있다.

3) 자폐증

아기의 자폐증(autism)은 하나의 행동장애로서 여태까지는 선천적 요인 또는 뇌손상적 · 기질적 요인에 의해 생긴다고 생각해 왔으나, 근래에 와서는 핵가족 등 환경적 · 심리적인 원인에 주로 기인된 접촉장애로 인식되고 있다. 이 증후를 가진 또래의 영아들에 비하여 현저하게 외부환경에 대해 전혀 주의를 기울이지 않을 뿐만 아니라, 어머니에게 안아 달라고 조르는 것과 같은 활기 있는 흥미도 보이지 않으며, 경우에 따라서는 어머니와 다른 사람들과의 신체접촉, 특히 애정 어린 접촉을 피한다. 보통 언어장애가 수반되며, 집안에서 혼자 시간을 보내는 수가 많으며 정신박약과의 구별도 대단히 어렵다. 특징이 있다면 정신박약과는 달리 3세 이후 어느 날 갑자기 정상적으로 말을 할 수 있게 되는 점이다. 대체로 자폐증아에게서는 모자간의 접촉행동에 이상이 있고, 어머니의 아동에 대한 괴리감이 있는 태도가 확인되고 있다.

4) 언어유치증

언어유치증 또는 실문법증(失文法症, agrammatism)이라는 것은 언어발달 장애의 한 형태로 일반적으로 영아에게 언어의 모델이 결여된 데 그 원인이 있다. 그리고 부모가 서투르게 익살스럽게 들리는 아동의 애기말을 지나치게 오랫동안 허용했을 때도 나타난다. 그러나 전형적으로 동생을 보았을 때 아기같이 되려고 하는 퇴행욕구에서도 생길 수 있다.

5) 무언증

언어거부증, 곧 무언증(無言症, mutism)은 기질적이 아니고 정서반응적으로 발생된, 곧 노이로제라는 점을 유의해야 한다. 이것은 흔히 심한 정서적 불안의 결과로 생기는 수가 많다.

그러나 주목할 만한 것은 아동이 말을 할 수 없는 것이 아니라 말을 하지 않으려는 점이다.

무언증은 유아기 자폐증의 부분증후일 수 있다.

2. 영양장애

1) 소모증(marasmus)

주로 생후 15개월 미만에서 보는데 전반적으로 부족한 양의 영양물로 오랫동안 영양을 받았을 때 오게 된다(예: 기근, 빈곤, 전쟁 등). 모유 영양아에서는 모유량이 부족하다든지 인공 영양아에서는 너무 희석된 우유로 오랫동안 영양을 받을 경우에 일어난다. 이때 우선 칼로리가 부족하므로 어린이는 최소한도의 대사를 유지하며 생존하기 위하여 자기 자신의 조직을 이용하게 되어 신체는 소모증에 빠지게 된다. 피부에 주름이 생기고 노인같은 얼굴을 하고 있다. 체온이 낮으며 맥도 느리게 된다. 대개는 변비가 되나 기아형의 설사를 하는 수도 있다. 대개 부종은 없으며, 지방간을 나타내지 않는다(그림 10-1).

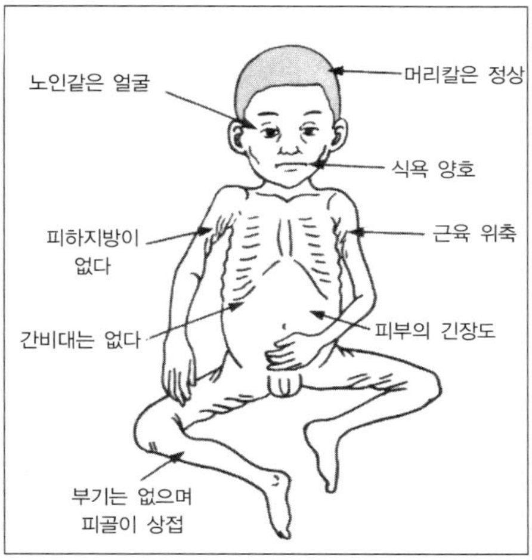

[그림 10-1] 소모증(Marasmus)

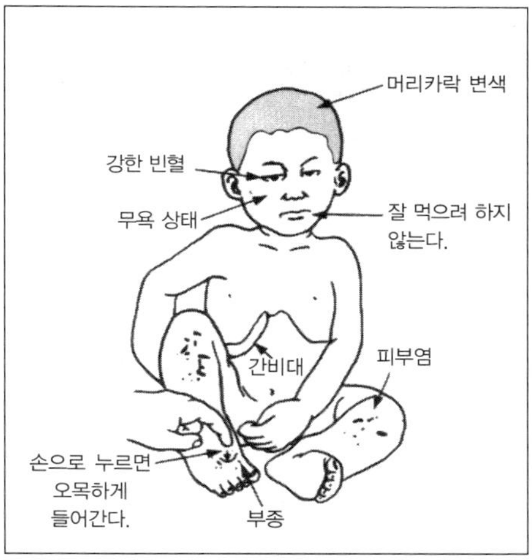

[그림 10-2] Kwashiorkor

2) Kwashiorkor

Kwashiorkor(Protein Malnutrition, Protein-Calorie Malnutrition)는 칼로리는 탄수화물로서 비교적 충당이 되고 있으나 단백질이 대단히 부족한 식사로 영양을 했을 때 일어난다. 즉 주로 탄수화물로 된 식사로 영양을 한 어린이에게 볼 수 있다. Kwashiorkor는 모유로 영양하고 있는 아기에서는 별로 없고 인공 영양아나 이유를 한 어린이에게서 본다. 후진 국가나 농촌에서는 대개 생후 2년이 지나 이유한 후, 즉 2~3년째에 많이 본다. 젖을 뗐는데 모유에 대치할 만한 양질의 단백질이 아주 적고 주로 탄수화물로 된 식사로 칼로리를 충당할 때 오게 된다. 2차적 면역 결핍증, 감염을 받기 쉬운 상황이 발전의 중요한 요인이 된다(호흡기 감염, 설사 등).

3. 발달장애

1) 선천적 · 유전적 요인

실제 임신과정이 완전히 정상적이고 출산시에도 아무런 이상이 없다고 하더라도, 영아가 출생 후 처음에는 정상적으로 발달하다가 몇 개월 지나면서 차츰 발달지체나 발달균열, 발달퇴행으로 되는 수가 있는 바, 이러한 경우는 물질교대(metabolism)나 유전성 질병을 의심할 수 있다.

(1) 물질대사장애

[1] Phenylketonuria syndrome

이것은 유전성 발달장애의 현저한 예로서 선천성 정신박약(백치)이다.

직접적인 원인은 아미노산 물질대사의 장애 탓이다. 보기에는 건강하나 일반적으로 흰피부와 밝은 색의 금발과 파란 눈을 가지고 있다.

이는 어두운 색깔의 피부와 신체색소에 필요한 멜라닌 색소가 물질대사장애 때문에 전혀 또는 불충분하게 생산되었기 때문이며, 유전인자의 전달은 열성이고 유전될 확률은 1 : 10,000~1 : 30,000으로 추정되고 있다.

[2] Niemann-Pick syndrome

이 역시 물질교대의 장애에 기인된 정신박약이며, 뇌척수에 퇴적을 야기하는 증후로서 Gaucher syndrome과 비슷하다.

3 Tay-Sachs syndrome

이것은 영아 흑내장 치매증으로 불리우며 출생 후 초기 몇 달간은 정상적인 발달을 보이나 생후 2~8개월이 경과하면서 소음에 대해 과장된 반응을 보이거나 점차 운동신경의 약화가 나타나 발달지연이 나타난다. 손을 뻗는 것과 앉기와 같은 동작이 가능하지만, 생후 1년이 되기 전 점차 이전에 습득한 운동능력을 잃어버리게 된다. 때로는 강직성 경련을 수반하며 망막이 변질되어 벚꽃색을 띠고 있는 것이 특징이다.

(2) 두개골 발달장애

1 소두증(microcephaly)

이것은 출생 때의 뇌손상으로 인해 뇌성장의 지체와 결함이 생겨서 소두증으로 되며 정신박약이 된다. 반대로 뇌가 이상할 정도로 큰 대두증(macroencephalia)은 백치가 아니면 우수한 지능을 갖기도 한다.

2 수두증(hydrocephalus)

이것은 뇌척수액의 증가가 원인이 된다. 액은 양적으로 증가하고 있기 때문에 두개골의 내면을 눌러서 뇌막의 위축을 가져오며 극단적인 경우에는 정신박약을 수반한다. 또 다른 유형으로는 비정상적으로 뇌액이 많아 생기는 과다분비 수두증이 있다.

3 내분비선 발달장애

갑상선 기능감퇴증(hypothyrea)은 영아기에 현저하게 작용하며 생후 1~2개월에는 심신의 발달장애나 일반활동의 충동 수준을 저하시킨다. 보통 피부가 건조하고 변비증 경향이 있으며, 심한 경우에는 난장이가 되는데 특히 골격성장의 장애가 특징적이다. 그리고 심한 난청과 정신박약을 수반한다.

2) 외인성 기질적 요인

(1) 접종에 의한 손상

접종결과로 나타나는 손상은 뇌손상의 결과와 대등하게 취급되기도 하지만 특수한 손상형태를 야기시킨다.

접종손상으로서는 다만 종두 후의 병발증(complication)만이 문제된다. 영아기의 기타 다른 모든 예방접종, 예컨대 소아마비, 디프테리아, 성홍열, 백일해 접종에서는 이와 같은 손상결과를 걱정할 필요는 없다.

종두 후 뇌의 병발증의 빈도는 K. Berger의 통계에 따르면 오스트리아에서는 생후 1년 안에 접종으로 약 9,000명 중 1명이 사망하고 있다

(2) 경련

영아기 경련은 전진성 소발작, 또는 악성 영아경련이라고도 명명되는 것이다. 주 증상은 형태, 즉 몸 전체에서 나타나는 빠른 경련, 몸과 사지 및 동체를 앞으로 굽히며 끄덕이는 경련 그리고 앞으로 천천히 굽히는 긴장성 경련 등이다.

이 세 가지 형태는 모두가 짧게 계속되고 가볍게 놀라는 인상을 주며 또 반복될 때는 독특한 습관으로 생각한 나머지 간질발작이라고 인식되지 않는데 문제가 심각하다. 심지어 영아기 '경풍(기)'은 아무것도 아니며 영아기 때는 누구나 가볍게 경련을 일으키기 쉬운 것이고, 이것은 나중에 모두 없어진다고 생각하는 점이다. 바로 이 간질형태는 적시에 치료하지 않으면 정신적 황폐, 곧 치매와 정신박약을 초래하기 쉽다. 특히 소발작이 누적되면 자라면서 대발작으로 진행될 수도 있다.

4. 영아발달 평가검사

어느 한 가지 검사로 영아의 정서적, 사회적 발달을 전체적으로 평가할 수 있는 방법은 없고, 정기적으로 반복하여 검사하여 평가하는 것이 가장 좋은 방법이다.

발달의 선별검사(screening)에는 덴버 발육 선별검사(Denver Developmental Screening Test : DDST)가 전세계적으로 가장 많이 사용되고 있고, 한국판 DDST(그림 10-6), 서울 영유아 발달 선별검사(이근)도 있다.

DDST는 미국 Denver의 아동을 대상으로 하여 0~6세의 아동에 대하여 조사하여 작성한 선별검사표이다. 아동의 연령에 따라 전체 운동, 언어, 미세운동 적응, 개인 사회성의 4가지 영역에서 보호자의 보고와 직접 아동에 대한 검사로 각 검사 항목의 합격과 불합격을 결정하고 각 영역에서 2개 이상의 불합격이 있으면 비정상으로 판정한다. 선별검사에서 비정상으로 판명되면 정밀한 발달 검사를 위해 전문가에게 의뢰해야 한다.

그 밖에 Bayley 영아 검사(Bayley infant scale)가 있다.

영아의 언어 검사를 위해서는 조기 언어 선별검사가 있다. 이 검사는 0~3세의 영아의 언어를 표현 언어, 이해 언어, 시각 언어로 구분하여 검사한다. 이 검사도 정밀 검사가 아니라 선별을 위한 검사이므로 비정상이라고 판단되면 언어 전문가에게 보내 자세한 진찰을 받도록 해야 한다.

1) Denver 발육 선별검사

Denver 발육 선별검사(Denver Developmental Screening Test : DDST)는 영유아의 발육 지연을 가려내는데 사용되는 간편한 선별검사법이다. 이것은 지능검사라기보다는 한 어린아이의 발육이 정상 범위에 들어 있는지 아닌지를 선별(screening)하는 방법이다.

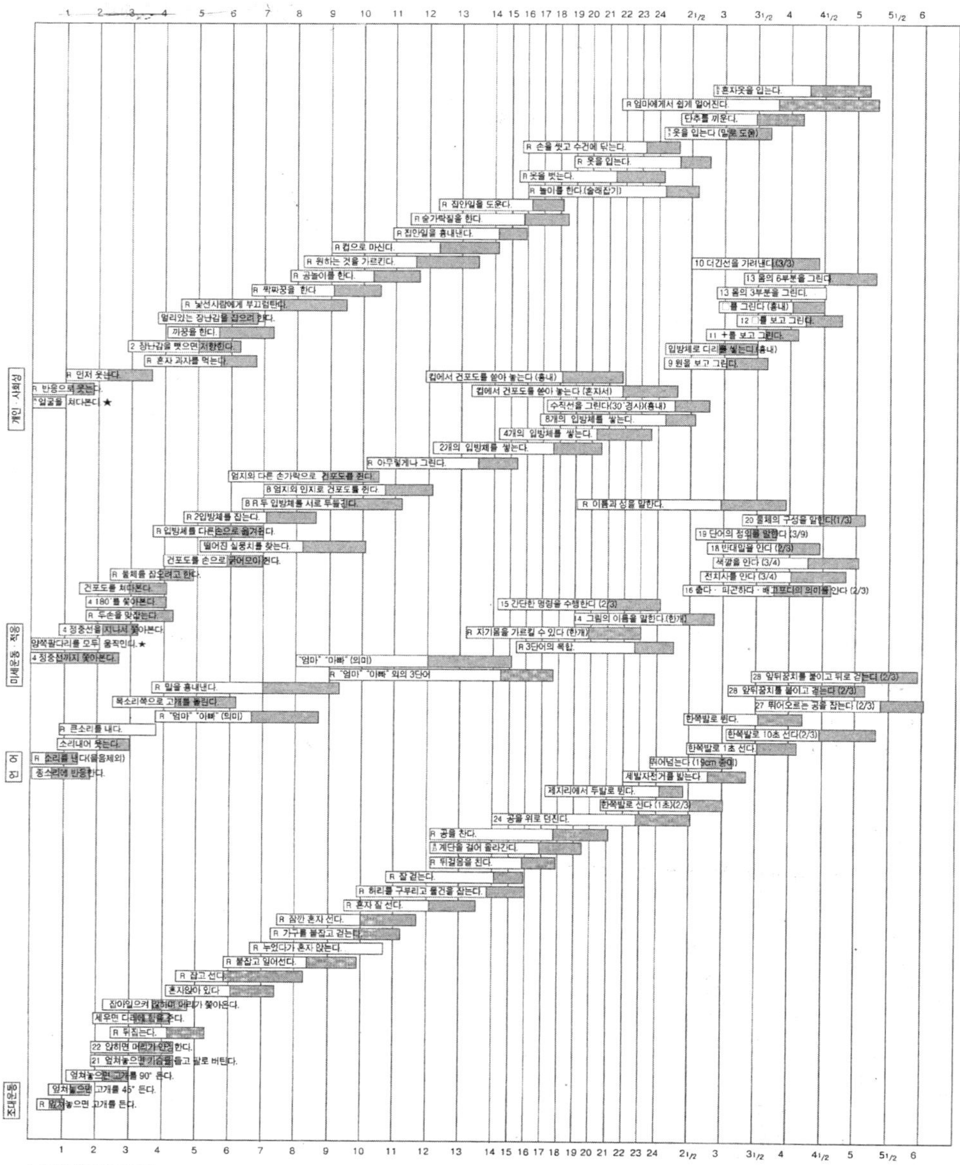

★1개월에 90%합격

[그림 10-3] Denver 발육 선별검사표

이 검사는 네 가지 분야로 나누어져 있다.

(1) Gross motor(전체적 운동)

(2) Fine motor-adaptive(섬세한 운동 · 적응 기능)

(3) Language(언어)

(4) Personal-social(개인 · 사회성)

검사 종목 하나하나에 대하여 [그림 10-4]와 같은 막대기 표가 그려져 있고, 그 막대기 위에는 25%, 50%, 75%, 90%의 표시가 있는데, 그 %의 숫자는 그 연령의 소아 중 합격할 수 있었던 %를 의미한다. 즉, 90%라고 하는 것은 그 종목에 대하여 그 연령의 소아의 90%가 합격한 것을 의미한다. 그 연령의 소아의 90%가 합격한 종목에 대하여 불합격한 경우에는 지연되어 있는 것을 의미한다. 한 분야에서 두 가지 종목 이상에서 불합격인 경우에는 발육 이상이 있음을 의미한다.

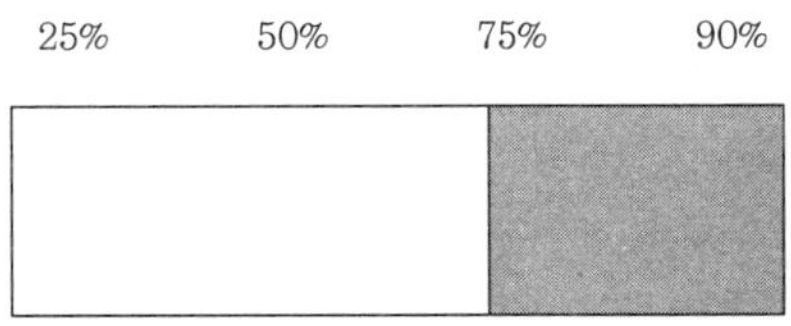

[그림 10-4]

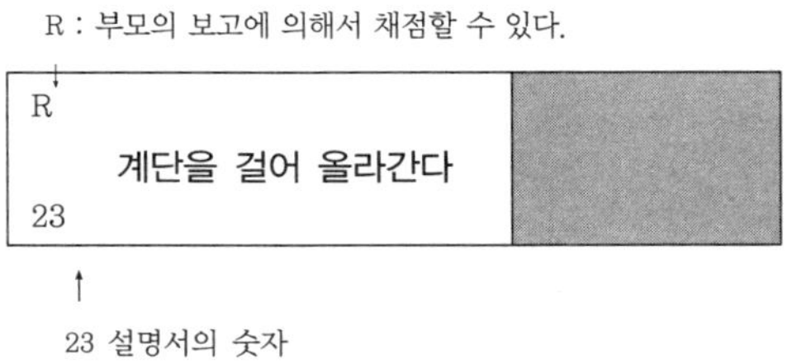

[그림 10-5]

어떤 검사 항목에는 막대의 왼쪽 끝에 숫자가 쓰여져 있다(그림 10-5). 이 숫자는 검사 설명서의 번호이다. 예를 들면 '계단을 걸어 올라간다'에 있는 23번이라는 번호는 설명서 23번에 설명이 쓰여져 있다. 부모의 진술에 의하여 채점이 가능한 검사 항목은 막대의 왼쪽 끝에 'R'(Report)로 표시되어 있다(그림 10-5).

【판 정】

(1) 2종목 이상의 불합격이 2개 분야 이상에서 있을 때

(2) 2종목 이상의 불합격이 1개 분야에 있고 또 다른 분야에서 1종목의 불합격이 있으면서 그와 같은 분야에서 연령선과 만나는 항목에서 합격된 것이 없을 때

【의심스러운 경우】

(1) 2종목 이상의 불합격이 1분야에만 있을 때

(2) 1개 이상의 분야에서 1종목의 불합격과 그와 같은 분야에서 연령선과 만나는 종목에서 합격한 것이 없는 경우

【정 상】

이상 두 가지 조건이 아닌 경우

【불 능】

거부가 너무 많아서 검사 결과가 정상이 아닌 경우

다음과 같은 경우에 이상으로 나올 수 있다.

(1) 그 어린아이가 그의 능력을 사용할 의사가 없을 때

① 피곤, 질병, 입원, 양친으로부터의 격리, 공포 같은 일시적인 원인에 의한 경우

② 그에게 하라고 하는 일에 대하여 전반적으로 할 의사가 없을 경우

(2) 종목을 합격할 능력이 없을 때

① 전반적인 지연

② 청력장애, 신경장애 같은 병적 원인이 있을 때

③ 한 가지 또는 두 가지 분야에 있어서 가족적으로 발육이 늦는 형인 경우

검 사 설 명 서

1. 아기에게 웃기거나 얘기해서 (만지지 않고) 아기가 웃도록 한다.
2. 손에 장난감을 갖고 놀 때 뺏어 본다. 저항하면 합격
3. 구두끈 매는 것과 등쪽의 단추 채우는 것은 제외
4. 실뭉치를 아기 얼굴에서 15cm 떨어지게 들고 한쪽에서 다른 쪽으로 반원을 그리듯 움직인다. 90° 정도 정중선까지 쫓아가면 합격
5. 딸랑이가 손가락 끝이나 손가락 등쪽에 닿았을 때 손으로 잡으면 합격
6. 실뭉치가 없어진 쪽을 계속 보거나 어디 갔는지 찾으면 합격, 검사자는 팔을 움직이지 말고 재빨리 실뭉치를 떨어뜨린다.
7. 엄지와 다른 손가락으로 건포도를 잡으면 합격
8. 엄지와 인지 끝으로 정확히 건포도를 잡으면 합격

9\.

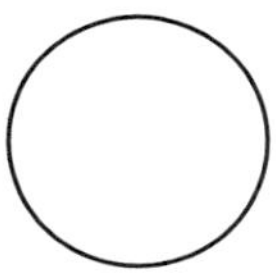

닫혀진 원은 합격, 둥근선을 반복해서 그리면 불합격

10\.

어느 쪽이 더 긴지? (더 크다고 하지 않는다) 종이를 거꾸로 놓고 다시 묻는다(3회 모두, 혹은 6회에서 5회 맞히면 합격)

11\.

어떤 모양의 십자가도 합격

12\.

□를 보고 그리게 한 후 못하면 시범을 보이고 나서 그리게 한다.

13. 2개 있는 신체 부분은 양쪽을 모두 그려야 계산에 넣는다.(눈, 귀, 팔, 다리 등)
14. 그림을 가리키며 이름을 물어 본다.

15. "나무토막을 엄마한테 드리세요", "책상 위에 놓으세요", "바닥에 놓으세요." 라고 말한다(3개에서 2개 맞치면 합격). 손가락으로 가리키거나 고개짓, 눈짓을 해서 도와주지 않는다.
16. "추울 때에는 어떻게 하지요?" ("배고플 때…", "피곤할 때에…")라고 묻는다.

3개에서 2개 맞히면 합격

17. “나무토막을 책상 위에, 책상 밑에, 의자 앞에, 의자 뒤에 놓으세요.”라고 지시한다. 4개 중 3개를 맞히면 합격(손가락으로 가리키거나 눈짓, 고개짓을 하여 도와주지 않는다)
18. “불은 뜨겁고 얼음은”, “엄마는 여자이고 아빠는”, “말은 크고 쥐는?” 라고 묻는다. 3개 중 2개 맞히면 합격
19. “공은 무엇이예요”, “호수(연못)는”, “책상은”, “집은”, “바나나는”, “커튼은”, “천장은”, “울타리는”, “아스팔트는?” 9개 중 6개 맞추면 합격
20. “수저는 무엇으로 만들었어요”, “구두는”, “문은?”(다른 단어로 대치하지 않는다) 3개 중 1개만 맞히면 합격
21. 엎친 자세에서 팔이나 손으로 버티고 가슴까지 든다.
22. 아기를 누운 자세에서 양손을 붙잡아 보고 잡아당겨 앉힌다. 머리가 뒤로 쳐지지 않으면 합격
23. 벽이나 손잡이는 잡아도 되고 사람은 안 된다. 기어올라가면 불합격
24. 90cm 거리에서 검사자의 팔길이 이내로 위쪽으로 공을 던져야 한다.
25. 20cm 폭의 종이를 두 발로 붙이고 건너뛰어야 한다.
26. 앞꿈치와 뒤꿈치 사이가 2.5cm 이내가 되도록 붙여서 앞으로 걷도록 하는데, 시범을 보여주어도 좋다. 4스텝을 걸어야 하고, 3회 시도 중 2번 성공해야 합격

27. 90cm 떨어져서 아동에게 공을 튕겨 보내면 팔을 사용하지 않고 손으로 잡아야 한다. 3번 시도 2번 성공해야 합격
28. 아동에게 앞꿈치나 뒤꿈치가 2.5cm 이내가 되도록 붙여서 뒤로 걷게 하는데, 시범을 보여주어도 좋다. 4 스텝을 걸어야 하고, 3회 시도 중 2번 성공해야 합격

검사일과 행동의 관찰(검사시 아동의 기분, 검사자에 대한 태도, 주의 집중, 언어 표현, 자신감 등)

【기록방법】

생후 6개월에 검사하였을 때는 6개월이라는 곳에 종선을 긋고 그 선보다 좌측에 있는 항목에 대해서 합격한 항목에는 막대기 좌측에 +표를 하고 불합격한

항목에는 −표를 해 둔다. 다음 생후 12개월에 검사를 하였을 때는 12개월에 종선을 긋고 6~12 사이에 있는 항목에 대하여 검사한다. 전번에 불합격하였던 항목에 대하여 이번에 합격하였을 때는 막대기 우측에 +표를 한다(그림 10-6).

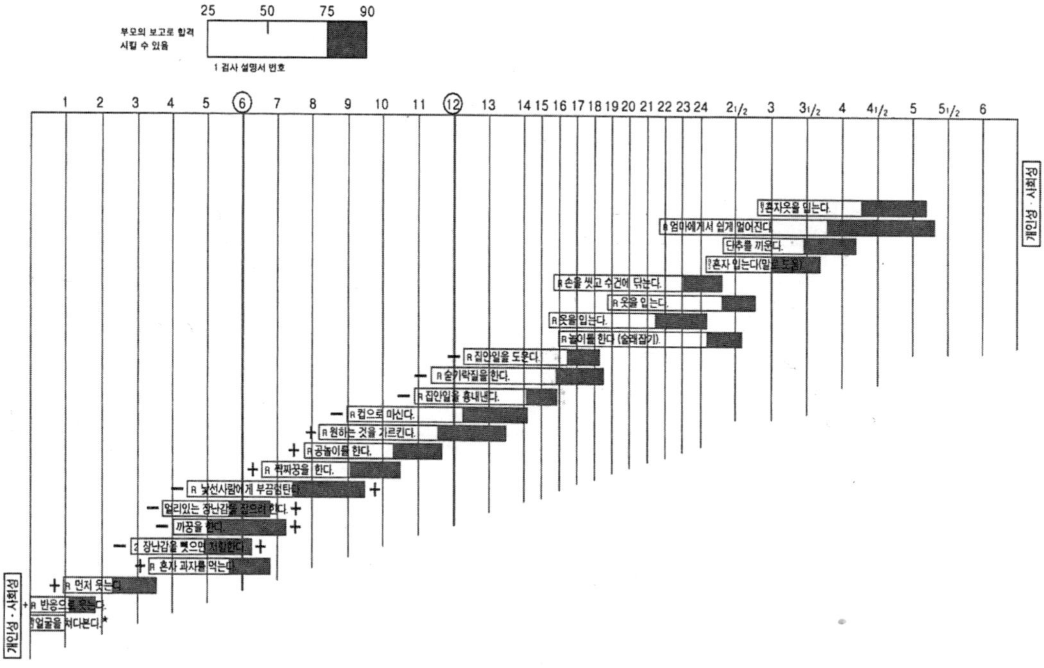

[그림 10-6] DDST 검사기록표

생후 6개월 및 12개월 때 검사를 한 기록이다. 6개월, 12개월에 그은 수직선보다 좌측에 있는 항목에 대하여 합격한 것은 +표를 하고 불합격한 것에는 −표를 해 둔다.

2) 조기 언어 선별검사(Early Language Milestone Scale : ELM)

조기 언어 선별검사 (ELM scale)는 어린이의 초기 언어 발달을 평가하는데 편리한 방법이며 진찰실에서 간단히 할 수 있다(그림 10-7).

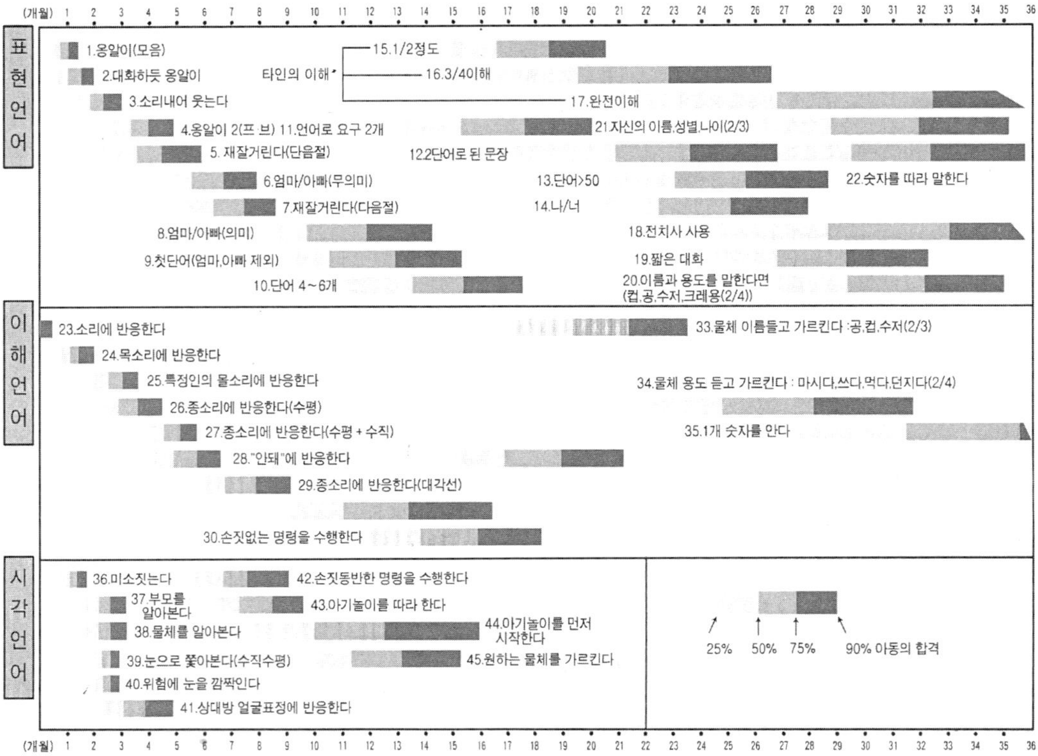

[그림 10-7] 조기 언어 선별검사

검 사 설 명 서

I. 검사 실시 방법

1. 검사용지에 역연령의 선을 수직으로 긋는다.
2. 역연령에서 시작하여 왼쪽으로 검사를 해 나간다. 각 영역(표현, 이해, 시각)에서 3검사를 계속해서 합격하면 이를 기본 점수로 한다.
3. 90% 이상이 이미 합격한 검사 항목을 하나도 실패하지 않고 기본 점수에 도달하면 언어 검사에 합격한 것이다.
4. 90% 이상이 이미 합격한 검사 항목을 하나 혹은 2이상 불합격 했으면 각 영역에서 3검사에 계속 불합격할 때까지 차례로 오른쪽으로 검사해 나간다. 합격한 검사 중 가장 높은 검사 항목의 50

백분위수의 연령이 최고 점수이다. 최고 점수가 역연령 보다 같거나 많으면 합격이고 그렇지 못하면 불합격이다.

Ⅱ. 표현 언어 (H : 부모의 보고로 판정 가능)

1. 노래하는 듯한 긴 모음 소리 : "아–", "우–" 등
2. (H) "아기가 말하는 사람의 얼굴을 쳐다보며 얘기를 듣고 나서 옹알이를 합니까?", "아기와 대화하듯 얘기를 주고받습니까"
4. (H) 입술 사이로 거품 내는 시늉
5. (H) 짤막한 재잘거림 예 : "바!", "다'' "가", "구" 등
6. (H) 반복적인 재잘거림 "바바바바", "라라라라" 등
7. (H) 의미없이 "엄마"나 "아빠"
8. (H) 아기가 자발적으로 일관성 있게 그리고 부모를 보고 "엄마", "과자", "더" 등
9. 10. (H) 자발적으로 일관성 있게 정확히 단어를 말한다. 엄마, 아빠, 식구, 애완동물의 이름은 제외, 단어를 열거할 것
11. (H) 원하는 것을 가리키기 위하여 단어를 사용한다. "우유", "과자", "더" 등 2개 이상의 단어이면 합격, 사용하는 단어를 열거할 것
12. (H) 자발적으로 2단어를 붙여 말한다("과자 줘", "안자", "아빠 보러" 등). 어른이 가르쳐서 아기가 기계적으로 외운 문장이나 두 단어 혹은 문장이 아닌 것(빠이 빠이 등)은 제외
14. (H) "나", "너"를 사용한다. 혼동해서 사용해도 된다("나 과자 먹을래" 대신 "너 과자 먹을래" 등).
17. (H) 짤막한 대화를 하기 위하여 2, 3 단어의 문장을 말할 수 있다.
18. (H) 컵, 공, 크레용, 수저를 책상 위에 놓는다. 그 중 하나를 집어들고 "이게 뭐예요, 이것 가지고 뭐해요(뭐할 때 쓰는 거예요)"? 물체 이름을 말하고 그 용도를 말해야 한다.
    컵 : "물 마실 때"는 합격. "음식"이나 "주스"는 불합격. 공 : "던진다", "가지고 논다"는 합격. 수저 : "먹는다"는 합격, " 음식"은 불합격. 크레용 : "쓴다", "그린다"는 합격, 2물체의 이름과 용도를 말하면 합격
15. 19. 20 (H) "아기가 얼마나 정확히 얘기합니까", 다른 사람들이 아기의 얘기를 얼마나 이해할 수 있습니까?"

- 절반 이하
- 절반 정도 (15)
- 사분지 삼 (19)
- 전부 혹은 거의 전부 (20)

(하나 선택)

- 평가

절반 이하이면 15, 19, 20 모두 불합격
절반 정도이면 15만 합격
사분지 삼은 15와 19합격
전부 혹은 거의 전부 모두 합격

21. 이름, 나이, 성별을 대답한다(2/3).
22. 두 숫자를 불러 주면 따라 한다.
 예 : 1–6, 4–7, 8–2

III. 이해 언어

23. (H.T) 소리를 듣고 눈 깜짝, 놀램, 움직임이나 호흡의 변화
24. (H.T) "엄마가 시야 밖에서 아기 이름을 부르면 아기가 어떻게 합니까?" 목소리 쪽으로 눈이나 고개를 돌리면 합격
25. (H) "특정한 소리에 특수하게 반응합니까?" 예를 들어 부모의 목소리를 듣고 좋아하는 등
26. (T) 아기를 엄마의 무릎 위에 앉히고 검사자의 양손은 아기의 허리 높이에서 아기 뒤로 돌린다. 한쪽 손의 종을 울린 후 다른 쪽 손의 종을 울린다. 2, 3회 반복하여 아기가 한번이라도 돌리면 합격
27. (T) 26 참조. 아기가 수평 그리고 수직으로 돌리면 합격. 26과 27은 자동 합격
28. (H) "안돼"를 이해 (복종은 안해도). 아기가 장난감을 갖고 노는데 "(아기 이름) 안돼" 한다. 순간적으로 멈추면 합격
29. (T) 26 참조. 한번이라도 아기가 대각선으로 종을 바라보면 합격. 26과 27은 자동 합격
30. (H) 행동 표시 없이 명령을 해도 아기가 수행하는가? "안돼", "이리와", "이리 줘" 등 (T) 아기가 장난감을 갖고 놀 때 "(아기 이름) 이리 줘". 아기가 도로 가져가더라도 장난감을 내주는 시늉을 하면 합격. 반복 1, 2회 가능. 불합격에는 장난감 쪽으로 손을 내밀며 반복 합격
31. (H) "물어 보면 신체부위 하나는 가르칩니까", (T) "엄마가 아기에게 "—가 어디 있니?" "—를 짚어 봐".
32. (H) 컵, 공, 수저를 책상 위에 놓는다. "컵(공, 수저)이 어떤 거예요(어디 있어요. 집어 줘요)". 그 물체를 알면 합격
33. (T) 책상 위에 컵, 공, 수저를 놓고 "우유(물)를 마실 때 쓰는 것(던지고 느는 것, 밥 먹을 때 쓰는 것, 그림 그리는 것)은 어떤 거예요(어디 있어요. 집어 줘요)"?
 2가지 이상의 물체를 답하면 합격
34. 컵(거꾸로)과 2cm짜리 나무토막을 책상 위에 놓는다. "나무토막을 컵 밑에 넣어요." 한다. 1, 2회 반복 가능. 반응이 없거나 틀린 행동을 하면 시범을 보여주며 "나무토막이 컵 밑에 있어요" 라고 말한다. 나무토막을 꺼내 아기에게 주고 "컵 밑에 이것을 넣어요."라고 한다. 반응이 없으면 1회 반복 가능하고 시범은 안한다. 그리고 나서 "컵 밑에 이것을 넣어요." 라고 한다. 그 후에 "컵 밑에 이것을 놓아요" 한다. 2회 이상 수행하면 합격
35. 1개 개념을 이해한다. 나무토막을 10개 놓고 "한 개를 줘요" 한다(5초 내).
36. 2개의 개념을 이해한다. 나무토막을 10개 놓고 "2개를 줘요" 한다(5초 내).

IV. 시각 언어

37. (H) "아기가 웃습니까, 배내짓이 아닌 진정으로 웃습니까?"
 (T) 엄마에게 아기가 웃도록 해 보라고 한다.
38. (H) "낯익은 물체를 보고 알아차립니까?" 예를 들어 우유병이나 수저가 눈에 보이면 입에 닿기

전에 어떤 행동을 합니까? 아기가 좋아하거나 미리 입을 벌리면 합격

40. (H) “부모의 얼굴 표정에 반응합니까?”
    (T) 아기를 보며 웃고 말하여 아기가 웃도록 한다. 무서운 표정을 하여 아기 얼굴에 변화가 있으면 합격
41. (T) 수평 45cm 거리에서 아기와 눈을 맞춘다. 좌우로 서서히 움직여 아기가 중앙선에서 좌우로 60° 돌리면 합격
    수직-아래위로 서서히 움직인다. 아기가 수평에서 눈을 30° 돌리면 합격. 수평과 수직 모두 합격해야 함.
42. (T) 아기의 얼굴을 향하여 손가락을 반복적으로 튕기다가 얼굴에서 2.5~5cm에서 멈춘다. 얼굴이나 눈썹에 닿지 않게 한다. 아기가 눈을 깜박이면 합격
43. (H) “부모와 같이 짝짜궁, 까꿍 등을 합니까?”
44. (T) 30 참조. 항상 30을 먼저 하고 30에서 합격이면 44도 합격
45. (H) 아기놀이를 아기가 먼저 시작합니까?(짝짜궁, 까꿍)
46. (H) “아기가 원하는 것을 손가락으로 가리킵니까? 예를 들어 식탁에서 손에 닿지 않는 음식을 원할 때 어떻게 합니까?” 인지를 사용해야 합격. 손을 전부 사용하면 안 됨.

참고 문헌

강봉규(1988), 교육심리학, 서울: 형설출판사.

강봉규(1992), 발달심리학, 서울: 정훈출판사.

강봉규(1999), 심리학의 이해, 서울: 동문사.

강봉규(2000), 인간발달, 서울: 동문사.

강봉규(2004), 아동발달, 서울: 태영출판사.

Ambron, S. R. (2009), *Development*, (3rd. ed.). New York: Holt, Rinehart and Winston,

Bandura, A. (1977). *Social learning theory*. Englewood Cliffs, NJ: Prentice-Hall.

Barrera, M. E., & Maurer, D.(1981). The perception of facial expression by the three-month-old. *Child Development*, *52*, 203-206.

Bayley, N. (1993). *Bayley scales of infant development-Second* (Ed.). San Antonio, TX The Psychological Corporation.

Bee, H.(1981). *The Developing Chid*(3rd ed.). New York: Harper and Row.

Berk, L. E.(2000). *Child development*(5th ed.). Boston: Allyn & Bacon.

Binger, J. J.(2009). *Human Development*. NY: MaCmillan Publishing.

Bloom, L., & Lahey, M.(1978). *Language development and language disorders*. New York: Wiley.

Bowlby, J.(1969) *Attachment and Loss(vol. I) Attachment*. New York: Basic Book.

Bronfenbrenner, U.(1979). *The ecology of human development: Experiments by nature and design.* Cambridge, MA: Harvard University Press.

Brown, R. (1973). *A first language: The early stages.* Cambridge, MA: Harvard University.

Cole, M., Cole, S. R.(1996). *The Development of Children*(3rd ed.). New York: W. H. Freeman and Company.

Crain, William C.(1990), *Theories of Development*, Englewood Cliffs, NJ: Prentice-Hall.

Dehart, G. B., Sroufe, L. A., & Cooper, R. G.(2000). *Child Developrnent: its Nature and Course.* The McGraw-Hill Companies, Inc.

Denney, N. W.(2008). *Handbook of Developmintal Psychology.* Englewood Cliffs, NJ: Prentice-Hall.

Dworetzky, J. P.(1990). *Introduction to child development*(4th ed.). MN: West Publishing.

Erikson, E. H.(1980). *Childhood and Society.* NY: Norton.

Flavell, J. H., Miller, P. H., & Miller, S. A.(1993). *Cognitive development.* Englewood Cliffs, NJ: Prentice-Hall.

Fontanel, B., & d'Harcourt, C. (1997). *Babies: History, Art, and Folklore.* New York: H.N. Abrams.

Freud, S.(1965). New introductory lectures on psychoanalysis(J. Strachey, Trans.). New York: W. W. Norton(Original work published 1933).

Gallahue, D. L., & Ozmun, J. C.(2006). *Understanding motor development.* Boston: McGraw Hill.

Gesell, A.(1972). *Infant Development: The Embryology of Early Human Behavior.* Westport, Conn: Greenwood Press.

Ginsburg, H. P., & Opper, S.(1988). *Piaget's theory of intellectual development*(3rd Ed.). Englewood Cliffs, NJ: Prentice-Hall.

Hamachek. D. E.(1988). Evaluation self-concept and ego development within Erikson's psychosocial framework: A formulation. *Journal of Counseling and Development, 66*(8), 354-361.

Hoff, E.(2005). *Language development*(3rd Ed.). Belmont, CA: Wadsworth.

Izard, C. E., Hembree, E. A., & Huebner, R. R. (1987). Infants' emotion expressions to acute pain: Developmental change and stability of individual differences. *Developmental Psychology, 23,* 105-113.

Jin, M. K., Jacobvitz, D., Hazen, N., & Jung, S. H.(2012). Maternal sensitivity and infant attachment security in Korea: Cross-cultural validation of the strange situation.

Attachment & Human Development, 14(1), 33-44.

Kerlinger, F. N.(1993). *Foundations of Behavioral Research*(2nd ed.). New York: Holt, Rinehart and Winston.

Lenneberg, E. H.(1987). *Biological foundations of language.* New York: Wiley.

Lutz, W., & Hock, E.(1995). Maternal separation anxiety: Relations to adult attachment representations in mothere of infants. *The Journal of Genetic Psychology, 156*(1), 57-72.

Meltzoff, A. N., & Moore, M. K.(1983). Newborn infants imitate adult facial gestures. *Child Development, 54*(3), 702-709.

Mercer, J.(1998). *Infant development: A multidisciplinary introduction.* CA: Brooks/Cole Publishing Company.

Michael Cole, Sheila R. Cole(1996). *The Development of Children.* New York: W. H. Freeman and Company.

Miller, P. H.(1993). *Theories of development Psychology*(3rd ed.). NY: W. H. Freeman and Company.

Moore, K. L., & Persaud, T. V. N.(1993). *Before we are born*(4th ed.). Philadelphia: W. B. Saunders Company.

Murstein, Bernard I., *Theories of Attaction and Love.* New York: Springer Publishing Company, Inc.

Nilsson, L., & Hamberger, L.(1990). *A child is born.* NY: Delacorte.

Owens, R.(2001). *Language development: An introduction* (5th Ed.). Boston, MA: Allyn & Bacon.

Piaget, J.(1952). *The origins of intelligence in the child* (M. Cook, Trans.). New York: International University Press(Original work published in 1936).

Piaget, J. (1973). *The psychology of intelligence.* Totowa, NJ: Littlefield & Adams.

Piaget, J., & Inhelder, B. (1969). *The psychology of the child.* New York: Basic Books.

Santrock, J. W.(1994). *Child development* (6th Ed.). Dubuque, IA: WCB Brown & Benchmark.

Sroufe, L. A.(1996). *Emotional development.* New York: Cambridge University Press.

St. James-Roberts, I.(2007) Infant crying and sleeping: helping parents to prevent and manage problems. *Sleep Medicine Clinics, 2*, 363-375.

Thomas, R. M.(2000). *Comparing theories of child development* (5th Ed.). Belmont, CA: Wadsworth.

Vulliamy, D. G.(1973). *The newborn child.* Edinburgh: Churchill Livingstone.

Vygotsky, L. S.(1962). *Thought and language.* Cambridge, MA: MIT Press.

Yan-bin, W.(2009). Impact of Lev Vygotsky on special education. *Canadian Social Science, 5*(5), 100-103.

찾아 보기

내용

인명

저자 소개

✍ 강봉규

약력

연세대 문과대학 및 동대학원 졸업(문학석사, 교육학박사)
연세대 교육대학원 전임강사
건국대 대학원, 고려대 대학원, 국민대 대학원, 단국대 대학원, 세종대 대학원, 연세대 대학원, 이화여대 대학원, 한양대 대학원, 경희대 교육대학원, 건국대 교육대학원, 국민대 교육대학원, 단국대 교육대학원, 연세대 교육대학원, 이화여대 교육대학원, 한양대 교육대학원 강사
현재, 가톨릭대학교 의과대학 명예교수

저서

· 심리측정평가(서울: 종각출판사, 1984)
· 통계학(서울: 형설출판사, 1994)
· 심리학요론(서울: 정훈출판사, 1995)
· 교육심리학(서울: 형설출판사, 1996)
· 발달심리학(서울: 정훈출판사, 1998)
· 심리학의 이해(서울: 동문사, 1999)
· 상담이론과 실제(서울: 교육출판사, 1999)
· 심리검사의 이론과 기법(서울: 동문사, 1999)
· 인간발달(서울: 동문사, 2000)
· 아동발달(서울: 태영출판사, 2003)
· 새로운 심리검사법(서울: 태영출판사, 2012) 외 다수

새로운 **영아발달**

초판인쇄 2015년 2월 20일
초판발행 2015년 2월 25일

저 자 강 봉 규
발행인 김 현 태
발행처 태영출판사

강
2015. 2.

주 소 (152-705) 서울 구로구 구로동 104-10 동남오피스텔 201호
전 화 02 · 839-3757, 839-3752
팩 스 02 · 837-3754
등 록 2005년 5월 30일 제12-421호
홈페이지 http://www.taeyeongbook.co.kr
E-mail tys2005@hanmail.net
ISBN 978-89-6302-162-1 93370
정 가 17,000원

NAVER 태영출판사

* 잘못 만들어진 책은 교환해 드립니다.